本书由北京联合大学规划教材建设项目资助

综艺主持实训教程

邹加倪　刘畅　编著

中国广播影视出版社

图书在版编目（CIP）数据

综艺主持实训教程 / 邹加倪，刘畅编著. —北京：
中国广播影视出版社，2016.7（2021.8重印）
　ISBN 978-7-5043-7586-5

　Ⅰ.①综… Ⅱ.①邹… ②刘… Ⅲ.①文娱活动—电
视节目—主持人—教材 Ⅳ.①G222.2

　中国版本图书馆 CIP 数据核字（2015）第 318442 号

综艺主持实训教程

邹加倪　刘畅　编著

责任编辑	李潇潇
装帧设计	雷志杰
责任校对	张莲芳

出版发行	中国广播影视出版社
电　　话	010-86093580　010-86093583
社　　址	北京市西城区真武庙二条9号
邮　　编	100045
网　　址	www.crtp.com.cn
电子信箱	crtp8@sina.com

经　　销	全国各地新华书店
印　　刷	涿州市京南印刷厂

开　　本	710毫米×1000毫米　1/16
字　　数	290(千)字
印　　张	18.25
版　　次	2016年7月第1版　2021年8月第3次印刷

书　　号	ISBN 978-7-5043-7586-5
定　　价	43.00元

（版权所有　翻印必究·印装有误　负责调换）

序

国务院办公厅在 2015 年 9 月发出的《关于全面加强和改进学校美育工作的意见》中有"创新艺术人才培养模式"的要求。文中讲到:"专业艺术院校要注重内涵建设,突出办学特色,专业设置应与学科建设、产业发展、社会需求、艺术前沿有机衔接。"并要求"加强社会服务意识,强化实践育人,进一步完善协同育人的人才培养模式,增强人才培养与经济社会发展的契合度,为经济发展、文化繁荣培养高素质、多样化的艺术专门人才。遵循艺术人才成长规律,促进艺术教育与思想政治教育有机融合、专业课程教学与文化课程教学相辅相成,坚持德艺双馨,着力提升学生综合素养,培养造就具有丰厚文化底蕴、素质全面、专业扎实的艺术专门人才"。这对我们的高校艺术教育工作者提出了新的要求,也指明了前行的道路,也让我们深深感到任重道远。

这本《综艺主持实训教程》是由北京联合大学艺术学院表演系刘畅老师和邹加倪老师共同编写的。北京联合大学艺术学院表演系目前分为"表演"和"综艺节目主持"两个专业方向。本教材最初是校级"十二五规划讲义",两位老师结合教学中的思考和实践,进一步把讲义丰富和完善成为了这本教材,也获批校级"十二五规划教材"。时下,无论是在传统的广播电视媒体还是新媒体中,综艺节

目都是不可或缺的节目类型，同时基于其他类型栏目的综艺娱乐化趋势，所以行业中对综艺节目主持人的需求非常之大。而综艺节目的形式和内容，不但要求主持人具备基本的语言表达技术和能力素质，又对主持人的表演能力提出了更高要求。这本教程正是从这个角度出发，借鉴了经典的表演艺术课程体系中表演能力的课程内容和训练方法，真正帮助综艺节目主持人建立完备和全面的业务技能。

这本教程出版后将用于综艺主持及相关实训课程的教学，既满足了表演系的教学用书需求，又突出了北京联合大学实训课程的特色，同时还是对综艺主持教学的有益探索。实训课程是我校近年来一直在着力建设的，因为实训课程能够让学生在巩固所学知识的同时将其真正融汇于实践中，又能进一步理解和体会所学知识的真谛、增强实际的操作能力，这是对联大"学以致用"的校训最好的诠释。

我们希望这本教材的出版能够对综艺主持的教学提出新的思路，为综艺节目主持人的培养提供有益的方法。

我们将以此为契机，潜心培养艺术人才，并让这些人才在毕业之后能够真正服务于社会，让全社会沐浴艺术的春光。

希望这本教材就是我们向着更高、更强的目标迈出的坚实一步。

2016 年 6 月

（注：张旗教授，北京联合大学艺术学院院长，中国工业设计协会会员，中国艺术人类学学会理事。）

前　　言

综艺类节目的大量涌现以及各类栏目基于各种原因和需求体现出的综艺娱乐化趋势使得广播电视行业对综艺节目主持人的需求非常之大。同时，在新媒体蓬勃发展的环境下，视听节目在网络、手机、移动电视等终端上时时刻刻进行着放射网状的传播，给栏目和主持人都提供了广阔的工作空间，又提出了更趋时代特点的期待。各类栏目娱乐化趋势下如何培养出适应业界需求、无缝对接栏目的综艺主持人才，让他们具备真正的核心竞争力和可持续发展的能力，给我们综艺节目主持的教学提出了挑战和要求。

本书结合业界对综艺节目主持人的实际需求，分上下两篇，系统全面而且贴合实际地对综艺主持人的培养进行了论述。上篇从综艺节目主持人需要具备的基础素质入手，借助表演艺术的基础素质训练系统，全面而有层次地侧重综艺节目主持人基础能力的培养。下篇将在上篇所介绍和训练的综艺主持基本能力元素基础上，以典型的受关注度较高的综艺节目类型为模板，直观认识和训练综艺节目主持技能。

目　　录

上篇　综艺主持基础训练

第一章　基础元素训练 …………………………………………（3）
　　第一节　基础元素的概念 ……………………………………（4）
　　第二节　表演基础元素训练 …………………………………（8）
　　第三节　课堂练习与实训 ……………………………………（19）
　　第四节　基础元素能力拓展训练 ……………………………（28）

第二章　综艺表演能力训练 ……………………………………（33）
　　第一节　小品的训练 …………………………………………（34）
　　第二节　课堂练习与实例 ……………………………………（36）
　　第三节　片段的训练 …………………………………………（64）
　　第四节　片段课堂练习实例 …………………………………（65）

下篇　综艺节目主持实训

第三章　综艺资讯类节目主持实训 ……………………………（109）
　　第一节　综艺资讯类节目的特点 ……………………………（111）
　　第二节　综艺资讯类节目的主持技能要求 …………………（112）
　　第三节　综艺资讯类节目典型栏目分析与实践 ……………（113）
　　第四节　综艺资讯类节目主持能力拓展训练 ………………（136）

第四章 综艺益智类节目主持实训 ……………………………（161）
    第一节 综艺益智类节目的特点 ……………………………（163）
    第二节 综艺益智类节目的主持技能要求 …………………（164）
    第三节 综艺益智类节目典型栏目分析与实践 ……………（167）
    第四节 综艺益智类节目主持能力拓展训练 ………………（182）

第五章 综艺服务类节目主持实训 ……………………………（227）
    第一节 综艺服务类节目的特点 ……………………………（228）
    第二节 综艺服务类节目的主持技能要求 …………………（229）
    第三节 综艺服务类节目典型栏目分析与实践 ……………（229）
    第四节 综艺服务类节目主持能力拓展训练 ………………（243）

第六章 综艺访谈类节目主持实训 ……………………………（259）
    第一节 综艺访谈类节目的特点 ……………………………（260）
    第二节 综艺访谈类节目的主持技能要求 …………………（260）
    第三节 综艺访谈类节目典型栏目分析与实践 ……………（261）

后记 ………………………………………………………………（281）

上篇　综艺主持基础训练

在综艺节目主持的过程中，因为综艺节目自身的特点，对主持人提出了很多演艺能力上的要求，比如即兴的表演能力、模仿能力、肢体表现能力等。在欧美和日韩等地区，很多综艺娱乐节目的主持人本身都是多栖发展的，尤其是在我国的港台地区，很多综艺娱乐节目的主持人本身就是演员或者艺人。所以，一定的表演能力能够帮助综艺节目主持人在节目中更好地建立个人风格，提升节目效果。

本书的上篇，借助表演艺术中的一些基础训练的概念和方法，帮助综艺节目主持人更好地建立全面的个人能力。

第一章
基础元素训练

【**本章导读**】综艺节目主持过程中所需的演艺能力是通过众多基础元素的训练实现和建立起来的。这些基础元素构建起演艺能力的方方面面，用以配合综艺节目的节目样态、传播目的、预期效果等对主持人的要求。在这一章中，我们将通过基础元素的解读和相应训练，建立起演艺能力的基础。

第一节 基础元素的概念

"元素"的概念是从自然科学中借鉴来的。表演基础元素是指演员创造角色过程中组成创作自我感觉的必不可少的各种因素和技术方法。如动作、规定情境、想象、单位与任务、注意与对象、真实感与信念、速度节奏、情绪记忆、交流、适应、逻辑顺序、性格化、舞台魅力、肌肉松弛、控制与修饰、面部表情、声音、语调、言语、造型等。为了掌握演技和理论分析的方便,斯坦尼斯拉夫斯基在体系中把演员表演技术和资质、禀赋等分解为上述各种元素,但在演员表演实践中,这些内外部元素有机地结合为以动作为主导的表演整体。

学习汉字要从一笔一画开始,学习英文要从读 ABC 开始,学习任何一门知识都是由浅入深,由易到难,循序渐进,学习表演能力我们就从这些元素开始。表演基本元素的内涵,本是社会中正常生存的人与生俱来的存活状态,人生在世的喜怒哀乐、七情六欲、生老病死等,都伴随着人对事物的情感表达而存在。所以正常的人本身就具有表演的潜质。当进行表演学习与训练时,就是要调动演员原有的对生活情感的积累,在一种"假使"的想象驱动下,重现各种人生的情感。而这种假定与假使在表演又是重要的,是诱发一切情感的开始。所以斯坦尼斯拉夫斯基称其为"有魔力的假使"。演员为了能在假使中展现不同人的生存与情感状态(而不仅仅是自己),就需要对社会生活进行观察,对自己的声音、形体及情感表达方式进行训练。这种训练应包括:生活观察、创作素质、创作方法。经过声乐、语言、形体、表演的综合训练,让演员对自己的身体、声音、情感能够有机地控制,在假定情境中能自如行动。

科学的训练是为了让演员达到在创作中体验与体现的结合,以迎接影剧人物的表演创作。其目的是为了通过对演员心理与形体的训练,实现其"在体验的基础上对人物有机的再体现"。而这种再现不能仅是生活本身的翻版、另一种形式的重复,表演行为成为艺术应该具有艺术的审美价值。因为演员创造人物形象的目的不是为了创造而创造，而是要通过自己所创造出来的人物形象来反映生活、评价生活；尽可能地去揭示人生的意义和生活的哲理，晓之以理，动之以情，使观众领会生活的真谛；让观众从演员所创造出来的人物形象中获得对人生有益的启示，在艺术修养上有所提高，最终能够获得审美上的满足。

在日常生活中，正常人在做一件事时行动是自如的，手脚听从自己意志的支配，因为它是有目的的、合乎生活规律的行为，是符合生活客观环境的动作，肌肉的松弛与控制是适度的。但当主持人或者演员在舞台上或摄影机前进行主持和表演时，即使做的是同样一件事，也会有很多不同之处。因为这不是生活中的正常生理、心理需要的行为动作，而是出于节目的需求、表演的目的，并且是处于众目睽睽之下，与产生动作的实际客观环境有很大的差异，这就必须造成主持人和演员心理状态的紧张，形体动作的拘谨、不自然，没有了生活里做事的正常感觉。思想上的杂乱和肌肉的紧张可能会导致演员陷入不能由意志来支配自身的境地。所以要获得"当众孤独"感排除紧张，在当众表演状态下获得心理与肌体的松弛自如，是表演基础训练的第一个重要环节。

能力拓展训练

以集体练习为主要训练方式，保障每位学生都上台参与基础训练。多数学生在初学阶段对于上台展示都感到紧张或羞涩，所以选择集体训练的方式较有利。

1. 学生的自我介绍（练习）

此处学生的自我介绍既是一次教师对学生基本情况的了解，也是一次表演课的课堂练习。自我介绍由五项基本内容（姓名、年龄、身高、籍贯、为什么学习主持艺术或者表演艺术）组成。这是学生来到课堂的第一次舞台展示。"简单的自我介绍"将作为一项课堂练习保留两周，可以根据学生的掌握情况增加难度，提出更多以及更高的表述要求。

练习要求：

站立：站姿要挺拔，要松弛不要松懈。挺胸、抬头、立腰、垂肩、沉气，双眼平视焦点不要散，双手自然放在身体两侧，双脚打开与肩同宽，脚尖向

前。抬头同时要收下颌，挺胸要注意收腹。

眼睛：在自我介绍的时候，眼睛最好能够主动与观众进行交流。但如果感到紧张不敢看观众，也可以平视。但绝对不要仰视、斜视等，影响整体形象。

双手：自然地放在身体两侧即可。可以有简单的手势，但尽量不要背后，更不要叉腰、插兜等。

声音：对演员在舞台上的声音是有要求的。要让观众一能听得清，二能听得懂，三要好听。那么在这一阶段，听得清是指音量要大。听得懂是指字音要准，语速要慢。至于好听，则不做要求。

自我介绍作为第一个舞台表演练习，应该是完整的，即从起身上台到回到座位这一整个的过程。有的同学在起身前十分扭捏，讲述完回到座位时又显得如释重负急于与两边同学交流，这都是紧张和不自然的表现。

2. 才艺展示

要求：每位学生都必须上台展示。可表演声乐、台词、形体等的特长。

说明：展示是手段，上台才是目的。多数学生在此时表情扭捏，放不开，那些没艺术特长的学员则更紧张。教师要注意缓和气氛并多加鼓励，但要求每人必须上台，哪怕是朗诵一首《锄禾》或做一节广播体操。万事开头难，第一次上了台，以后就容易多了。

3. 集体练习

集体练习有各种形式，下面介绍一些借助游戏进行的集体练习。"戏剧"一词，英文是"play"即"游戏"或"玩"的意思。德国古典哲学创始人康德曾指出："艺术起源于游戏。"我国著名美学家朱光潜提出："艺术的雏形就是游戏，游戏之中就含有创作和欣赏的心理活动。"

游戏能够使参与者心理放松、身心愉悦并能集中注意力以及调动参与者的信念感、感受力、想象力、创造力等。游戏训练是学生初识表演的一种有效途径，是表演教学过程中针对演员基础素质培养的有效有段。在表演教学中合理运用游戏，有利于缓解或消除学生在表演中产生的紧张与恐惧等情绪，在游戏中学生的表演天性将得到充分发挥。

（1）你藏我找

游戏规则：此游戏由两名同学完成。甲同学在教室外等候，由乙同学将一件物品（钥匙、笔、打火机等）藏在教室的某一个角落里，甲同学走进教室将物品找出。当找出物品后，再进行一次模拟寻找。即不再有真实的物品，而是将上一次的寻找过程表演出来。

游戏说明：表演，是一个"以假当真"的过程。而这个游戏对于初学者来讲是一次难得的舞台体验。当真的有隐藏物品时，每个人都会真实地去寻找，而当表演这一过程时，则需要真实情感的投入。甲同学是否能够记住上一次真实寻找的心理感受呢？而能否真实地再现这一感受是重点。初学者大多会模拟上一次寻找的外部动作，如走动、搬动物体等，但却往往不再真正去观察和搜索。这个游戏对于演员的信念感的训练也有很大作用。

（2）找出"杀手"

游戏规则：这是一个需多人参与的游戏。所有同学围成圆圈蹲下闭眼，老师随机选择一人作为"杀手"（视参与人数多少，可选1~3人），在"杀手"背上轻点一下，这样只有老师和"杀手"本人知道。然后开始，游戏进行时老师作为裁判在一边，所有同学在教室内自由行动，"杀手"要伺机"杀人"，"杀人"的方法是对被杀对象眨一下眼睛。被杀者，则需默数三秒后死去。其他人应注意观察找出"杀手"。如发现哪个人像是"杀手"，要走到裁判耳边告知"杀手"姓名，如说错了，则报告者"死亡"。

胜利："杀手"杀掉所有人（可提前说明人数）。

失败："杀手"被找出。

游戏说明：这个游戏既能释放演员的表演天性，也是对信念感与感受力的训练。初次游戏大家往往嘻嘻哈哈，不以为然，要不断提醒，慢慢才会有感觉。要反复提示参与同学注意以下几点要求：

①要相信。假如真的有"杀手"在我们中间伺机杀人，是没有人能笑得出来的，也不会有人边走边聊天的。那么，大家应该是什么样的情绪？紧张、恐惧等。大家要一起来营造这样的气氛，并且慢慢地融入进去。

②要敢于表演。死人是不会笑的！很多同学被杀死后，就哈哈一笑说："我死了！"这可不行，应该是怎么样的呢？要去想象那种感觉，然后尽可能地表现出来！死亡的方式有很多种，可以充分去想象，去表现。

第二节　表演基础元素训练

一、信念与真实感

对于一个演员来说，信念和真实感是演员创作素质中不可缺少的一个重要方面。斯坦尼斯拉夫斯基是这样描述信念与真实的：

……有一次，家里人称赞她，说她吃饭的时候就像大孩子一样听话，于是一个相当顽皮的孩子便立刻变得很拘谨，并且学起她的女教师的样子来。这对于全家来说是最安静的一个星期，因为简直听不到这小姑娘的声音了。你们想想看——为了游戏，自愿把自己的脾气憋了一个星期，而且在做这样的牺牲时居然还那么高兴！这不就是小孩在选择游戏题材时想象灵活，容易说得通，不苛求的明证吗？这不就是对真实的信念和对自己虚构的真实性的信念吗！

值得奇怪的是，小孩子怎么会这样长久地把自己的注意停留在一个对象、一个动作上！他们竟会那么高兴地长久处于同一的情绪中，生活在所喜爱的形象里。孩子们在游戏中所创造的真实生活的幻象，是这样有力，他们简直不容易从幻象中回到现实里来。

……儿童还有一种特点也是我们应该学习的：孩子们知道哪些是他们可以相信的东西，也知道哪些是他们不必去理会的东西……

演员也应该在舞台上对他可以相信的事物发生兴趣，而不去理会那些足以妨碍他去引起信念的事物。这样就可以帮助他忘掉舞台框的黑洞，忘掉当众表演的拘束。

等你们在艺术中达到儿童在游戏中所达到的真实和信念的时候，你们就能够成为伟大的演员了。①

---

① 节选自《斯坦尼斯拉夫斯基全集》（第二卷）。

我们都知道，剧本当中的故事情节、人物关系全是剧作家虚构出来的。在舞台上的布置、服装、道具、时空的变化全都不是真实的。在影视剧的拍摄过程中，一般来讲也不可能全是实景拍摄和实物的使用。演员们在这些虚构的情景中进行创作，把观众带入这一虚构的真实当中，相信这是一个真实的故事和人物，就要求演员首先要相信他周围所发生的一切，尤其必须相信他自己所做的一切。必须能做到"以假当真，弄假成真"，在创作中必须具有信念与真实感。信念和真实感是不可分离的。正如斯坦尼斯拉夫斯基所说：

舞台上的真实是指我们在自己心里以及在我们对手心理所真诚相信的东西。真实是不能和信念分离的，信念也不能和真实分离，它们彼此不能单独存在，而没有它们两者，也就不会有体验，不会有创作。

舞台上所发生的一切都应使演员本人信服，使对手和看戏的观众信服，应该使人相信那些和演员本人在舞台上创作时所体验到的情感的真实和所进行的行动的真实。

这就是一个演员在舞台上必须具有的内心的真实以及对这种真实的纯真的信念。[1]

能力拓展训练

1. 情感梳理练习

说明：演员的最基本工作是向观众展示剧本中人物的情感变化过程。在生活中我们每一个人都具备丰富的情感，随着人物性格的不同，展示情感的方式也不同。但不管如何，能够表现丰富的情感及其变化是每个演员都应具备的能力和技巧。在表演学习的最初阶段我们可以把人类的几种最基本的情感罗列出来，如：喜、怒、哀、乐、悲、恐等，并在舞台上进行表现。

---

[1] 节选自《斯坦尼斯拉夫斯基全集》（第二卷）。

2. 情感梳理综合练习

训练方式及要求：正站并配合音乐，要求学生有在舞台上需松弛的意识。演员在舞台上进行表演，首先就需要松弛。松弛是相对紧张而言的，紧张是一种正常的生理现象，我们每个人当面前有观众时都会紧张，甚至是成熟的演员在演出之前也会感到紧张。对于每个学员而言，初次登台，放松下来是必要的。但需要明确的是：松弛不等于松懈（关于松弛后面还要重点训练），要求每位学员认真参与，不许笑场。不要怕影响自己的形象，注意力放在情感的表现上，尽量去展示情感。

A：想一件愉快、高兴的事——想一件非常高兴的事。

B：想一件伤心的、难过的事——想一件非常伤心、非常难过的事。

3. 解放表演有机天性的训练

训练方式及要求：转圈移动。让部分同学在舞台上围成圈（可每10人一组进行，根据班级学生数量及场地面积调整，可有2～3组交替进行，既保证每人都要上台，又可以互相学习和促进），所有人逆时针移动。而移动的方式要求是除正常行走之外的任意方式（如：跳、爬、倒着走、学动物行走等）。练习过程中要求所有同学将注意力集中在自己身上，不要怕难为情、不好意思表现。

注意：在练习过程中严厉地"打击"那些笑场的同学。

二、集中注意力

把注意力集中起来，是我们在舞台上能够投入表演的最基础要求。初登舞台，大家难免会心思杂乱，总会想：我这样做好看吗？这么多人看我，多难为情啊！……导致手足无措，心情紧张。所以，此时需要演员具备积极而又稳定的注意力。我们首先来了解一下什么是演员的"集中注意力"。

斯坦尼斯拉夫斯基曾经指出："在生活中，我们很知道，每一个瞬间应该看谁，怎么去看。但在剧场里就不是这样，在剧场里有观众厅和舞台框的黑洞，这妨碍演员的正常生活。"

在表演时，把全身心的注意力集中在你所要做的事情上，多余的紧张与杂念、分散注意力的干扰就会渐渐消失。在生活中把注意力高度集中在某个目标上而排除其他干扰是有可能的，这是意志的作用。表演中因一切都是虚构的，缺少进行与生活类似事情的同样心理准备，这就需要加强自己的意志，把注意力集中在所做的事情上，以情绪记忆的方法把生活中待人接物时应有的感情，在假定的表演过程中表现出来。这种内心情感的寻求绝不能是客观冷静的回忆，而应如同此时、此刻身临其境，并在感同身受地完成某项行动的积极状态中获得。当把注意力集中在这种以假当真的行动过程中，其他一切干扰就会在思想上淡化，或不致影响到心理训练表演的指向性。在注意力集中的训练中，各个表演学派除有各自不同的训练形式外，也常在一些近似儿童游戏的练习里进行训练，以激发演员的童心，正如斯坦尼斯拉夫斯基所讲："你们在艺术中达到孩子们做游戏时所达到的真实和信念，这时你们才可以成为伟大的演员。"

能力拓展训练

音乐练习：全体学生参加，使用1～2段轻松的音乐或歌曲配合，让所有人进入轻松的状态。要求所有人在舞台上保持站立，注意力要集中。不要左顾右盼，双眼要保持平视。尽量通过面部表情来表现，重点是眼睛。不相信没关系，但必须努力表现，可以尽量地夸张。

要知道此阶段的所有训练是针对演员的基本素质中的信念感与感受力进行的。在生活中，人们接受外界事物的刺激时，总会产生某种感受并引发出相应的情绪上的变化，我们把这种能力称之为感受力。感受力是演员的重要创作素质之一。对它的训练和掌握是表演艺术学习当中至关重要的环节。而信念感，首先是指演员在表演中是否有自信，其次是说能否相信所设定的规定情境。在训练过程中，一时不能投入或不敢表现情感没有关系。哪怕是做出形式上的笑与哭也是可以的，关键是上台参与并有意识地去表演了。

三、松弛与控制

在斯坦尼斯拉夫斯基的《演员的自我修养》中专门有章节来讲述"肌肉松弛"。斯坦尼斯拉夫斯基认为演员的肌肉松弛是形成创作自我感觉最重要的

条件，所以我们从如何消除肌肉的紧张的训练开始。人在生活里，在不同的客观环境下处理不同的事，总会有心理及肌肉的不同状况。遇到过分激动的事会使自己呼吸急促，精神紧张，肌肉难以控制，就会直接影响着我们行动的准确性。一般地说，在表演中，肌肉紧张是不可能彻底消除的，但通过锻炼与训练是可以学会克服自己的肌肉紧张，做到使自己的身体状态接近正常的。我们现在的表演技巧与专业基础课基本是采用分科训练的教学法，形体动作课的开设旨在训练演员自身肌体特点及对肌体的控制，这需要花费功夫去做。但仅靠形体课是不够的，作为一名演员则要长期磨炼。肌肉松弛与肌体控制及表现力，实际是在表演课入门，直到表演学习的整个过程中都要不断解决的问题。

紧张，是一种正常的生理现象，一般来讲几乎所有人，在陌生的环境或面对陌生人进行展示时都会感到紧张。当演员走上舞台面对观众的注视，或是面对摄影机的镜头时也同样会有紧张感。对于初学表演的同学来说，这种情况就更是常见。这种紧张往往会使初学者失去应有的控制：心跳加速，呼吸急促，头脑中出现空白，甚至连声音都会变调，表情也变得难看。一方面，心理紧张会导致身体的失控；另一方面，身体的紧张也会影响到演员的心理。演员的真实、细腻的心理体验总是通过其形体与声音来表达的，而紧张的形体与声音是难以完成这一任务的。要想真正排除在创作中出现的不必要的紧张，涉及许多方面，如演员思想和专业素质的锻炼与创作技能、创作方法的掌握以及在某个具体角色的创作中遇到的问题，等等。

松弛，是演员在进行创作时心理和生理上必须具有的状态。但松弛不是松懈。松弛指的是演员创作时在当众孤独的条件下，在艺术虚构的情境中仍然能够按照天性的规律去创造。也就是说，在这种情况下，演员的心理机制和生理机制应该处于一种在创作意志支配下正常地、积极地、有效地进行真实、细腻的体验与富有表现力的体现的创作状态。松懈则与此相反，它不可能使演员处于一种正常、积极和有效的体验与体现的创作状态。它与紧张虽然表现形式不同，但同样不是演员应有的创作状态。

能力拓展训练

我们在教学中为了消除紧张、放松肌体，学会控制自己的肌体，经常做英国表演专家周采芹女士训练学生时做的一些练习。

1. 木偶练习

请大家在舞台中间站好，全身放松，两脚平行，双手自然下垂，眼睛闭上，让大家感觉自己是一个木偶，被上面用线在操纵各个部位。先是慢慢地把双手向上提起，把手指慢慢张开，举得很高，手指都拉开了，尽量往上举。然后假设线断了，手很自然地一段一段向下还原（手的整个部分要非常松弛，老师可以进行检查），大家站着不动，然后从头顶开始慢慢一点一点向下弯曲，从头部到颈、肩、背、臀、大腿、小腿全都松弛了，最后倒在地上，像一只猫躺在沙滩上，全身非常松弛。"猫"起身后，沙滩上要有"猫"的印子……

2. 放大与缩小练习

（1）放大练习：两脚分开站好，自己控制从脚趾头开始使劲，慢慢往上到小腿、大腿、臀部、腰、背、肩、脖子、头部、脸上的各个部分，手指到手掌即全身都紧绷起来，眼睛也睁大了，这时你可以用这种神态去找感觉：假设你是一个很高傲的人，很了不起的人。模仿一只狗或一头狮子，非常厉害的状态，用形体动作表现出来（不仅是形态，还要有神态）。

（2）缩小练习：从头部到颈、背、腰、臀部、大腿、小腿一步一步地慢慢放松直到在地上缩成一团，像一只蚂蚁恨不得钻进地缝去，这种缩小了的身体，你可以找到此时的感觉，比如自己是在又冷又黑的大街上讨饭、乞求，找到饿、冷、累的感觉。总之，是一个很可怜的人，也是从外形到内心都要寻找到这种感觉。这对于你今后创作各种各样的角色大有好处，有促进作用，这需要你用心去做，认真地找到感受。

通过形体紧张与松弛的训练，让大家不仅学到了什么叫形体控制，还可学到一些简单的角色创作方法。为了让大家能掌握正确的表演方法，纠正初学表演的时候容易紧张过火、缺少自信、想象力不丰富、注意力不集中等问题，在表演课上我们首先需进行无实物训练。

四、规定情境

"规定情境"是斯坦尼斯拉夫斯基体系术语，是表演基础元素之一，是演

员扮演的角色面临身处的各种情况的总称。包括剧本的情节、事件、时代、剧情发生的时间、地点、人物活动的环境、人物关系、人物在此之前和此时此刻所处的境况等。规定情境是角色展开行动的依据和条件，它制约着角色行动的性质、样式和角色的心理活动。同生活里一样，戏剧中脱离规定情境的动作是不存在的，人物的一举一动，一言一行都是在一定的规定情境中进行的。同样的动作，一旦改变规定情境，则必然使人物动作的方式和心理活动发生相应的变化。

在小学学习写作文时，都知道一篇文章不可缺少的内容有：时间、地点、人物。而在表演学习中的规定情境也可以简单地归纳为：时间、地点、人物。同时这三个词在这里还有着更多的含义。时间，不仅仅是一个准确的时间点，如：下午3点26分，而是还包括了时代、年代、季节等。人物也不仅仅是具体的张三、李四，而是一定要具有性格特点。地点，在表现上也应该有空间的考量。

演员要从剧本的情节、事件、人物关系以及台词中去挖掘和丰富角色的规定情境，展开想象，真实地生活于规定情境之中，从规定情境出发去完成角色的行动任务。可以说，演员对规定情境把握得越细致，所表现出的人物就会越真实。

同时，就表演学习来讲，把握规定情境，是贯穿整个表演艺术学习过程的重要知识点。是演员塑造人物形象的重要依据和必要条件。

能力拓展训练

交流与无言交流练习：

配合规定情境概念的学习，我们可以进行"无言交流的练习"。要求是在一个假定的情境（规定情境）中，由二人或多人透过相互冲突的、积极的肢体动作来表现人物的情感，同时要求不能使用语言。让观众看清人物之间的关系以及发生了什么事情。进一步要求看到人物的个性特征。

演员在虚构情境中与某一对象相互的感受和给予某种情感的过程，称之为交流。在这里，强调交流是"相互"的感受与给予，表明交流对象都应是有生命的而不是一般物体，感受与给予的过程也说明它是感官刺激、反映情感流动与发展的过程，它绝不应是凝固、静止、孤立、僵化的瞬间。交流过程必须能看见对方表情的细致变化,听见对方语气中的微妙含义,感觉到对方思想感情的复杂活动,才可能产生虚构环境中的真实交流。因此,交流过程包含着判断对手与适应对手的过程。

交流在生活形态里是极其自然的,它是根据人在生活中对客观要的要求,在不同场合、不同瞬间与不同对象的一种纯自然的感情流露,而在表演中则需要根据表演的内容与任务进行总体设计,并努力在与对手的相互配合中感受与给予。因为交流是通过各种感官的内外部活动表达的,所以表演初学者,需要认真训练表演中的各种交流形式。为了训练交流环节,常以各种练习形式进行,如:无言交流练习、命题交流练习、一句话交流练习,等等,通常做的"无言交流练习"成效较为显著。

一分钟命题无言交流练习:

（1）路灯下

（2）躲雨

（3）分手

（4）相遇

（5）相亲

（6）送别

（7）释放

（8）似曾相识

（9）藕断丝连

（10）冤家路窄

说明:一分钟命题无言交流练习:人物关系的变化,社会生活的丰富,构成社会多样的人物关系,学生通过自己的观察、理解,用无言交流的小练习把它表现出来。要求学生不要在线性结构上把练习想象构思得很复杂,而是相见的一刹那（短短的一分钟内）横向地开阔想象。另外,时间的限制,要求表演动作要有所选择。

五、重要的感受力

前文谈到过,学界将演员的创作素质归纳为"七力"与"四感"。其中

就包括敏锐而又真挚的感受力。在生活中人们接受外界事物的刺激时，总会产生某种感受并引发相应的情绪上的变化，我们把这种能力称之为感受力。演员的感受力也同样是指演员对外界刺激和信息感应的接受能力。演员体察、感受到的东西才能在表演中体现出来，这就要求演员在日常生活中和角色创作中对周围事物有敏锐的观察、感受和反应的能力。

但是，在表演艺术创作中，演员所接受的并不是像生活中那样的真正的刺激，而是一种艺术的虚构，再加上创作环境中一些因素的干扰，有的演员往往感受不到客观上所给予的刺激，因而也就无法创造出人物的真实情感。这样的演员在表演中不能真正地动心、动情，结果只能以虚假的"表演情绪"的办法来搪塞。

在影剧作品中，表演上的虚假主要是因为演员在创造人物时缺乏真的体验。为什么有些演员不能够做到真实的体验呢？很重要的一个原因就是缺乏演员所应该具备的敏锐而又真挚的感受力。当然，也不排除创作方法与表演技巧上的问题。

演员所应具备的感受力是一种能够在艺术虚构的情境中感受客观事物刺激的能力。演员的感受越深刻、细腻，其表达就准确、细致。演员在表演中对规定情境的感受，交流时对环境和对手给予的刺激、对手情绪细微变化的感受，是产生交流和真实表演的基点。演员感受力的强弱既与天赋素质有关，也取决于后天生活阅历的深浅，对人情世故的洞察程度和情绪记忆的积累。

演员创作素质中感受力的培养与演员的总体素质有着一定的联系。一般来说，生活中真诚、热情的人在创作中的感受力要明显强于生活态度冷漠，对周围发生的事物无动于衷的人。因此，演员要想训练并强化自己的感受能力，首先就应该对生活充满着热情与真诚。

能力拓展训练

1. 情感梳理——音乐练习

训练：放一首歌曲，让所有人根据歌词及旋律随意想象，每个人的故事可以不同，但尽量通过表情把情感展示出来。

说明：可让大家选择自己舒服的姿势，可坐可站。要尽可能地、无保留地展示情感。这是对信念感和感受力的综合训练。

2. 对环境的感受训练

想象在 40 度高温时，站在操场中间，太阳直射。（可配合音乐）

想象在 0 度以下，站在操场中间并伴有大风。（可配合音乐及音效）

想象在雨中，雨从小变大变暴雨。（可配合音乐及音效）

想象在狂风暴雨中。（可配合音乐及音效）

3. 味觉的感受训练

想象面前有一个盘子，里面放着四块饼干，它们的味道分别是酸、甜、苦、辣，要把它们吃下去。

（1）按照已知的顺序吃。

（2）在不预知的情况去品尝。

说明：要明确在表演过程中不要怕丑，要尽量去表现。不可能完全正确，只要敢于表现就好！在此练习中要强调既要敢于表现，又要尽量去区分表现它们味道的不同。

六、适应能力

适应，是斯坦尼斯拉夫斯基体系术语，是表演技术的诸元素之一，是指演员在表演中与对手交流时彼此做出各种不同反应并影响对手的技术。适应力，也是"七力"之一，演员需具备灵敏而又细腻的适应力。适应能力和作用是多种多样的。每个演员都有自己独特的适应方式，随着环境、地点和时间的改变都会使适应起相应的变化。演员表现所体验到的每种情感，都要求有极细致的适应特点。演员必须善于去适应环境、时间和每一个人物。在生活中的适应通常是下意识完成的，但在创作时，下意识的适应只是在情感自然高潮的瞬间自行产生出来。通过排练往往能寻找到准确的适应，当然有时也会在实际表演过程中产生即兴的适应。

具有灵敏而又细腻的适应力的演员，在表演上常常能够创造出十分准确、鲜明的适应，使其创造出来的人物生动、感人。在生活中，我们有时会听到人们夸奖某个演员"灵"，这往往是因为这个演员在表演时有着非常灵敏、细

腻的即兴适应能力。而这种种适应能力的强弱不仅和演员的生活积累、思想修养、文化及艺术修养有关，而且还与一个演员的注意力、想象力、感受力和表现力等有着密切的联系，因为演员的良好的适应能力是建立在具有上述这些能力的基础之上的。

经过前面课程的训练，学员们应对感受力这一概念有了基本的了解。并基本能够按照要求做出相应的情感表现。但此课练习除需做出情感表现外，还要求学员的肢体能够进行配合，这又在信念感的建立及情感表达上对学员们提出了更高的要求。演员在表演中的适应能力从创作方法上讲是建立在对规定情境的理解与感受，以及对人物与人物之间关系的准确把握的基础之上的。在此阶段的训练中，我们不去强调人物而只注意要求客观环境的变化，因为这毕竟只是最基础的训练过程。

能力拓展训练

重物搬运

（1）让学生两人一组分站在舞台或教室的最远两端。由同学甲假装提一袋面粉交给对面的乙同学，再由乙同学提回。此练习要反复几次，每次不断增加面粉的重量。10斤、50斤、100斤至极限重量。

训练说明：

重量每次要有明显增幅，便于表现。

因男女体力不同，可以区别对待，但最终要增至极限重量。可避免有人说某重量抬不动，而另有人说太轻。同时"极限重量"对学员们的信念感和感受力以及表现力都是一种考验。

此练习已经涉及无实物练习的训练，可适当讲解并要求。

（2）10人一组，围成最大限度的圆圈，每人都负重围着圆圈走动起来。重量要不断增加，直到极限重量。

（3）绕圈行走。增加重量，变化天气（冷、热、雨、雪、风等），改变地形（上坡、下坡、沙地、雪地等）。

训练说明：第（2）与第（3）组的练习，并不一定要强调表现的准确性，而在于每一位学生用心去感受和认真表演。

第三节　课堂练习与实训

一、无实物练习

什么是无实物练习？无实物练习，简单地说就是没有真实的操作对象，而通过想象去完成对操作对象的形象化，然后通过肢体动作真实地表现出来。无实物练习是表演基础学习中一种重要的训练形式。它几乎对演员的所有基础素质做了全面的训练，信念感、感受力、想象力、表现力等无一不涉及。所以根据教学阶段的不同，将对学员的训练提出不同的要求。

那么为什么不用实物做练习呢？斯坦尼斯拉夫斯基对这个问题作了回答："做实物练习时许多行动都是本能的，根据生活的机械性，自然而然的一晃而过，结果表演者来不及掌握它们，如果让它们一晃而过就会造成前后脱节，破坏形体行动的逻辑和顺序的线，被破坏的逻辑也就会破坏真实，没有真实，无论是演员本人或者观众都会失去信念和本身的体验。"

做无实物练习会使演员把注意力集中在大行动中，每一个最小的组成部分没有实物都会促使你更加细致、更加深入地注意肢体动作的性质。做"无实物练习"的训练，不是完全让你在今后的舞台上演戏不要实物了，而是一种训练手段。

果戈理说过，艺术家的特点是"能把眼前不存在的事物想象得活灵活现，似乎它们就在我们眼前"，这种创作才能的意义无比重大。因为我们在自己的想象中重现现实生活的现象，同时也在自身激发与这些形象的感觉相联系的情感。换句话说，我们通过感觉记忆影响情绪记忆，即对过去感受过的情感的记忆。

无实物练习的重点要求：

无实物练习是学员对表演入门，从有意识过渡到无意识的第一步。由于"没有实物"，就会促使你更加细致、更加深入地注意形体动作的准确性，对它进行研究。斯坦尼曾向学生说过："要善于创造小的真实……谁能执行小的

形体行动，他就通晓体系的一半。"只有极其精确、细致自然地执行无实物动作，达到技巧尽可能完美的程度，它才能达到掌握元素，锻炼演员表演天性的作用。

本阶段为最初级的无实物练习，不要求过多的情节表现。而着重信念与感受的训练，要重点展示操作对象的物理特性，如：重量、体积、形状、质地等。

要求学员注意力高度集中，运用敏锐的观察与丰富的想象，要有充分的信念，需要对自己体验过的感觉记忆以及准确性与逻辑顺序性，注意分寸感、真实感，通过有意识的练习，逐步达到并成为一种下意识的反应。

尽量选择具有外部特征和较复杂程序的动作。展开艺术想象，在细节真实的基础上，增添生活的趣味性。

能力拓展训练

1. 情感梳理——松弛练习

2. 集体无实物练习——擦玻璃 a. ——普通的玻璃窗
　　　　　　　　　　　　　　b. ——落地玻璃门
　　　　　　　　　　　　　　c. ——雨过之后的落地玻璃门

说明：做练习过程中注意力要集中。要着重表现玻璃的物理特性：面积、位置、厚度、干净的程度等，同时还有水、布、纸等。

（2）在擦玻璃的基础上增加更多的背景条件。

此处的背景条件实际上就是不同的规定情境的变化，但在本课还不必引入规定情境的概念，随着各种形式练习的推进，不断增加条件即展开规定情境，让学生们在实践中去体会和掌握规定情境。

在练习中，既要注重无实物练习中的操作对象的物理特性，同时也要在不同的背景条件下展示人物的情感。

①男生版擦玻璃（配合音乐并给出条件）

条件：

a. 今天，你第一次到女朋友家去。一进门，发现女友的妈妈正在擦玻璃，这可是未来的丈母娘啊，于是，你怎么办？

说明：此时，几乎所有的学生都会卖力地擦起来……

b. 继续前面的工作，正当你擦得起劲时，就听到里屋传来了老两口的对话：

女："这小伙子形象好，人也勤快，对咱姑娘也好，我看可是真不错！"

说明：此时，所有人都会干得全力以赴……

c. 对话正在进行中……

男："好什么好？形象有什么用？我问过姑娘了，他是外地人，家里也条件不好，现在没有稳定工作，一个月挣半瓶醋钱，今后拿什么养活咱家姑娘。这要嫁了他，还不得受一辈子罪啊？！一会儿赶紧让他走！……"

说明：听完这段对话，同学们在舞台上的表现就出现了差异……而这些变化是根据此时此刻每人的心理真实感受的表现。有垂头丧气的，有痛苦万分的，也有很多是更加卖力地表现……应该说只要有了内心情感的展示就是对的，只是每人对事物的反应不同，但我个人更推荐第三种表现。

②女生版擦玻璃

与①中相反的情境中，人物和语言不同：

男："这姑娘形象气质都不错，人也挺勤快，今后要是进门咱儿子能享福……"

女："这还叫形象好？你什么审美啊？个子这么矮，皮肤又黑！听说是农村人，家里条件也不好，这今后得多少事儿啊？一会儿赶紧让她走……"

——即兴练习。

多选：洗衣服、做饭、换灯泡、缝扣子、拖地、擦皮鞋、包饺子、泡方便面……

二、观察人物与观察生活练习

通过前面的学习，学生基本能够在舞台上呈现一个简单的人物形象了，但可能不够精彩。为什么不精彩呢？因为这个人物形象，可能不够真实，不够生活，不够典型。人们常说："艺术是来源于生活，而高于生活的。"在初学时，在很长的一段时间里我们仅要求表演同生活一样即可，也就是在舞台上还原生活的真实。或者说，能够在舞台上生活起来。

观察人物要求演员观察人的外部行为特征、思维方法、语言形体节奏特

点以及心理逻辑与外在表现；观察生活练习是观察人与人之间的关系以及环境对人的行为所产生的影响、观察一切与人有关的事与物，观察生活要求侧重的是"人情世故"。

在训练中"观察生活练习"和"观察人物练习"应当有所区别，观察生活，是对生活中的人和事、情和理的一种理解、再现和提升；观察人物则是对某一人物的外在特点、内心思想以及为人处事的一种细致的模仿和体现，观察生活立足的是人的生活，观察人物，强调的是生活中的人。

在观察人物中，演员容易把握最外在的、最容易再现的、可观、鲜明的外在形象，比如一个黑人、一个瘸子、一个精神病；大多数人都会来回狂奔、咆哮、发怒、转动白眼珠子，这些都已经跟一般人以前想象中的对一个原始人的错误印象缠绕在一起。要学习、倾听、观看、热爱生活，要把生活转化为艺术，用它来充实形象、角色。生活中的人物形形色色，这就需要演员在茫茫人海中寻找到有着明显特征的那种人，不同的职业有不同的生活习惯，不同的人有不同的性格特征，不同的生活环境造就不同的人物，演员需要做的是对他的外貌、动作、语言等特征加以提炼、修饰，然后转化为舞台上的人物，展现给观众的是那种熟悉又新奇的感觉。

同时，需要说明的是，信念感与感受力是本阶段训练的主要任务。多数同学信念感弱，无法相信规定情境。同时，对于在舞台上发生的事件不能真实感受。要改变这种状态，首先要将案头工作做得尽可能细致。其次在表演中要注意力集中，减少外界与内心杂念的干扰。信念感既是一种天赋，也是一种可以通过训练取得的能力。

学会观察。不仅仅是看，而且要把看到的有意思的人或事记录下来，再通过练习和设计把他们在舞台上重现。观察生活练习，作为表演课的一种训练手段也应是贯穿整个表演学习过程的。在最初阶段训练中，需要学生既要对通对生活中形形色色的人物的行为进行观察，回到课堂后能够再现他们的基本行为。也同时求学生要对他们的心理进行揣摩。在舞台上则是通过人物的行动来展示他们的心理或情感的变化。

能力拓展训练

这一部分我们选取了一些在课堂上同学们实际排演的小品供大家借鉴和

参考，也会提出一些存在的问题，希望大家去避免。

1. 双人练习《城里人与乡下人》

同学甲 饰 城里人

同学乙 饰 乡下人

地点：火车站候车室

规定情境：一个乡下人拿着大包小包的行李匆匆上场，看到离发车还有一段时间，就在长椅上坐了下来。一个城里人上场了，他打扮得很时尚，看到乡下人，显得有些不屑。两人发生了一段故事……

分析：

这是一个常规的双人练习，给出了一组特定的人物和一个特定的地点。因为没有固定的情节规定，同学们在做这个练习时可以自由发挥和想象，也经常能够演出有意思的故事情节。（每次做这练习，我都会想起一个有意思的动画片，描写的是城里老鼠和乡下老鼠。）多数同学都能意识到要抓住城里人和乡下人的特点，基本也都是从外部形象向人物靠拢的，这是十分有效的方式。但这里往往容易出现一个"脸谱化"的问题。比如，乡下人就穿得破破烂烂，随地吐痰。而城里人总是一上场就打手机……

2. 三人练习《暴发户》

同学甲 饰 暴发户

同学乙 饰 服务员

同学丙 饰 老板

规定情境：一个暴发户在餐厅里抽烟、吐痰、大声喧哗。这时，一位服务员来劝阻，请他注意不要影响别的客人。但暴发户不但不理会，反而大声侮骂这位服务员。一个在旁边用餐的企业老板看不下去了，出面阻止。

分析：这是一个学生自己组织的练习。情节设计得挺有意思，几个人物也显得各有特点，但在表演中要注意几个问题。

①与对手的交流要真实。

②暴发户的张扬，不拘小节，服务员的无奈与委屈，企业老板的范儿，都要把握一个合适的度。

3. 四人练习《纠缠》

同学甲 饰 大款

同学乙 饰 美女

同学丙 饰 乞丐

同学丁 饰 卖花女

规定情境：大款携美女逛街，先遇到了一个乞丐，美女看他可怜，表示同情，还给他一些零钱。但大款表示不屑一顾，催促美女快走。离开乞丐又遇上一个卖花的少女，大款见卖花女长得漂亮，就多和她说了几句，卖花女借机提高了花的价格，美女非常生气。乞丐又跟了上来，四人纠缠在一起。

分析：这是一个多人练习，在学习初期一般建议双人或三人排练。而多人练习中交流、判断都比较复杂，不容易掌握。本阶段需重点强调认真与投入，在表演过程中要求有意识地放大音量。同时，因人多容易互相影响，只要有一点意外发生，就可能出戏。为了能够真实、生活地再现故事情节，排练时可以按人物关系和出场顺序分成四段，分别是：

①大款与美女；

②美女与乞丐；

③大款与卖花女；

④卖花女与美女。

每一段中都以两个人物为主，建立交流和展开矛盾。最后将四段戏有机地组合起来，相信能够呈现较好的舞台效果。

需要注意的问题：避免紧张和笑场。表演中注意音量不要太小。

5. 四人练习《车站》

同学甲 饰 打工仔

同学乙 饰 黄牛

同学丙 饰 小偷

同学丁 饰 警察

规定情境：快过年了，一个在城市里打工的小伙子想要回家，来到车站却买不到车票。一个黄牛向小伙子兜售车票，小伙子无奈之下，只能向黄牛买高价票。正当小伙子从衣服最里面拿钱时，被小偷看到了。就在小偷成功地偷走了小伙子的钱包后，又发现了另一条"大鱼"，但这次小偷失手了，原来这条"大鱼"是便衣警察。

分析：这同样是一个同学们自己创作的练习作品。四个人物各有特点，情节也比较有意思。在排练和表演中，能感觉到同学们的创作热情。需要注意的问题：

①自言自语。这个问题比较常见，很多同学愿意在表演时先来上一段。比如这个作品中，黄牛一上台就来了句："也不知道今儿能卖几张票？"首先要说明，这是不可以的！作为教学，在本阶段我们的训练目的是要在舞台上还原真实的生活，而在生活里谁会说这些呢？造成这一问题的原因主要有两个：一是不自信，就怕观众看不懂自己的设计，其实这是完全没有必要的。再次强调的是要在舞台上还原真实的生活，而生活里黄牛是不会说出这句话的。二是受到了现在的舞台小品（也称电视小品）的影响，最具代表性的就是春晚小品，往往是人物上台先来上一段独白。因为这类小品的特殊性，需要演员对观众做出情节交代，而在表演教学中这些是不可以的，一切还需以还原真实生活为原则。

②不真实。说到真实，在本阶段检验我们舞台表演的最重要的标准就是：是否能像真实生活中一样！在这个作品中，饰演打工仔的同学，花了高价买到车票，却随手塞进口袋……不看看票的时间对不对？是不是真的？饰演小偷的同学，在偷东西时，那哪里是偷啊！就是在明抢！借用一句电影台词：简直太没有技术含量了。

6. 课后练习及简单分析

以下的练习是课堂上学生们自己组织创作的作品，有些很有意思，当然也存在很多问题。我做了简单的分析，大家也可以试着做一做。

（1）三人练习

人物：小偷、乞丐、老板。

规定情境：小偷与乞丐联手给一老板设局，请客吃饭。

分析：三个人物各有特点，情节设置虽复杂但有趣。

需要注意的问题：表演容易过于夸张，失掉真实。

（2）四人练习

人物：两个孕妇，两个丈夫。

规定情境：两对夫妻在公园散步，只有一张长椅，两对夫妻争抢起来。为了争座位，两个丈夫各显本事……

分析：情节设置有趣，表演需注意细节。如，孕妇的走、站、坐等都需练习，不要只演个意思。两个丈夫也不能因为椅子而忽略了妻子。

（3）二人练习

人物：一对朋友。

规定情境：两个朋友相约看电影。一人总是迟到，但借口千奇百怪。

分析：借口，并不意味着一定要说大量台词，要注意与对手进行交流。不要演成各说各的。这个练习要多设计外部行动。

（4）二人练习

人物：职员、老板。

规定情境：一资深职员因为个人原因找老板辞职，老板再三挽留。职员执意要离开，老板见留不住人，内心十分疑惑，派人调查真正原因。

分析：职员要把戏外的情节考虑清楚，到底因为什么原因辞职。交流要真实，两人在进行交谈时，要对对手进行观察。老板的内心活动要表现出来，不能只是自己想，须让观众看得出来才好。

（5）二人练习

人物：实习记者、二流"大腕儿"。

规定情境：一个实习记者终于得到一次独自采访的机会，采访对象是一个二流的"大腕儿"，能力一般但毛病一堆。

分析：这是两个比较有意思的人物，实习记者终于得到工作机会，既紧张又兴奋，但遇上了一个难缠的家伙。"二流大腕"想要被采访却又处处拿架子，摆POSE。

（6）三人练习

人物：游客、小贩甲、小贩乙。

规定情境：一游客向两个水果小贩问路。一人好心想帮他却不认识路，另一人知道路却要求必须买水果才说。

分析：小商贩是生活中很常见又很有特点的人物，观众很容易甄别真与假。做这个练习一定要去真的观察卖水果的小贩，不要想当然地就演了。一组同学在表演这个练习时就出现过，小贩的吆喝过于奇怪，所有的水果全是一个价，而且太便宜等问题。

(7) 三人练习

人物：卖羊肉串儿的小贩、学生、城管。

规定情境：街口，一个卖羊肉串儿的摊子，小贩正在高声叫卖。一个学生走过，看着羊肉串儿直流口水，但口袋里没有几块钱，跟小贩套近乎，砍价。一城管过来，白吃，却吃坏肚子。

分析：这是一个有意思的练习，让人想起了陈佩斯、朱时茂的经典小品《羊肉串儿》，几位同学表演得也很投入。问题在于，几位同学似乎深受晚会小品影响，表现得过于夸张。几乎看不到真实交流部分，这就不是在教学中所要求的了。

(8) 三人练习

人物：丈夫、妻子、乞丐。

规定情境：夫妻两人逛街，一个乞丐跪在街边乞讨，妻子发善心，拿出两张纸币，一张一百元和一张十元，不知怎么误给了一百元钱。想要回来，乞丐不给，丈夫用各种办法，终于要回来。

分析：矛盾在于误给了一百元，设计需要合理和巧妙。这组同学在表演中，丈夫因生气跟乞丐发生拉扯动作，而这种肢体的扯动在表演时是比较难表现的，必须经过排练和反复的配合才可以。否则就会显得十分混乱，而场上的几位同学也因为缺少排练，居然演到了舞台的角落里。

(9) 五人练习

人物：民工甲、民工乙、老板、打手甲、打手乙。

规定情境：民工甲乙总被拖欠工资，又到年底了。两人商量着要找老板讨薪，老板百般抵赖，最后恼羞成怒让打手暴打民工。

分析：这是一个多人练习，两个演民工的同学应对自己的人物有相对不同的设计，比如年龄、个性或者不同的工种，都会有不同的表现。老板不一定就是坏人，可能确实遇到了什么困难，尽量不要过于脸谱化。

在这组同学表演中明显看得出，本作品是以两位"民工"为主的创作，他们的表演很认真、投入，但老板及打手明显是临时凑数，缺少配合，不够认真。同时，在此阶段的训练中尽量不要使用方言。因为使用方言，对表演者台词的字音及重音都较难判定。

第四节　基础元素能力拓展训练

1. 想象力练习

想象与表现：以假当真，是最基本的原则。世上所有的艺术都是与"真、情、心灵"有关的。表演也不例外，无论外部精神，还是内在品质，无论生活方式，还是生存原则，我们都需要拥有一种真、善、美的标准。想象力的系列练习，想象自己正处于以下场景，请认真、投入地表现：

（1）幻想自己穿越时空，活在一个浪漫童话世界；

（2）漫步于午后的胡同，在祠堂的屋檐下晒太阳，穿出胡同驻足河畔，看夕阳下的美景；

（3）在石榴树下，坐在石凳子上，泡一壶清茶，细细品味茗香；

（4）午后懒洋洋地躺在床上，翻阅几本小书；

（5）在睡觉前，放一首优美舒缓的老歌；

（6）在周末到郊外里感受自然风光；

（7）夜晚坐在只有自己一个乘客的公交车上，看夜色阑珊，当车经过某一处，路过某一景，你会不经意地想到某年某月的某一天，或是某一个瞬间，某一种感觉。

2. 真实地表达自己

（1）说说关于你的故事，介绍一下你自己，最好是关于你的一切，大胆说出你的梦想、你的追求、你曾经的遗憾与无奈、你的快乐与忧愁，你曾经经历的亲情或是爱的故事，我需要你这样，因为——一切都要从你真实的内心出发！

有两个同学讲述了关于他们自己的故事，在这里我想和大家一起分享：

第一个故事，是一个叫小路（匿名）的男孩子和他父亲的故事：男孩小路是独生子，父亲十分疼爱他，在小路 15 岁的时候，父亲送给了他一条可爱的小狗，男孩子高兴极了，他和这条小狗成了很好的朋友，形影不离。小狗十分懂事，小路把所有的心事都说给它听，把它当成自己生命中最好的朋友，可是一个暑假的午后，小狗不幸被一辆汽车撞倒了，躺在血泊中，平时勇敢、果断、男子汉气十足的小路，在那一刻却胆怯了，他甚至不敢伸出手去抱住他最好的朋友，见到一地的鲜血，他愣住了，当他鼓足勇气，将血淋淋的小狗抱回家后，小狗已经永远闭上了眼睛，痛苦的小路哭了整整一个下午，然后决定到楼下为他最好的朋友挖一个坟，埋葬它。可就在小路大汗淋漓挖好坑，回家准备抱小狗下楼的时候，他发现父亲已经回家了，他没有找到他的狗，更为难过的是，父亲竟然将他的狗做成了一顿美味佳肴。小路愤怒了！他要和父亲决斗！他不能理解父亲的残忍！父亲的冷酷无情，父亲却对他吼道：你是男子汉！你要学着坚强！学会坚韧！所以你要吃掉它！小路两眼噙着眼泪，吃掉了那顿晚餐……

　　第二个故事，是关于一个叫小美（匿名）的女孩。小美的父母在她三岁时就离异了，她跟着母亲过活，父母都又成立了新的家庭，并且有了各自的孩子。小美16岁了，她热爱小提琴，母亲为她报了一所音乐学院的辅导班。每个月，她会被允许和父亲见上一面，父亲也会在那个时候，给她1000元的生活费，随着辅导班费用的增加，1000元的生活费已经越来越不能满足她的需要，母亲这边的家境也一般，小美每次见到父亲，都希望他多给自己一些钱。这一天，小美的辅导班要交3000元的训练费，可就在上个礼拜，她才刚刚从父亲那里艰难地要到了2000元买电脑。小美硬着头皮去找父亲了，她谎称想念父亲，可在去的路上，她非常矛盾，她特别不想再张口向父亲要钱，可小提琴的艺术之梦，还在心中盘旋，见到父亲，她迟迟没有说关于钱的事情，只是说了一些讨父亲欢心的话，父亲看上去十分地高兴，一直称赞自己有一个懂事的好女儿，可就在即将分别的时候，小美说明了来意，父亲的脸霎时变了，他冷冷地说："我就像你的自动提款机！"随后极不情愿地掏出1000元钱甩给了小美："给！给！给！拿去吧！把你老爸掏干榨净，你就满意了！"

　　3. 简单动作练习

　　简单动作练习是学习表演所需的想象力、信念感、感受力、注意力等的综合训练。练习时，要求在想象中"假使"做某一件生活里的事。练习中要能达到把这些生活里常见、习以为常的动作过程，表现得使人感兴趣、有吸引力，就表明你具有一些表现力素质。在最初做这类练习时，不必追求丰富

的情节、特定的情境以及人物心理等。

（1）穿针引线，缝衣服。

（2）看球赛时电视坏了，摆弄了半天却修不好。

（3）收拾房间，用热水洗衣服。

（4）写作业，把笔弄坏了，换了好几支，都没用。

（5）煮方便面，把锅煮糊了。

（6）洗菜、做饭。

（7）洗衣服，不小心把钱洗了。

4. 动作练习

根据不同规定情境要求和变化，做出相应的行动和心理的反应。较简单动作练习有了些细致的条件，需要注意。

（1）放假回家，发现哥哥（姐姐）要结婚，占了原来属于自己的房间。

（2）买了蛋糕为姐姐过生日，回家后接到医院打来了电话，姐姐被车撞了。

（3）郊游，捉蝴蝶时遇到了蛇。

（4）钓鱼，怎么也钓不到，很着急。最后想到了好办法。

（5）在公园等人，坐到了油漆未干的长椅上。

（6）咳嗽不止，吃药。

5. 一组随堂作业

（1）根据自己亲身经历的一个瞬间，改编一个双人小品，要求具有真实生活原型，时间最好在10分钟以内。

（2）"一人一故事"。4至5人一组，老师担当主持人，邀请观众分享某个事件的感受和贴身故事或经历。学生在听完故事后，分别集体以即兴的方式完成《用布摆图案》《人布雕塑》，将布料变成一份礼物送给当事人和从新搬演一次当事人的经历。

（3）"表现心情动能"。两个人一组，在无语言的沉默下，由外面的人扔进来一条布料，两人根据布料的颜色利用形体和声音来表现相关的心情。

（4）"非理性动作小品"。分成若干组，一组两人。以春、夏、秋、冬为题完成非理性动作小品。要求是无语言，60%是现场即兴发挥，40%是经设计过的构思。接着4人一组，以白天和黑夜为题完成非理性动作小品。

（5）"美好的回忆"。以《美好的回忆》为题，分组多人完成即兴小品。演完后，根据小品的内容，再一次集体创作，完成后续故事。

（6）"我的故事"。两人一组，每个人都说出一个自身的有关死亡的真实故事。A 说完后，由 B 复述一遍，不过要用第一人称来讲述，仿佛是自己遭遇的事情一样。接着由 B 讲故事，A 用第一人称复述一遍。接着 4 人凑成一组，A 和 B 分别选取刚才的其中一个故事，个别用第一人称复述百分之五十，说完后让其他人猜这是谁的故事。最后是 8 个人凑成一组。4 个人一起用第一人称把一个故事说完，让其他人猜测这是谁的故事。

第二章
综艺表演能力训练

【**本章导读**】第一章中我们了解和掌握了一些在综艺节目主持中能够运用得到的表演基础元素，学习和建立了一定的表演能力，本章我们将学习用这些元素构建基本的综合表演的能力。

演员通过学习基础表演技巧，最终的目的和任务，就是塑造一个有血有肉、有灵魂、有行动的典型人物。在此之前，所有的努力都要为这个最终的任务服务。

"塑造"一词在表演中的基本意思是，用语言行动等艺术手段再现人物形象。演员要运用自己的身体和思想意志，将一个文字作品中的人物变得立体、真实、生动和具体。而要塑造人物，我们还需经历小品与片段的学习。

第一节　小品的训练

一、什么是小品

首先想说的是，对于"小品"没有严格意义上的定义。似乎人们也并不在意小品是什么，小品就是小品。一谈到小品，人们的第一印象就是春晚小品！没错，春晚小品是小品，但它并不是我们在表演课堂上要学习的小品。

百度百科中对小品的定义为：小品，就是小的艺术品。我想，这个定义是为舞台小品准备的。人们常说"艺术是来源于生活而高于生活的"。优秀的舞台小品，它能够艺术地再现生活的真实，的确是"高于生活的"。所以说，它已经是一个相对完整的艺术作品了。而表演课堂的教学小品，是我们进行表演艺术教学训练的一种手段，它的核心要求是：在舞台上还原生活的真实。因此，小品在表演艺术的学习过程中，只是一种训练手段或形式，是比较初级的表演作品，还不能称之为艺术品。

因此，我们可以把小品分为舞台小品和教学小品两类。既然分为舞台小品与教学小品，我想也有必要从舞台需求与教学要求的不同角度对"小品"进行说明和理解。

二、舞台小品

1. 舞台小品的特点是极具观赏与娱乐功能。同时，舞台小品中的人物：多采用夸张的、漫画式的人物设计和表现方式，是在生活基础上进行了艺术再加工后的创作。

代表作品：春晚系列。

代表人物：赵本山、宋丹丹、蔡明、范伟、黄宏、郭冬临等。

演出特点（要求）：演出效果好，娱乐性强。

《超生游击队》

《不差钱》 　　　　　　　　《卖拐》

舞台小品的"源起":陈佩斯、朱时茂——《吃面条》(1984年春晚)

《吃面条》

关于《吃面条》:

观众熟悉陈佩斯应该是从小品《吃面条》开始的。说起这个小品,当时无论是导演还是演员,都冒了相当大的风险。陈佩斯和朱时茂在单位偶遇,聊天投缘就成了朋友,后来聊着聊着就聊出了小品《吃面条》。从来没有这种形式的表演在舞台上出现过。试演的时候,下面的观众都笑成了一团。但是就当时的形势来看,领导们认为《吃面条》让观众笑成这样,太不严肃,准备毙掉。直到晚会开始前都还没有做最后决定。导演黄一鹤硬是把这个小品

留下了，并向他们保证，有问题自己承担。直播前十分钟，终于确定上台，但是黄一鹤不断提醒陈佩斯和朱时茂一定不要说错台词，不要犯错。就这样，从此有了"小品"这种喜剧艺术门类。

陈佩斯、朱时茂所表演的《吃面条》这个小品成为春晚历史上的第一个小品，从此，陈佩斯和朱时茂开创了中国小品的先河，堪称一绝。

三、教学小品

首先，传统的艺术类高校的表演教学沿用的是三段式的表演教学模式，即小品——片段——大戏。这是一个由最初的表演元素训练到向人物靠拢到塑造完整人物形象的过程。小品，既是表演技巧的基础训练的最终成果，是表演学习最初的教学阶段，也是不可替代和不可省略的重要训练阶段。这一阶段教学，目的在于使学生在当众表演的状态下获得心理和肌体的松弛自如，达到具有生活实感的表演要求，培养学生的观察力、想象力、适应力、表现力。通过表演小品练习，把表演元素的综合训练与组织表演动作与展现人物特征有机地结合在一起，为进入角色创作打下扎实的基础。在小品阶段涉及的表演基础元素训练有：感受力训练、无实物练习、无言交流练习、动物模拟、人物模拟、观察生活练习、单人小品、双（多）人小品等。

其次，教学小品在舞台形式和人物表现上都强调教学中对演员基础素质的训练，以求能达到在舞台上还原真实生活为核心目的。因此，我们在表演训练中所谈及的小品即教学小品是表演艺术学习中的一种训练手段或形式。是让学生通过小品练习，达到能在舞台上真实生活的目的。同时，本阶段不要求更多的艺术加工与创造。一切以真实为最根本的目的！可以说，教学小品是为教学服务的。

第二节　课堂练习与实例

这一部分整理了一些同学的课堂作业及教师短评，供大家学习参考。

1. 《外地人》

时间：北京冬天的一个上午

地点：大栅栏附近

人物：张昊轩　饰演　卫生监督员
　　　张文轩　饰演　南方人

（南方人手提大包，穿着单衣，头包着一条围巾，冻得瑟瑟发抖，他寻找着）

南方人：同志请问大栅栏怎么走？（没人理他，失望地）这里的人怎么这样子！

（他蹲在地上从怀里掏出一张大地图，仔细寻找。忽然打了一个喷嚏，地图被吹到地上。在他身后的小树丛中突然闪出一个人头，机敏地看着这个南方人。南方人鼻子不通气，开始流鼻涕。树后的人快步跑出来，悄悄站在南方人身后掏出了卫生监督员的红袖章。南方人没有发现背后的人，便向后用力一甩鼻涕。）

监督员：嗯！

南方人：（吓一跳）……请问大栅栏怎么走？

监督员：等一会儿，你刚才干什么来着？

南方人：（不解）没干什么啊。

监督员：别装糊涂，快说干什么来着？

南方人：我只是看我的地图。

监督员：（做甩鼻涕状）干这个！

南方人：（明白了）啊，对不起。

（南方人忙掏出手纸去擦地上的鼻涕，可是找了半天没找到。）

南方人：师傅，你看错了吧？我……没那个。

监督员：我亲眼看见你这个。罚款！

南方人：哪里有嘛？

（监督员俯身在地上找痕迹。两人都在找，可怎么也找不到。）

监督员：等会儿，站住！

南方人：你怎么不讲道理。哪里有嘛？岂有此理！

（南方人边骂边下。监督员不解地看着地上，他试着做个甩鼻涕的动作，接着寻找甩出的路线，当他低下头时，忽然发现在自己的棉裤上有一滩污迹。）

监督员：（气愤极了）小子，站住！

（监督员提着衣襟，追下。）

教师短评：张文轩同学和张昊轩同学的小品是《外地人》。两位同学表演较松弛，但开始阶段在观摩人物把握人物上面不够准确，特别是张文轩同学在小品中演一个很土、很底层的外地人，这时必须把他自己的一些东西丢掉，尽量去靠近人物才可认。张昊轩同学在小品中饰演的人物是一个地道的北京人，在台词发音和神态上也还不是非常到位。我要求他们课下去观摩类似的人物，经过几周排练他们也很好地完成了小品练习。

2. 《卖茶蛋》

时间：某天下午

地点：路边

人物：拉　姆　饰演　流氓——总在路边一带的混混

　　　金瑞琳　饰演　老奶奶——卖茶蛋的老奶奶

　　　余　意　饰演　小女孩——每天放学帮老奶奶卖茶蛋

老奶奶：茶蛋，茶蛋，新鲜的茶叶蛋，好吃不贵。有人买茶蛋吗？好吃不贵。

（小女孩上场）

小女孩：奶奶，奶奶我来了，我来帮您卖茶蛋。

老奶奶：真是好孩子呀！

（流氓走了过来）

流氓：这茶叶蛋，多少钱一个呀？

老奶奶：五毛。

流氓：多少钱？

老奶奶：五毛！

流氓：那边儿都卖三毛！

小女孩：那你去那边儿买啊！

流氓：什么茶叶蛋这么贵，我看看。（开始翻茶叶蛋）

老奶奶：哎呀，不要翻不要翻！都翻碎了！

小女孩：你不要欺负我奶奶！（把流氓推到了一边）

流氓：小丫头片子！（用力推了小女孩，小女孩倒地）

老奶奶：哎呀孩子！孩子你怎么了！别吓奶奶，孩子！来人啊！救命啊！

（流氓见势不妙落荒而逃，小女孩一跃而起）

小女孩：奶奶我没事，我刚才骗他呢！

老奶奶：哎哟孩子，你可吓死奶奶了！

小女孩：奶奶我没事，我们走吧！

老奶奶：嗯，我们快走吧！

教师短评：金瑞琳和拉木以及余意的小品是卖《茶叶蛋》。这个小品也是在观察生活的基础上延伸的，金瑞琳饰演卖茶叶蛋的老太太，余意饰演帮助老太太卖茶叶蛋的小姑娘，而拉木则是抢茶蛋的小混混。三位同学，特别是拉木比较松弛，如果再多一些内心的感受就会更好，而金瑞琳刚开始的时候对老年人的把握不是很自信，不论是从外部形体还是内心都欠缺一些。还是要求他们去生活中观察人物，去体现人物。最后三位同学也比较认真地完成了小品。

3.《理发店》

时间：现代，一天早晨

地点：城市马路边的一家个体理发店

人物：王孝慈　饰演　理发师
　　　梦　琪　饰演　乡下小姑娘

（早晨，理发店里无一顾客。他一边哼着《渴望》，一边对着镜子整理他那个已足够光亮整齐的头发，这时，进来一位年轻姑娘，衣着打扮看得出她是个乡下来的妹子。）

他：（打量了她一眼，不以为然）理发？

（她点点头，拘谨好奇地打量着四周，他用手势示意她坐下，她将背的筐也放在椅子旁边。）

他：（操着一口半生不熟的广州普通话）把这个筐筐拿过去好啦，好脏的啦。

（她照办，将筐挪得远一点。）

他：不是的啦，放门边上啦。

（她坐回到椅子上，他动手去给她解辫子，她不让，要自己来，他瞧不起这个乡下姑娘，自己依旧陶醉地轻声哼着自己的歌。只是声音比刚才小得多了，他心不在焉地拿起剪刀……）

她：（突然跳起）你怎么给剪下这么多。

他：我不是问过你是不是剪头，你答应是剪头啦。

她：（用手比画）我是要在这前面弄个头发帘。

他：（不耐烦）你怎么不早说？不要紧啦，我好好给你弄一下就好了。

（他麻利地把前边的头发喷上发胶，而后开始吹风，突然她又跳了起来。）

他：你搞什么名堂吗？

她：你烫着我了！

他：（他用手摸了吹风机的喷头，一下子被烫得缩了回来。望了一眼姑娘，脸上掠过一丝不自然的笑，她又坐下，直到整个工作全部结束，才从椅子上起来，喘了一口长气。）

她：多少钱？

他：（极不在乎）15元吧，我剪了你一缕头发少收你5元啦。

她：（大惊）多少？

他：15啦！

她：人家说只要几毛钱！

他：（强硬）那是国营理发店，这是发廊。

她：发廊也不能这么贵！

他：看好啦，给你用的是国外进口的发胶啦，好几百一瓶的啦。

她：（辩解）那我也没让你用。

他：你不让我用我就不用啦，这是发廊的规矩啦。

她：（她无可奈何地拿出所有的钱）我一共就带了10块钱。

（她从筐里拿出几个橘子，他把手伸进筐中挑大的，姑娘拦住他）

他：（生气）你这个人真是啦，做生意都做到我这儿啦，这3个橘子有5元钱啦，好啦，好啦，我不要你的橘子，你在门口卖，卖了现钱给我。

（她慢慢下场，他将姑娘的10元钱得意地装进口袋，又唱起歌来，唱到抒情处，回头往门外一望，啊？）

他：哎！姑娘，你回来！你还差着我钱呢！
（下场，幕落）

教师短评：王孝慈和梦琪的小品是《理发店》。王孝慈饰演一个来自南方的理发师，而梦琪饰演的是一个农村卖水果的小姑娘。在表演上两位同学非常松弛，他们自己准备了各种道具和假发帮助他们更快地进入角色，在排练过程中，他们的节奏不是非常好，有一些应该呈现出来的状态出不来。在反复排练以及他们课下观察人物的基础上，再进行排练时就有了很大的进步，最后非常投入地完成了小品。

4.《小保姆》

时间：某天下午

地点：居民住宅小区里

人物：甲——已来京几年的小保姆
　　　乙——刚进城的小保姆

（幕启，乙抱着孩子上场，甲边嗑瓜子边上场，看见乙）

甲：（主动招呼乙）哎，你是202的吧？

（乙害怕，不理睬）

甲：哎，我是203的，你是对门的？（拉住乙）

乙：（转喜）原来你也是保姆呀。

甲（不高兴）什么保姆呀，我是家庭服务员，说你土你就是土吧。

乙：（自己低声细语）不还是保姆吗？！

甲：你还带孩子啊？

乙：保姆不带孩子干什么？

甲：给你多少钱呀？

乙：（不情愿）我家阿姨不让说。

甲：哎，还有啥不敢说的，我就扫扫地、做做饭，一个月挣3000元钱。

乙：（惊异）什么？你挣3000元钱，我才挣1500元。

甲：你看，你看，我就知道你得受骗，（跑到乙身边挑拨）你家那个阿姨最坏了，天天就知道自己打扮得妖里妖气，东家长、西家短的。

乙：（辩解）我家阿姨挺好的，还给我衣服穿呢。（指着自己身上的衣服）

甲：（瞧不起）这衣服你也穿，以后穿这衣服别说认识我。（然后指着自己身上俗不可耐的衣服）你看，我贾阿姨给我的衣服，好看吧。（边说边转了一圈）

乙：（羡慕地）真好看。（欲伸手摸）

甲：（不高兴）哎哎，别碰，这可是进口的，可贵了呢！

（孩子哭，乙欲哄，被甲拉住）

甲：（抢过孩子，放到石凳子上）不用管，放在这儿就行了。（走到一边坐下，拿着口红涂嘴，特意咳嗽，引乙过来）

乙：（慢慢走到甲身边）这是什么？

甲：（得意地）不知道吧，这叫口红，（看看乙）给你抹点吧。

乙：（躲闪）不，不。

甲：唉，怕啥，跟你不错才给你抹呢，别人求我我都不理。

（乙伸过头）

甲：把嘴张开点。

（乙略张开嘴，紧张地盯着甲）

甲：（噘起嘴，给乙做示范）这样，（给乙涂）别把嘴合上，等干了再合上。

（乙张着嘴，不敢合上）

甲：（拿着瓜子递给乙）给，吃点。

乙：（小心地吃着瓜子）孩子又哭了。

乙：哎呀，我得赶紧回家了。（往家走）

甲：（看了看表）我也得去买菜了。（欲走，又回头）哎，你叫啥？

乙：（回头，停住）我叫小凤。

甲：明儿见，（半洋不洋的口吻）Goodbye。（下场）

乙：（学甲口吻）Goodbye。（下场）

教师短评：姚雪晗和李昕哗的小品是《小保姆》。对于两位从小生活在城市长大的女孩子来说，去塑造完成两个底层、乡土并个性十足的乡下小保姆并不是一种太容易的事。首先我要求她们两个人试着买来农村姑娘喜欢穿的衣服、饰品等来帮助她们尽快进入角色，并且在生活中去观察、去发现农村姑娘说话以及动作与城市女孩的区别，来帮助她们更好地理解人物的内心思想及行为逻辑。经过她们课下去观察生活和观察人物以及去揣摩小品中的人物的内心活动，在最后也为我们呈现出了两个非常生动的小保姆的形象。

5.《知音》

时间：中午

地点：某精神病院主任办公室

人物：任甜甜　饰　女病人（下文中简称"女"）
　　　朱　政　饰　男主任（下文中简称"男"）
　　　朱含晨　饰　护士

（医院办公室。一位女医生进来，从书柜取下档案，来到桌前仔细阅读，一名男子抱着书，戴着眼镜推门进来）

女：出去！

男：对不起（退了出去，可一会儿就回来了）。对不起，我是新来的。

女：别动！护士呢，新来的应该进病房，怎么随便闯到办公室来？

男：我是新来的护士……

女：我看你真的病得不轻，我在这儿工作都六七年了，新来的什么人，我会不知道？好了，你也别紧张，我跟别的医生还不一样，可以理解你的心情……随便坐吧，（将档案送回书架）不过五分钟后你得主动回病房，医院的各种制度还是必须遵守的。（回头发现男子将书堆放在桌上，并坐在自己的座位上）

女：干什么，你！

男：怎么了？

女：我每天辛辛苦苦把桌子擦干净，你一来全弄乱了，再说这位子是你坐的吗？这是我的座位能随便坐吗？

男：这是我的座位。

女：这是我的位子，你怎么这么没规矩，我是让你坐那边，快把书都拿走，走开。（男人生气了，将书收好，到会客椅上坐下，女人倒水喝，看到他

生气了，有点意识到失态，便给男人倒了杯水)

女：来喝杯水吧，我刚打的开水……很抱歉，刚才有点失态，不过我相信你可以理解，我的工作很多，每天面对那么多病人，有时脾气容易急，刚才很抱歉啊！

男：没关系的。

女：你什么时候到的！

男：刚来的。

女：他们对你怎么样。

男：谁？

女：那些医生、护士呀？

男：对我挺好的。

女：嗯，他们工作态度我一直还挺满意的。那你喜欢这儿吗？

男：这儿挺好的，环境也不错，再说我也必须在这儿。

女：瞧你说的，我喜欢这儿，你来看（领他到窗口）那些人，跳舞的、扔石头的……他们多么无邪、美好，包括你给我的感觉都是这样的，我知道你的表情虽然很麻木，但内心一定很丰富。

男：我？也许我有点不同吧。

女：你别误会，我把你想得太简单，你这样的人才是真的智慧，你看外面的人，他们表面上那么精明，想问题爱钻牛角尖、斤斤计较，这种人实际上最愚蠢，反而像你这样超脱的，四大皆空，无欲无求才是至高境界。

男：你说得真好，不过我还得到处看看，所以先走了。

女：站住（将他堵在门口），你知道这是什么地方吗？你才跟我聊两句，才刚说一会儿就走了，再说这儿流窜病人很多，万一谁和你发生冲突。

男：不会的，这儿挺安全。

女：我给你看一样东西就明白了。（神秘地抽一根绳子出来，并跳起舞来，《白毛女》中的"红头绳"，突然跳到男士面前，冷静下来)

女：这可不是一般的绳子，这两天我发现"258""367"一直盯着这根绳子，而且一瞅就是一天，根据我一贯的经验，这是不正常的，我怕……

男：他们可能会自杀？

女：对！

男：所以你偷偷把绳子拿来了，对吗？

女：对呀！

男：嗯，你做得很对。

女：是吗？可怎么会呢？

男：你救了他们呀，不然他们真想不开自杀了怎么办，不过我看你每天工作也挺忙的，又要给病人打针吃药，身上带根绳子总不方便，我看你还是把绳子交给我保管吧。

女：交给你，那好吧。（一把将已递交的绳子抽回）你不会也想自杀吧。

男：我怎么会……

女：那也不一定，万一哪天你突发奇想，用绳子干什么傻事，我不就成了间接谋杀了吗？我看你真够阴险的，想骗我的绳子，狡猾、无耻！

男：你别激动，绳子我可以不要，你坐下慢慢说，我没骗你的意思。

女：坐，你有什么权力命令我坐，你想剥夺我不坐的权力吗？

男：那你喝点水吗？

女：我可以告诉你，不是所有水都能喝的，例如在里面放上氯化钾就绝对不能喝。

男：可这水里并没放毒药呀。

女：谁说你放毒药了，我并没说你放毒药，可你居然说我说你放了毒药，你这才是放了比毒药还毒的毒药呢。

男：好，好，我们换个话题吧，今儿天气不错，对吗？

女：简直荒谬，这几天天气不错可不等于世界都是好天气，例如北极，现在天气就糟糕透顶，没有长夜，冰山正在撞击。

男：可这儿并不是北极。

女：但你不能否认北极的存在吧，你如果否认北极的存在你就是歪曲事实，别有用心。

男：你出去吧。

女：天，你有什么权力命令我走，你这儿只不过是医院，又不是公安机关，你没权力逮捕我，更没权力枪毙我！

护士：（敲门声）主任……（女人立刻害怕地躲到墙边）

护士：（进门发现）啊？158，你怎么到这儿了？还穿着我的衣服，赶快

去打针！

女：（走到门口回头对男人说）今天能遇见你，我太高兴了，我先走了，我在这儿怎么说也六七年了，你要有什么事尽管找我，再见！

男：小晨，你们以后要看好病人，不要让他们乱走，另外她口袋中还藏了根绳子赶快没收，别出事。

女：是，主任。（下）

教师短评：任甜甜和朱政两位同学的小品是《知音》。这个小品是较为完整，较为成熟的一个练习，里面的两个人物是医生和精神病患者的关系，并且有着情理之中，意料之外的结果，我对于任甜甜饰演的精神病患者的要求是：一开始要很正常地去说话、去行为，而随着小品中人物对生活的不断发展，去一点点地逐渐显现出精神病患者的一些非正常的状态，其实这对于大一刚学习表演的学生来说并不是一件容易的事，也就是说在表演中要有层次和节奏，是需要用心去体验才能体现出来的。刚开始排练的阶段，两位同学把握的节奏并不好，我要求他们认真地用心去体会人物在此时此刻发生的事情应该会有的心理状态，而朱政饰演的医生则是要控制局面，把握局面，并且一定要掌握好表演节奏，经过一段时间的排练，他们两位也逐渐把握了人物的感觉，尝试用心去理解和体会人物的内心，最后也很好地完成了这个小品的表演。

6.《吵架》

时间：周日

地点：家里

张晓林　饰演　丈夫

王梦凡　饰演　妻子

（丈夫打牌回家，垂头丧气地开门，妻子在家边看电视边敷面膜，丈夫落座）

妻子：回来了，快去做饭！

丈夫：（不耐烦）哎呀，怎么老是我做，你去做吧。

妻子：哎呀你这个人，你不知道油烟对人家皮肤不好啊，你愿意整天领个黄脸婆出去啊，快去做饭！

丈夫：我不去，我累。

妻子：怎么了？听口气心情不好，今天干吗去了？

丈夫：跟同事打牌去了。

妻子：输了赢了？

丈夫：输了。

妻子：输多少？

（丈夫伸出三个指头）

妻子：三百，还行，不算多……

丈夫：（细如蚊声）三千。

妻子：（一把揭掉面膜站起身）什么？三千？你哪来这么多钱？这个月房贷怎么办？

丈夫：（心虚）房贷钱我前天不是取了吗？在柜子里放着呢。

妻子：去，拿来给我点点。

（丈夫不耐烦地去拿钱）

妻子：（一把夺过钱白了丈夫一眼）怎么少了三千？

丈夫：怎么可能？我取的时候是正好的，一万整啊！

妻子：你自己数数，看是不是少了。

丈夫：（接过钱快速地数一遍）这不可能啊，怎么会少这么多钱啊？

妻子：（愤怒）说！你是不是拿这钱去打的牌？

丈夫：我怎么可能拿这钱打牌啊？

妻子：那你哪来的钱，你说哪来的？你不拿这钱哪来三千块去打牌？

丈夫：我那是攒了两个月的私房……（意识到说漏嘴马上闭嘴）

妻子：什么？你还攒私房钱？你还想不想过日子了？我跟你结婚三年了，你天天就知道打牌，现在还攒私房钱，你想不想过日子了，我跟你说你今天要是不给我一个交代，咱俩就离婚！

（在妻子发怒的时候丈夫手机响了）

丈夫：别吵吵了！电话，爸的电话（喂，爸啊，嗯……啊！知道了）

妻子：爸说什么？

丈夫：行了，那钱找到了，是爸给咱缴了物业费，昨天人家来收物业费，

咱不在家，爸就交了。

妻子：（松了一口气）哎哟，是爸拿了啊，这也不早告诉我一声。

丈夫：这下好了，钱找到了，还离婚吗？

妻子：哼，看心情！

丈夫：那好，我做饭去了。

（丈夫刚要起身离开妻子突然意识到什么）

妻子：等一下，你那三千块钱私房钱是怎么回事，你给我解释清楚！

丈夫：（装糊涂）哪有私房钱？

（丈夫转身快速下场，妻子追下）

7.《还乡》

人物：康　晗　饰演　母亲
　　　邹文献　饰演　女儿
　　　霍红红　饰演　傻蛋儿

第一幕

时间：多年前的清晨

地点：家中

人物：母亲，女儿

布景：一张桌子、两把凳子、一张床（炕）、炕上一张摆有毛线的小桌

情境：妈妈端着饭菜上场，整理着桌上的碗筷，女儿拉着行李箱上场。

女儿：妈！

母亲：哎，饭马上就好了。

女儿：妈，我要走了。

母亲：你要去哪儿？

女儿：我要去找他。

母亲：我不是跟你说过了吗，你怎么还要去找他？

女儿：我要让他后悔，我要让他后悔他做的决定！

（妈妈把行李箱拖到一边，让女儿坐下，自己也缓缓地坐下）

母亲：他根本就不爱你，人家都要结婚了，你现在去找他做什么？

女儿：妈，我要是不去找他，这件事会纠缠我一辈子！

母亲：你要是去找他你会后悔一辈子！

女儿：不行，妈，我必须要去！

（女儿起身要走，妈妈抢过行李箱）

母亲：不行，我不让你去。你给我回来！

女儿：妈你怎么就不能理解我呢！

母亲：你怎么那么不听话呀！

女儿：妈我走了。

（女儿一把拽过行李箱，母亲摔倒在地上）

母亲：你给我回来，我不许你去！啊！

女儿：妈！对不起。

第二幕

人物：母亲

时间：女儿离家几年后的一个雨天

地点：家中

布景：一张桌子、两把凳子、一张床（炕）、炕上一张摆有毛线的小桌、一个摆有照片的柜子

情境：母亲盘坐在床上，眼神不好却在认真地给女儿织毛衣。这时下起大雨，母亲起身去关窗，大雨吹到了母亲的脸上、衣服上，母亲的眼睛却停留在女儿的照片上。她拿起照片，小心地拭去照片上的雨水，缓缓走到床边坐下，对着女儿的照片出神，又突然把照片扣在一边，继续整理毛线，毛线越理越乱，母亲把毛线一把扔到了一边，又缓缓地拿起女儿的照片，疼惜地抚摸着，思绪飘到了女儿小的时候。

女儿画外音：妈，妈我回来了，饭做好了吗？

母亲：哎，妈这就去做！

（母亲以为女儿回来了，欣喜不已，急忙穿好鞋子去做饭。母亲端着饭菜上场，坐到餐桌旁给女儿夹菜。母亲以为又回到了多年前，充满疼爱的眼神

望向对面的女儿。)

母亲：你看，妈给你做了你最爱吃的菜，来多吃点儿。

母亲：这孩子，你慢点儿吃，慢点儿吃！慢点儿吃。慢点儿吃……

（这时母亲似乎又回到了现实，她看着面前空空的座位，才发现女儿一直没有回来。她失落地把饭菜端下去了。）

第三幕

时间：女儿离家数年后

地点：家中的院子里

人物：母亲，女儿，邻居傻蛋儿

布景：一个鸡窝、一口井、一排栅栏

情境：傻蛋儿从老母亲的房间出来，拿着扫把走到院子里。

傻蛋儿：大娘，我把药给您煎好了，我来给你扫扫院子吧！

母亲话外音：哎！

（一个中年女人拎着行李箱走到院子前，她望着院子里的一花一草，都是熟悉的样子，却迟迟不敢走近）

傻蛋儿：大娘，我扫完了，您记得喝药啊！我明天再来看你！

（中年女人看到有人走了出来，立刻转身，怕被别人看见自己。她正准备离开，这时老母亲从屋里走了出来。中年女人看见她，顿时走不动了，一股愧疚和多年的想念之情一触即发。）

母亲：我女儿今天就要回来喽！我女儿今天就要回来喽！咕咕咕咕咕咕咕……

女儿：妈！

母亲：你是……文献？是文献吗？

女儿：妈，是我……我回来了……

（女儿拉住母亲的手，太多的话却不知从何说起。）

母亲：你回来了！你终于回来了……你走吧！你回来干什么！你还知道有我这个妈吗？你还知道有这个家吗？你走吧！

（母亲甩开女儿紧握的双手。母亲背过身，她不想原谅女儿，更不想让女

儿看见自己的眼泪）

女儿：妈！我错了！我当初不应该不听你的话……我现在什么都没有了！（跪下）对不起！妈！……

母亲：……你快起来。

女儿：妈！……

母亲：回来就好！妈想你！……别哭了。

（母亲替女儿拭去脸上的眼泪，女儿握住母亲的双手，细细地抚摸着母亲手上的老茧，看着母亲满脸的皱纹和一头凌乱的白发。）

女儿：妈，你怎么变成这样了……

母亲：妈没事，就是老了……以后咱娘俩要好好过日子。

母亲：走，咱回家！

（女儿搀扶着老母亲下场。）

8.《姐妹》

时间：某个早晨

人物：张居峰　饰演　医生
　　　康　晗　饰演　姐姐
　　　黄小柯　饰演　妹妹

第一幕

地点：某医院医生办公室

布景：一张办公桌、两个凳子、一个衣架、一个摆满书的书柜、办公室外一长椅

情境：医院里，一位医生正在办公，一个年轻的女孩朝着办公室走去。

姐姐：请问是张医生吗？

医生：是的。哦，你是康晗吧？请进。

姐姐：医生我得了什么病啊？

医生：今天有人陪你一起来吗？

姐姐：没有。

医生：你家里有什么人？

姐姐：我有一个妹妹……

医生：好吧，是这样。经过我们专家会诊确诊你是胃癌。我们建议你入院治疗。

（医生说着，把手中的病危通知单递到女孩手里，女孩慢慢地接过通知单）

姐姐：怎么会这样……

（年轻女孩被突如其来的诊断结果吓到了，她不知所措地从凳子上站起来，走出了办公室，瘫坐在办公室外的长椅上，痛哭起来）

第二幕

地点：家中书房

布景：一张桌子、一把凳子、一个书柜

（一个女孩蹦蹦跳跳地上场，在家门口迟疑了一下，把录取通知书藏在了背后，想要给姐姐一个惊喜）

妹妹：姐，姐，我回来了！姐，姐？

（姐姐胃病发作，一脸倦容上场，似乎在寻找什么物品，看见妹妹回家，立刻装作轻松的样子）

姐姐：小柯？你回来了？怎么样？录取了吗？

姐姐：这是什么？给我看看！

妹妹：不给看！

姐姐：快给我看看！……不错呀，咱家要出一个大学生了！太好了。

妹妹：姐，我都考上大学了，有没有奖励呀？

姐姐：有，有！

（姐姐掏出钥匙，去拿给妹妹的奖励，却不小心把病危通知书掉了出来。妹妹拿起病危通知单，瘫坐在桌子旁，起身要去找姐姐问个明白，这时姐姐拿着一个精致的盒子上场）

姐姐：来，小柯，姐给你看点东西！

（妹妹拿着病危通知单，质问姐姐）

妹妹：姐，这是什么？这是什么？

（姐姐抢过病危通知单，转身放进了口袋）

姐姐：你先坐，姐先给你看点东西。

妹妹：姐，这到底是什么？

（姐姐打开那个精致的盒子，从里面拿出一个红色的存折，犹豫了一下，转身交给妹妹）

姐姐：这是你大学的学费，拿着。

妹妹：姐，这钱我不能要。

姐姐：为什么不能要？拿着！

妹妹：姐，这钱我不能要！

姐姐：姐让你拿着你就拿着。

妹妹：这钱我真的不能要！

姐姐：让你拿着你就拿着！

妹妹：姐，这是你治病的钱啊！

姐姐：拿着！

妹妹：姐，你怎么了？我们去医院吧！

（姐姐甩开妹妹的手，慢慢地盖上盒子，缓缓地将盒子交到妹妹的手上。）

姐姐：我没事。小柯，这里都是姐的首饰，以后就当是你的嫁妆吧。

妹妹：姐，我们去医院吧！

姐姐：我不去！我哪儿也不去！已经没有用了……

妹妹：那也要去医院！走！

9.《退房》

人物：张　英　饰演　房东英姐
　　　周冬绚　饰演　房客绚绚
　　　陈秋实　饰演　房客秋实
　　　熊　漪　饰演　看房者小王

绚绚：哎，老公，你说英姐一会儿来了咱怎么说这事啊？这房咱是肯定不能再住了。

秋实：其实我觉得咱凑合住完这一个月得了，到时候咱再搬，咱跟英姐

这关系我真不好意思开口。

绚绚：咱俩不都说好了吗？你看看这破地，出门还不方便，自从来了我就没发现一点好处。

（楼上装修的声音，哨……哨……哨……）

绚绚：你听听，你听听，白天敲，晚上敲，这要敲死谁啊，我是住不下去了。

秋实：搬搬搬！

绚绚：你赶紧收拾收拾，一会儿人家就该来了，我不管啊，一会儿你得帮着我，今天必须把房退了。

秋实：知道了。

（砰砰砰……）

绚绚：英姐来了，你赶紧开门去，一会儿见机行事。

（秋实去开门）

秋实：英姐来了啊！

英姐：呦，秋实啊，还是那么帅呢。绚绚呢？

秋实：她屋里做饭呢，英姐你来就来吧，还带什么东西啊，这是？

英姐：他是看房的，我寻思也没外人，就把他带过来看看了。

（绚绚出来了）

绚绚：赶紧让英姐进来坐啊！（边说边把英姐拉到沙发边上）

绚绚：我去帮你们倒杯水去。（说完，冲秋实使了个眼色）

秋实：英姐我去帮帮她，你们先聊。

英姐：小王。你看这房，多好啊，全是新的，就我要租给你的那房，肯定比这还要好。

（里屋，秋实：老婆咱退房这事今天还说不？绚绚：干吗不说？该说的还是得说。）

小王：这房还真不错，看着还挺干净的。

绚绚：来，英姐喝水。

英姐：你们快别忙活了，又没外人，在这儿住得习惯么？

绚绚：还……还行吧。

英姐：我刚还和小王说，这房还真不错，关键是位置还不错，出门就有

第二章 综艺表演能力训练

公交站，多方便啊，就我俩刚来，出了地铁，溜达溜达就到了，是吧小王？

小王：英姐，咱不是打车过来的么，还花了二十呢？

英姐：什么打车啊，两步道的事。

绚绚：咱先不说这个了，咱先吃饭。秋实，咱俩端饭去吧！

秋实：先吃饭，有什么一会儿再说。

（秋实、绚绚里屋端饭去，回来时候把饭放到桌子上）

绚绚：英姐，吃饭。

英姐：这都秋实做的啊？

秋实：你看还成吧。

英姐：挺好吃，小王看见没，找对象就得找这样的。

小王：是是，俩人在这房子里一住，那得多美啊。

英姐：我跟他们都是老同学了，我肯定要给他们留个好房啊，这房在阳面，多好的事。

绚绚：是挺好的。

秋实：就是有点……

小王：那个不好意思，我想去下洗手间。

秋实：那个就是……

绚绚：英姐这也没外人了，我就跟您实话实说吧！

（隔壁装修的声音，啥……啥……啥……）

绚绚：就是这个……

英姐：不是，这小张，说好了两天就完事，怎么还没弄完啊，我这就找他去，可不能影响你们休息。

绚绚：不是，不是，英姐你先坐下。

（小王回来了）

小王：不好意思，你家马桶堵了。

秋实：常事。

小王：而且我一碰马桶盖，盖也掉了。

秋实：这也常事。

英姐：不是，这怎么能是常事呢？你们来之前我才找人修过，检查过的，我现在就给你找人来修，咱这关系，可不能委屈了你们。

绚绚：你先别急英姐，咱先坐下说。

秋实：英姐吧，其实我们今天是想把这房退了，实在是住不下去了。

英姐：退房？开什么玩笑呢。不是，你说说我这房哪儿不好了。

绚绚：英姐，你别急，这房挺好的。

英姐：挺好的你还退房，要不是看在老同学的面子上，我肯定不会这价给你，就为了你们，我还特意把这房都装修了一下，你看看这都是新的，你让小王说说这房怎么样。

小王：这房吧还可以。要不你们就先别退了，这房租真不贵。

秋实：我们俩在五棵松上班，这地是九棵树，你说我俩天天上班容易么，不说这个，从地铁站打车就得20。

小王：20×2×30＝1200，一个月光打车就一千二。

绚绚：这样我们就能租个3200的房了。

英姐：还3200的房？这是北京，你3200也不一定能找到比这更好的房。你说你现在退房让我租给谁去啊，本来我就少收你们半个月的房费了，你现在还要给我退房。还同学呢，有你们这样的么？

绚绚：英姐啊，话不能这么说，你看你这桌子。（说着掀开桌布，抬起桌板来）

秋实：您再看看这椅子。（椅子的把手掉了）

英姐：这都不是事，我明天就给你换新的，多大点事啊？

绚绚：这怎么就是小事了，你再看看这柜子，这皮掉得都没样了。你以为盖块布就能挡住啊。

小王：英姐，我先走了。要不，你们有事好好说，别着急。（边说边走，走到沙发边被英姐拉住）

英姐：别啊，等会儿我带你看你的房去，等会儿啊。算了这饭也不吃了。（说完拉着小王坐在了沙发上，秋实电话响了）

秋实：喂喂……嗯嗯，我知道，我们下午就去看房。

英姐：不是，你们什么意思啊？在别处还订房了，有你们这样的么。我告诉你们这房我不可能退。（说完倚在沙发上，沙发的靠背倒了）

小王：（看见这个状况，起身）英姐我还是先走吧！

英姐：（没拦住小王）完了，把我生意都赶走了。

绚绚：不是，英姐，这房我们是真不能住了，要不房租我们不要了，您把押金退给我们。

英姐：还押金。我告诉你们，现在是你们违约了，押金我不可能退，撑死了退你们一个月的房费，再说你们来之前我布置也花了不少的钱。

绚绚：不是，英姐，您不能这样啊……

秋实：老婆，咱不要了，什么人啊。

绚绚：不少钱呢！

英姐：（拿包起身）我告诉你们，押金我不可能退，这房你们爱租不租，不租的话下午就给我搬走，我下午就带人来看房，赶紧给我搬，气死我了。（说完出门）

绚绚：老公，怎么办？

秋实：能怎么办，收拾收拾，下午看房去呗。

10. 《回忆》

时间：大年初三

地点：爷爷家

人物：武　轩　饰演　爷爷
　　　乐天蕴　饰演　乐乐
　　　郑玉霖　饰演　狗蛋
　　　王子峰　饰演　毛毛
　　　姜　雪　饰演　李婶
　　　朱淇麟　饰演　哥哥

【以倒叙的方式来表演】

哥哥：乐乐，别伤心了，你在这儿坐会儿，我再去给爷爷收拾收拾……

乐乐：好，（哥哥转身走）这是？

哥哥：我也不知道这是什么，只是爷爷生前总是拿出来看看，摸一摸，还叹叹气。老人家真是奇怪，这个破袜子，还一直当个宝儿……

乐乐：（接过袜子）哥哥，给我吧。

哥哥：行，那我再去看看还有啥能给爷爷带上的。

【挡板拉起，后面换景】

（两个孩子在地上画圈圈）

狗蛋：你过去一点！

毛毛：我不，你去那边！

（狗蛋举起拳头）

毛毛：（慢慢移开一点）不讲理！

狗蛋：我怎么不讲理了？

毛毛：上次跟小乐乐玩儿"过家家"，明明轮到我当爸爸了，你一这样（学着狗蛋举拳头的样子），我就成儿子了。

狗蛋：那好，这次我们石头剪刀布，谁赢了谁当爸爸！

毛毛：好！（开始石头剪刀布）

乐乐：今天不错嘛，都没有迟到。

狗蛋：小乐乐你来啦！

乐乐：狗蛋儿，你裤子不错！

狗蛋：那是，自从老大嫌弃我的绿色裤子和红色鞋子后，我回去进行了积极改造，争取做好老二，配合老大的工作！（毛毛偷踹了狗蛋）

乐乐：很好，非常好！鼓掌！

毛毛：老大，今天我们去哪儿玩儿？

乐乐：问得好，今天咱有一个艰巨的任务，去李婶儿家薅鸡毛！

毛毛：薅鸡毛干什么？

乐乐：笨！薅鸡毛还能干什么，当然是做鸡毛掸子，懂不？

毛毛：那跟我们有什么关系？

乐乐：狗蛋儿，教育！

狗蛋：你傻呀，那能显示咱们的勇气，懂不？

毛毛：懂！

乐乐：咱们的口号是？

毛毛：没有蛀牙～

乐乐：什么？

狗蛋：笨蛋！该出手时就出手！

乐乐：好，出发！

一起唱：大河向东流呀，李婶家呀，拔鸡毛喽，欸嘿拔鸡毛喽，欸嘿欸嘿拔鸡毛喽～看见鸡喽一把抓呀，能拔一根是一根呀，能拔一根是一根喽……

乐乐：嘘——动手！

【向右边跑下同时鸡飞狗跳声响起】

李婶：没人管你了是不是？啊？哪家的孩子？嗯？说，前几天往我家鸡窝里撒尿的是不是你们几个？啊？这事儿我得好好跟你家长说道说道！

【挡板拉开，李婶儿拎着乐乐上场】

李婶：乐老爷子，你家孩子真是了不得了！

爷爷：是李婶儿呀，咋的啦这是，我家小乐乐怎么惹你生气了？

李婶：哼，现在我家的鸡呀可是一根毛儿不剩，全秃了！

爷爷：为啥呀？

李婶：为啥？哼，这你可得问你家小乐乐！

乐乐：(捧出手里的鸡毛，满脸委屈) 爷爷～

李婶：乐家爷爷，前几天你家孩子领着村里的一帮小兔崽子往我家鸡窝里撒尿这事我也就忍了，今天倒好，带领着一群孩子拔鸡毛，你家孩子咋就跟我家的鸡这么过不去呢？嗯？今天要是不给我一个交代，我就在你家，不走了！

爷爷：乐天蕴！你咋这么皮呢，说，拔李婶家的鸡毛做什么？

乐乐：我就是想给爷爷做鸡毛掸子用……

爷爷：几天不管你，小家伙儿皮松了是吧，人小胆子倒是挺大呀！今天去薅李婶家的鸡毛，明天还想上房揭瓦了是吧？

乐乐：又不是我一个人薅的……

爷爷：还嘴硬！李婶儿呀，这小孩子不懂事儿，我在这儿给你赔不是了啊！

李婶：哎，要我说呀，这么小孩子确实不懂事，大人叫他干什么他干什么，还不是得听大人的话，我可得把我家的鸡给看好喽……

乐乐：你说谁呢？拔鸡毛是我一个人的主意，你少在那儿话里有话说我

爷爷，你以为我稀罕你家的鸡啊，我呸！你以为……

【爷爷拉开乐乐，乐乐倒地】

李婶：你拔我家的鸡毛你还有理了是吧？乐家爷爷，你看看你家的孩子，怎么跟大人说话的！

爷爷：李婶，真不好意思，是乐乐的错，这些钱你收着。

李婶：这我可不能要。

爷爷：孩子犯错，又伤了你辛苦养的鸡。李婶儿，你就别跟我争了，快，乐乐，给李婶儿道歉，（转头看见乐乐拿起了袜子要剪）乐天蕴，好好的东西，你干什么？

（乐乐顺势要剪）

爷爷：乐天蕴，你敢！

乐乐：这是我送你的，我现在不送了，我怎么不敢？（边剪边说）亏我还攒钱给你买袜子，再也不给你买了！

（爷爷扬起拐杖）

李婶：打，这孩子就得打！不打不行！

（乐乐哭，爷爷的拐杖停在空中，心疼乐乐，终究没打下，拐杖掉地，乐乐吓得缩到床边角落）

【音乐起】

李婶：我还有事儿，乐家爷爷，我就先走了。（边把钱揣到兜儿里边走）

爷爷：李婶，抱歉了啊！

【李婶下场，爷爷爱惜地慢慢地一个个捡起破袜子】

爷爷：小乐乐？（乐乐不理）爷爷不该打你，不哭了好不好？（乐乐继续不理，爷爷穿起了破洞的袜子，光脚走来走去）我们家小乐乐就是不一样，把袜子剪得这么好看，穿着就是不一样。

（乐乐破涕为笑）

爷爷：小乐乐不生爷爷的气了？

乐乐：哼！

爷爷：快起来，刚刚摔疼了没有？来，爷爷给你吹吹～

乐乐：爷爷，你以后再凶我，我就不理你了！

爷爷：好～好～

乐乐：爷爷，快脱下来，丑死了，丢丢～

爷爷：听我们家乐乐的。（脱下了袜子）走，给我们家乐乐买雪糕！

乐乐：等等，爷爷，我要带小熊一起买！这个破袜子不要了！（扔袜子进垃圾桶）

（乐乐下场，爷爷穿起自己的鞋，从凳子上站起来要捡垃圾桶里的袜子）

乐乐：（从门里伸出脑袋）爷爷，我以后再给你买新袜子。

爷爷：乱花钱。（关上门，爷爷捡起袜子）

乐乐：不嘛，我一定要给爷爷买双新的！

爷爷：好好～（台上定格在爷爷将袜子放入枕头下的动作，乐乐走上前台）

乐乐：那个暑假后，妈妈给我报了许多补习班，我见爷爷的次数越来越少，越来越少。渐渐地我忘了答应爷爷的事情……我答应过别人的事情我全做到了，唯独这件事，我……（拿出了新袜子）爷爷，我来兑现承诺了，这次我有细心检查过，袜子的腰不是一个高一个低了，爷爷，你喜欢吗？爷爷……

11.《爱》

时间：晚上9：00～10：00

地点：天桥上

人物：乐天蕴　饰演　母亲（60岁，独自养大女儿，生活拮据，农村人）
　　　姜　雪　饰演　女儿（26岁，本科毕业）
　　　汤思静　饰演　大妈（55岁，善良淳朴）
　　　郑裕霖　饰演　流氓（28岁，无业）

背景：生活艰苦的母女俩，命运跟她们开了个更大的玩笑，母亲的病需要大量的医药费治疗，本要考公务员的女儿为此瞒着母亲，悄悄摆起了地摊，卧床休息的母亲为了补贴家用在外面捡瓶子，这天两人相遇。

【天气寒冷的夜晚，行人匆匆回家，在天桥上女儿孤单地摆着地摊】

大妈：姑娘啊，这么晚了你咋还摆摊儿呢？最近这地方可不安全，一个姑娘家的可要小心啊。

女儿：哎，大妈，没事儿。

大妈：来来来，我买个东西，姑娘你就早点回吧。这红帽子不错，怎么卖呀？

女儿：哦，这帽子20元。

大妈：好好，（给钱）姑娘早点回家吧，啊！（大妈下场）

女儿：大妈，这帽子我不能卖给你，这儿有问题。

大妈：唉呀，没事，我回去缝缝就成。

女儿：不行，大妈，这我真不能卖给您，这是钱，以后您再来啊！

【大妈下场，流氓上场。】

流氓：哎哟喂姑娘，摆摊儿挺辛苦的，一个人呐，冷吗？

女儿：不冷，需要什么，你自己看看吧。

流氓：嘿嘿，我嘛，需要你。

女儿：你还真会开玩笑。

流氓：我开没开玩笑你不知道啊！（开始对女儿动手动脚）

女儿：你个臭流氓，给我走开！

流氓：给你脸了，是吧？

女儿：（拿起路边的石头）给我滚！

流氓：你个臭泼妇，给我等着！

【流氓下场，女儿收拾摊子回家。母亲上场。】

女儿：唉呀，对不起，对不起，不好意思。

母亲：姜雪？

女儿：妈？你咋在这儿啊？

母亲：哦，我在这里遛遛弯儿。这么冷的天儿你咋在这儿啊？

女儿：我这不是出来吹吹冷风，清醒清醒。

母亲：这大晚上的不早点儿回家清醒啥呀，多危险呐。再说了，这都几月份儿了，啊，你不是准备公务员考试吗？哪来的闲时间在这儿瞎逛！

女儿：哎呀，妈，我知道了。

母亲：知道了还在这儿胡闹！（为女儿整理衣服）你手里拿的是什么？

女儿：妈，没什么。

母亲：没什么还不让我看，我瞅瞅。这，这是什么？这就是你说的出来清醒清醒？你骗我，你骗我！说，多久了？

女儿：妈。我……

母亲：说！多久了？

女儿：妈，咱回家说，在街上呢。

母亲：多久了？

女儿：……一年了。

母亲：一年了？合计着你一年都在这儿给我摆地摊了？啊？你是想气死我这把老骨头了，你……咳咳咳……

女儿：（为母亲顺气）妈，你别急啊，你听我解释……

母亲：闺女啊，妈求啥呀？妈不求别的，妈就是想让你有份好工作，将来再找个好人家给嫁了，这样妈也就能给老姜家一个交代了，你咋就这么不懂事儿呢！

女儿：可是妈，你的病更需要钱啊，我这又不着急……

母亲：我的病不需要你管！我就是砸锅卖铁、卖房卖地也要把你供出来！

女儿：（发现母亲手上的袋子）妈，你拿的是什么？

母亲：没，没什么。

（女儿夺过母亲手中的袋子，打开看……）

女儿：妈，这就是你出来遛弯儿？说，多久了？

母亲：没多久。

女儿：没多久是多久？

母亲：也就一年……

女儿：一年，你不知道你的病有多严重吗？你不知道你走了就我一个人了吗？你若垮了，我一个人该怎么办？

【音乐起】

女儿：妈，我们回家吧……

母亲：好，咱们回家……

第三节 片段的训练

一、关于片段

片段教学,传统的表演艺术教学采用的是"三段式"的教学模式,即"小品——片段——大戏"。从教学目的来看,小品练习的主要任务是解放学生的表演天性,建立舞台意识,能够在舞台上"生活"起来。同时,在小品阶段并不要求学生去刻意地塑造人物性格,能做到在舞台上还原生活即可。片段教学属于表演课三段式教学中的第二阶段——创造人物形象的技巧阶段。本课程的学习目的是为学生奠定坚实的表演专业基础,使他们掌握正确的创造人物形象的技巧。

通过本课程的学习,应该达到以下目标:

初步掌握正确的创造人物形象的技巧,认识角色创作的流程,初步掌握正确分析剧本和角色的方法,能够进行简单角色的形象构思并建立起"心象",初步掌握角色的体现技巧,通过对剧本及小说片段的表演创作,进一步掌握表演创作中组织行动的技巧与方法。

本阶段是学生掌握创作角色基本技巧的重要学习阶段。片段阶段的训练可以说是一个向人物靠拢的阶段。因为此时我们所需在舞台上呈现的已不再是自由想象的角色了,而是剧本中规定好的人物。(比如话剧《雷雨》中的周朴园、鲁侍萍等)从教学过程来看,我一直认为片段阶段是表演教学和学习中最重要的一个环节。在本阶段,如果能够掌握相应的技术技巧,则会为大戏中的完整人物塑造打下坚实的基础。

二、片段的分类

片段教学一般可分为:小说片段、剧本片段、影视作品片段等几个部分。

几个部分有相对的递进关系。

1. 小说片段：是要求学生从小说（或文学作品）中摘选精彩段落，加工成舞台作品。文学作品的作者在创作中因为没有舞台时空的约束，往往更加的天马行空，同时也不像话剧剧本那样有符合舞台特征的人物对话设计，这就要求创作者（学生、老师）做大量的案头工作（案头工作一般是指对单位事件的划分、角色小传；人物动作与贯串行动等）。将文学作品加工成适合舞台展示的剧本。即做时空的调整和人物语言的设计。以文学片段的形式进入学习，可使学生在小说对人物的描述中找到更多的心理创作依据。同时，自由选择可使学生有机会扮演自己愿意尝试的角色，发挥独立创作能力。

2. 剧本片段：一般还要分为中国剧本和外国剧本两个部分。在片段教学过程中尤以剧本片段最为重要。不同于文学作品的是剧本已将规定情境做了具体的要求和限制，尤其在人物对话上已经没有同学们自由发挥的空间，因此更需根据剧本要求进行创作。通过扮演中外成熟作品中的不同角色和各种辅助性练习，可提高学生对剧本和角色的理解能力、表现能力，善于体现人物的性格特征，把握对不同风格体裁作品的表现方法，扩大演员的表演可塑性。

3. 影视作品片段：这是一个比较有意思的学习阶段。同学们可选择自己感兴趣的影视作品中的精彩段落进行模拟。需注意的是，影视作品在时空处理上不同于舞台作品，通过镜头的变化或特效的处理往往更容易达到时空的转变。而舞台表现通过布景、灯光、音响等技术手段的使用，也会有精彩的表现产生，这就要靠大家的想象与创造去突破创作的局限。同时，创作影视作品片段也可使训练过程与镜头表演相结合进行。

第四节 片段课堂练习实例

本节里选取了一些经典剧本的片段，片段中的人物、角色各异，希望同学们在练习过程中体会不同人物形象的塑造，锻炼和增强综合的表演能力。

1. 《雷雨》片段一

人物：周朴园、鲁侍萍（鲁妈）

地点：周家客厅

周朴园：（向鲁妈）这是太太找出来的雨衣吗？

鲁　妈：（看着他）大概是的。

周朴园：（拿起看看）不对，不对，这都是新的。我要我的旧雨衣，你回头跟太太说。

鲁　妈：嗯。

周朴园：（看她不走）你不知道这间房子底下人不准随便进来么？

鲁　妈：（看着他）不知道，老爷。

周朴园：你是新来的下人？

鲁　妈：不是的，我找我的女儿来的。

周朴园：你的女儿？

鲁　妈：四凤是我的女儿。

周朴园：那你走错屋子了。

鲁　妈：哦。——老爷没有事了？

周朴园：（指窗）窗户谁叫打开的？

鲁　妈：哦。（很自然地走到窗户，关上窗户，慢慢地走向中门）

周朴园：（看她关好窗门，忽然觉得她很奇怪）你站一站，（鲁妈停）你……你贵姓？

鲁　妈：我姓鲁。

周朴园：姓鲁。你的口音不像北方人。

鲁　妈：对了，我不是，我是江苏的。

周朴园：你好像有点无锡口音。

鲁　妈：我自小就在无锡长大的。

周朴园：（沉思）无锡？嗯，无锡（忽而）你在无锡是什么时候？

鲁　妈：光绪二十年，离现在有三十多年了。

周朴园：哦，三十年前你在无锡？

鲁　妈：是的，三十多年前呢，那时候我记得我们还没有用洋火呢。

周朴园：（沉思）三十多年前，是的，很远啦，我想想，我大概是二十多岁的时候。那时候我还在无锡呢。

鲁　妈：老爷是那个地方的人？

周朴园：嗯，（沉吟）无锡是个好地方。

鲁　妈：哦，好地方。

周朴园：你三十年前在无锡么？

鲁　妈：是，老爷。

周朴园：三十年前，在无锡有一件很出名的事情……

鲁　妈：哦。

周朴园：你知道吗？

鲁　妈：也许记得，不知道老爷说的是哪一件？

周朴园：哦，很远的，提起来大家都忘了。

鲁　妈：说不定，也许记得的。

周朴园：我问过许多那个时候到过无锡的人，我想打听打听。可是那个时候在无锡的人，到现在不是老了就是死了，活着的多半是不知道的，或者忘了。

鲁　妈：如若老爷想打听的话，无论什么事，无锡那边我还有认识的人，虽然许久不通音信，托他们打听点事情总还可以的。

周朴园：我派人到无锡打听过。——不过也许凑巧你会知道。三十年前在无锡有一家姓梅的。

鲁　妈：姓梅的？

周朴园：梅家的一个年轻小姐，很贤惠，也很规矩，有一天夜里，忽然地投水死了，后来，后来——你知道么？

鲁　妈：不敢说。

周朴园：哦。

鲁　妈：我倒认识一个年轻的姑娘姓梅的。

周朴园：哦？你说说看。

鲁　妈：可是她不是小姐，她也不贤惠，并且听说是不大规矩的。

周朴园：也许，也许你弄错了，不过你不妨说说看。

鲁　妈：这个梅姑娘倒是有一天晚上跳的河，可是不是一个，她手里抱

着一个刚生下三天的男孩。听人说她生前是不规矩的。

周朴园：（苦痛）哦！

鲁　妈：这是个下等人，不很守本分的。听说她跟那时周公馆的少爷有点不清白，生了两个儿子。生了第二个，才过三天，忽然周少爷不要了她，大孩子就放在周公馆，刚生的孩子抱在怀里，在年三十夜里投河死的。

周朴园：（汗涔涔地）哦。

鲁　妈：她不是小姐，她是无锡周公馆梅妈的女儿，她叫侍萍。

周朴园：（抬起头来）你姓什么？

鲁　妈：我姓鲁，老爷。

周朴园：（呼出一口气，沉思地）侍萍，侍萍，对了。这个女孩子的尸首，说是有一个穷人见着埋了。你可以打听得到她的坟在哪儿么？

鲁　妈：老爷问这些闲事干什么？

周朴园：这个人跟我们有点亲戚。

鲁　妈：亲戚？

周朴园：嗯，——我们想把她的坟墓修一修。

鲁　妈：哦——那用不着了。

周朴园：怎么？

鲁　妈：这个人现在还活着。

周朴园：（惊愕）什么？

鲁　妈：她没有死。

周朴园：她还在？不会吧？我看见她河边上的衣服，里面有她的绝命书。

鲁　妈：不过她被一个慈善的人救活了。

周朴园：哦，救活啦？

鲁　妈：以后无锡的人是没见着她，以为她那夜晚死了。

周朴园：那么，她呢？

鲁　妈：一个人在外乡活着。

周朴园：那个小孩呢？

鲁　妈：也活着。

周朴园：（忽然立起）你是谁？

鲁　妈：我是这儿四凤的妈，老爷。

周朴园：哦。

鲁　妈：她现在老了，嫁给一个下等人，又生了个女孩，境况很不好。

周朴园：你知道她现在在哪儿？

鲁　妈：我前几天还见着她！

周朴园：什么？她就在这儿？此地？

鲁　妈：嗯，就在此地。

周朴园：哦！

鲁　妈：老爷，你想见一见她么？

周朴园：不，不，谢谢你。

鲁　妈：她的命很苦。离开了周家，周家少爷就娶了一位有钱有门第的小姐。她一个单身人，无亲无故，带着一个孩子在外乡什么事都做，讨饭、缝衣服、当老妈子、在学校里伺候人。

周朴园：她为什么不再找到周家？

鲁　妈：大概她是不愿意吧？为着她自己的孩子，她嫁过两次。

周朴园：以后她又嫁过两次？

鲁　妈：嗯，都是很下等的人。她遇人都很不如意，老爷想帮一帮她么？

周朴园：好，你先下去。让我想一想。

鲁　妈：老爷，没有事了？（望着朴园，眼泪要涌出）老爷，您那雨衣，我怎么说？

周朴园：你去告诉四凤，叫她把我樟木箱子里那件旧雨衣拿出来，顺便把那箱子里的几件旧衬衣也拣出来。

鲁　妈：旧衬衣？

周朴园：你告诉她在我那顶老的箱子里，纺绸的衬衣，没有领子的。

鲁　妈：老爷那种纺绸衬衣不是一共有五件？您要哪一件？

周朴园：要哪一件？

鲁　妈：不是有一件，在右袖襟上有个烧破的窟窿，后来用丝线绣成一朵梅花补上的？还有一件——

周朴园：（惊愕）梅花？

鲁　妈：还有一件绸衬衣，左袖襟也绣着一朵梅花，旁边还绣着一个"萍"字。还有一件……

周朴园：（徐徐立起）哦，你，你，你是——

鲁　妈：我是从前伺候过老爷的下人。

周朴园：哦，侍萍！（低声）怎么，是你？

鲁　妈：你自然想不到，侍萍的相貌有一天也会老得连你都不认识了。

周朴园：你——侍萍？（不觉地望望柜上的相片，又望鲁妈）

鲁　妈：朴园，你找侍萍么？侍萍在这儿。

周朴园：（忽然严厉地）你来干什么？

鲁　妈：不是我要来的。

周朴园：谁指使你来的？

鲁　妈：（悲愤）命！不公平的命指使我来的。

周朴园：（冷冷地）三十年的工夫你还是找到这儿来了。

鲁　妈：（愤怨）我没有找你，我没有找你，我以为你早死了。我今天没想到到这儿来，这是天要我在这儿又碰见你。

周朴园：你可以冷静点。现在你我都是有子女的人，如果你觉得心里有委屈，这么大年纪，我们先可以不必哭哭啼啼的。

鲁　妈：哭？哼，我的眼泪早哭干了，我没有委屈，我有的是恨，是悔，是三十年一天一天我自己受的苦。你大概已经忘了你做的事了！三十年前，过年三十的晚上我生下你的第二个儿子才三天，你为了要赶紧娶那位有钱有门第的小姐，你们逼着我冒着大雪出去，要我离开你们周家的门。

周朴园：从前的恩怨，过了几十年，又何必再提呢？

鲁　妈：那是因为周大少爷一帆风顺，现在也是社会上的好人物。可是自从我被你们家赶出来以后，我没有死成，我把我的母亲给气死了，我亲生的两个孩子你们家里逼着我留在你们家里。

周朴园：你的第二个孩子你不是已经抱走了么？

鲁　妈：那是你们老太太看着孩子快死了，才叫我抱走的。（自语）哦，天呐，我觉得我像在做梦。

周朴园：我看过去的事不必再提起来吧。

鲁　妈：我要提，我要提，我闷了三十年了！你结了婚，就搬了家，我以为这一辈子也见不着你了；谁知道我自己的孩子个个命定要跑到周家来，又做我从前在你们家做过的事。

周朴园：怪不得四凤这样像你。

鲁　妈：我伺候你，我的孩子再伺候你生的少爷们。这是我的报应，我的报应！

周朴园：你静一静。把脑子放清醒点。你不要以为我的心是死了，你以为一个人做了一件于心不忍的事就会忘了么？你看这些家具都是你从前顶喜欢的，多少年我总是留着，为着纪念你。

鲁　妈：（低头）哦。

周朴园：你的生日——四月十八——每年我总记得。一切都照着你是正式嫁过周家的人看，甚至于你因为生萍儿，受了病，总要关窗户，这些习惯我都保留着，为的是不忘你，弥补我的罪过。

鲁　妈：（叹一口气）现在我们都是上了年纪的人，这些傻话请你不必说了。

周朴园：那更好了。那么我们可以明明白白地谈一谈。

鲁　妈：不过我觉得没有什么可谈的。

周朴园：话很多。我看你的性情好像没有大改，——鲁贵像是个很不老实的人。

鲁　妈：你不明白。他永远不会知道的。

周朴园：那双方面都好。再有，我要问你的，你自己带走的儿子在哪儿？

鲁　妈：他在你的矿上做工。

周朴园：我问，他现在在哪儿？

鲁　妈：就在门房等着见你呢。

周朴园：什么？鲁大海？他！我的儿子？

鲁　妈：他的脚趾头因为你的不小心，现在还是少一个的。

周朴园：（冷笑）这么说，我自己的骨肉在矿上鼓励罢工，反对我！

鲁　妈：他跟你现在完完全全是两样的人。

周朴园：（沉静）他还是我的儿子。

鲁　妈：你不要以为他还会认你作父亲。

周朴园：（忽然）好！痛痛快快地！你现在要多少钱吧？

鲁　妈：什么？

周朴园：留着你养老。

鲁　妈：（苦笑）哼，你还以为我是故意来敲诈你，才来的么？

周朴园：也好，我们暂且不提这一层。那么，我先说我的意思。你听着，鲁贵我现在要辞退的，四凤也要回家。不过——

鲁　妈：你不要怕，你以为我会用这种关系来敲诈你么？你放心，我不会的。大后天我就会带四凤回到我原来的地方。这是一场梦，这地方我绝对不会再住下去。

周朴园：好得很，那么一切路费、用费，都归我担负。

鲁　妈：什么？

周朴园：这于我的心也安一点。

鲁　妈：你？（笑）三十年我一个人都过了，现在我反而要你的钱？

周朴园：好，好，好，那么你现在要什么？

鲁　妈：（停一停）我，我要点东西。

周朴园：什么？说吧？

鲁　妈：（泪满眼）我——我只要见见我的萍儿。

周朴园：你想见他？

鲁　妈：嗯，他在哪儿？

周朴园：他现在在楼上陪着他的母亲看病。我叫他，他就可以下来见你。不过是……

鲁　妈：不过是什么？

周朴园：他很大了。

鲁　妈：（追忆）他大概是二十八了吧？我记得他比大海只大一岁。

周朴园：并且他以为他母亲早就死了的。

鲁　妈：哦，你以为我会哭哭啼啼地叫他认母亲么？我不会那么傻的。我难道不知道这样的母亲只给自己的儿子丢人么？我明白他的地位，他的教育，不容他承认这样的母亲。这些年我也学乖了，我只想看看他，他究竟是我生的孩子。你不要怕，我就是告诉他，白白地增加他的烦恼，他自己也不愿意认我的。

周朴园：那么，我们就这样解决了。我叫他下来，你看一看他，以后鲁家的人永远不许再到周家来。

鲁　妈：好，希望这一生不至于再见你。

周朴园：（由衣内取出皮夹里的支票签好）很好，这是一张五千块钱的支票，你可以先拿去用。算是弥补我一点罪过。

鲁　妈：（接过支票）谢谢你。（慢慢撕碎支票）

周朴园：侍萍。

鲁　妈：我这些年的苦不是你那钱就算得清的。

周朴园：可是你——

【外面争吵声。鲁大海的声音："放开我，我要进去。"三四个男仆声："不成，不成，老爷睡觉呢。"门外有男仆等与大海的挣扎声。】

周朴园：（走至中门）来人！（仆人由中门进）谁在吵？

仆　人：就是那个工人鲁大海！他不讲理，非见老爷不可。

周朴园：哦。（沉吟）那你叫他进来吧。等一等，叫人到楼上请大少爷下楼，我有话问他。

仆　人：是，老爷。（仆人由中门下。）

周朴园：（向鲁妈）侍萍，你不要太固执。这一点钱你不收下，将来你会后悔的。

（鲁妈望着他，一句话也不说。）

2. 《雷雨》片段二

人物：周萍、繁漪

地点：周家客厅

繁　漪：（向萍）他上哪去了？

周　萍：（莫名其妙）谁？

繁　漪：你父亲。

周　萍：他有事情，见客，一会儿就回来。弟弟呢？

繁　漪：他只会哭，他走了。

周　萍：（怕和她一同在这间屋里）哦。（停）我要走了，我现在要收拾东西去。（走向饭厅）

繁　漪：回来，（萍停步）我请你略微坐一坐。

周　萍：什么事？

繁漪：（阴沉地）有话说。

周萍：（看出她的神色）你像是有很重要的话跟我谈似的。

繁漪：嗯。

周萍：说吧。

繁漪：我希望你明白方才的情景。这不是一天的事情。

周萍：（躲避地）父亲一向是那样，他说一句就是一句的。

繁漪：可是人家说一句，我就要听一句，那是违背我的本性的。

周萍：我明白你。（强笑）那么你顶好不听他的话就得了。

繁漪：萍，我盼望你还是从前那样诚恳的人。顶好不要学着现在一般青年人玩世不恭的态度。你知道我没有你在我面前，这样，我已经很苦了。

周萍：所以我就要走了。不要叫我们见着，互相提醒我们最后悔的事情。

繁漪：我不后悔，我向来做事没有后悔过。

周萍：（不得已地）我想，我很明白地对你表示过。这些日子我没有见你，我想你很明白。

繁漪：很明白。

周萍：那么，我是个最糊涂、最不明白的人。我后悔，我认为我生平做错一件大事。我对不起自己，对不起弟弟，更对不起父亲。

繁漪：（低沉地）但是最对不起的人有一个，你反而轻轻地忘了。

周萍：我最对不起的人，自然也有，但是我不必同你说。

繁漪：（冷笑）那不是她！你最对不起的是我，是你曾经引诱的后母！

周萍：（有些怕她）你疯了。

繁漪：你欠了我一笔债，你对我负着责任；你不能看见了新的世界，就一个人跑。

周萍：我认为你用的这些字眼，简直可怕。这种字句不是在父亲这样——这样体面的家庭里说的。

繁漪：（气极）父亲，父亲，你撇开你的父亲吧！体面，你也说体面？（冷笑）我在这样的体面家庭已经十八年啦。周家家庭里做出的罪恶，我听过，我见过，我做过。我始终不是你们周家的人。我做的事，我自己负责任。不像你们的祖父、叔祖，同你们的好父亲，偷偷做出许多可怕的事情，祸移在别人身上，外面还是一副道德面孔，慈善家，社会上的好人物。

周萍：繁漪，大家庭自然免不了不良分子，不过我们这一支，除了我，……

繁漪：都一样，你父亲是第一个伪君子，他从前就引诱过一个良家的姑娘。

周萍：你不要乱说话。

繁漪：萍，你再听清楚点，你就是你父亲的私生子！

周萍：（惊异而无主地）你瞎说，你有什么证据？

繁漪：请你问你的体面父亲，这是他十五年前喝醉了的时候告诉我的。（指桌上相片）你就是这年轻的姑娘生的小孩。她因为你父亲又不要她，就自己投河死了。

周萍：你，你，你简直……好，好，（强笑）我都承认。你预备怎么样？你要跟我说什么？

繁漪：你父亲对不起我，他用同样手段把我骗到你们家来，我逃不开，生了冲儿。十几年来像刚才一样的凶横，把我渐渐地磨成了石头样的死人。你突然从家乡出来，是你，是你把我引到一条母亲不像母亲，情妇不像情妇的路上去。是你引诱我的！

周萍：引诱！我请你不要用这两个字好不好？你知道当时的情形怎么样？

繁漪：你忘记了在这屋子里，半夜，我哭的时候，你叹息着说的话么？你说你恨你的父亲，你说过，你愿他死，就是犯了灭伦的罪也干。

周萍：你忘了。那时我年轻，我的热叫我说出来这样糊涂的话。

繁漪：你忘了，我虽然只比你大几岁，那时，我总还是你的母亲，你知道你不该对我说这种话么？

周萍：哦——（叹一口气）总之，你不该嫁到周家来，周家的空气满是罪恶。

繁漪：对了，罪恶，罪恶。你的祖宗就不曾清白过，你们家里永远是不干净。

周萍：年轻人一时糊涂，做错了的事，你就不肯原谅么？（苦恼地皱着眉）

繁漪：这不是原谅不原谅的问题，我已预备好棺材，安安静静地等死，一个人偏把我救活了又不理我，撇得我枯死，慢慢地渴死。让你说，我该怎

么办？

周萍：那，那我也不知道，你来说吧！

繁漪：（一字一字地）我希望你不要走。

周萍：怎么，你要我陪着你，在这样的家庭，每天想着过去的罪恶，这样活活地闷死么？

繁漪：你既知道这家庭可以闷死人，你怎么肯一个人走，把我放在家里？

周萍：你没有权利说这种话，你是冲弟弟的母亲。

繁漪：我不是！我不是！自从我把我的性命、名誉，交给你，我什么都不顾了。我不是他的母亲。不是，不是，我也不是周朴园的妻子。

周萍：（冷冷地）如果你以为你不是父亲的妻子，我自己还承认我是我父亲的儿子。

繁漪：（不曾想到他会说这一句话，呆了一下）哦，你是你父亲的儿子。——这些月，你特别不来看我，是怕你的父亲？

周萍：也可以说是怕他，才这样的吧。

繁漪：你这一次到矿上去，也是学着你父亲的英雄榜样，把一个真正明白你、爱你的人丢开不管么？

周萍：这么解释也未尝不可。

繁漪：（冷冷地）怎么说，你到底是你父亲的儿子。（笑）父亲的儿子？（狂笑）父亲的儿子？（狂笑，忽然冷静严厉地）哼，都是没有用，胆小怕事，不值得人为他牺牲的东西！我恨着我早没有知道你！

周萍：那么你现在知道了！我对不起你，我已经同你详细解释过，我厌恶这种不自然的关系。我告诉你，我厌恶。我负起我的责任，我承认我那时的错，然而叫我犯了那样的错，你也不能完全没有责任。你是我认为最聪明，最能了解的女子，所以我想，你最后会原谅我。我的态度，你现在骂我玩世不恭也好，不负责任也好，我告诉你，我盼望这一次的谈话是我们最末一次谈话了。（走向饭厅门）

繁漪：（语气沉重地）站住。（萍立住）我希望你明白我刚才说的话，我不是请求你。我盼望你用你的心，想一想，过去我们在这屋子里说的，（停，难过）许多、许多的话。一个女子，你记着，不能受两代的欺侮，你可以想一想。

周萍：我已经想得很透彻，我自己这些天的痛苦，我想你不是不知道，请你让我走吧。

3.《离婚指南》
地点：旧式公房，主人公家
人物：杨 泊 朱 芸

【在早晨最初的乳白色光线里，杨泊听见送牛奶的人在街口那里吹响哨子，一些新鲜活泼的人声、市声开始了一天新的合奏。杨泊知道天亮了，他该起床了，但他觉得自己疲惫不堪，需要睡上一会儿，哪怕是睡五分钟也好。突然闹钟作响，于是朱芸醒了，从床上起来。杨泊睁眼在妻子身上草草掠过，朱芸的头发散乱地披垂着，粉绿色的棉毛衫腋下有一个裂口，在半明半暗的晨光中，她的脸色显得枯黄发涩，杨泊不无恶意地想到了博物院陈列的木乃伊女尸。】

朱芸：（朱芸瞟了眼桌上的闹钟）杨泊，你该起床了，去取牛奶。该拿牛奶了！

杨泊：（脚在被子下面猛地一蹬）我要离婚。

朱芸：（显然没有听清，她开始整理起床后杂乱的床和房间，见杨泊依然没反应）你怎么还不起？我去菜场买点排骨，你马上去取牛奶，回来再把炉子打开，听清楚了吗？

杨泊：（把脑袋蒙在被子里）我要离婚！

【床板咯吱咯吱地响了一会儿，朱芸走出了房间。她打开了有线广播的开关，一个女声正有气无力地播送天气预报。关于最高温度和最低温度，关于风力和风向，关于渤海湾和舟山群岛的海浪和潮汐。大约半个钟头以后，朱芸拎着菜篮回家，糖果盒里的瓜子和水果糖满地都是。】

朱芸：你今天怎么啦？（愠怒地）你不上班吗？你不送孩子去幼儿园了？

杨泊：（头和肩部从被窝里慢慢升起来，眼睛布满血丝，一种冰冷的陌生语气）我要离婚！

朱芸：你说什么？你是在说梦话还是开玩笑？

杨泊：（穿好假领子，他的目光现在停留在墙上，墙上挂着一幅彩色的结

婚合影）说正经的，我们离婚吧，（呼出一口浑浊的气）我想了一夜，不，我已经想了好几个月了，我要离婚。（起身，开始穿衣整理，神情轻松。）

【朱芸抓住棉被一角怔在床边，起初她怀疑地看着杨泊脸上的表情，脸色苍白，扬起手朝杨泊掴了一个耳光，呜呜地哭着冲出了房间。杨泊表明了离婚意愿，朱芸一直拒绝和杨泊说话。朱芸不做饭，什么也不吃，只是坐在椅子上织孩子的毛衣，偶尔她用眼角的余光瞟一下杨泊，发现杨泊胃口很好地吞咽着速食方便面，朱芸的嘴唇动了动。】

朱芸：（低声）畜生。

杨泊：（耸耸肩，把碗里的由味精和香料调制的汤也喝光了，响亮地咂着嘴）世界越来越进步了，日本人发明了方便面，现在女人再想让男人挨饿已经不可能了。

朱芸：（绷着脸朝地上啐了一口，用毛衣针在头发上磨了磨）神经病！

杨泊：（从她身边走过，挖了挖鼻孔，然后举起食指凝视着上面的污垢，噗地弹到了地上）一点不错，我就是神经病，神经病和智者只差半步。

【两人谁也不说话，杨泊坐在桌前玩一副破旧的扑克，牌阵总是无法通联，他干脆将扑克扔在一边，转过脸望着沙发上的朱芸，他看见朱芸的脸上浮动着一些斑驳的阴影，他不知道那些阴影是窗帘折射光线造成的，还是直接来自她恶劣的心情。现在他觉得朱芸的坐姿比她站着时更加难看，而她在黄昏时的仪容也比早晨更加丑陋。】

杨泊：（搓了搓冻僵的手）你老不说话是什么意思？不说话解决不了问题。你脑子里到底在想什么？

朱芸：我不跟畜生说话！

杨泊：谩骂无济于事。现在我们应该平心静气地谈谈，我知道这要花时间，所以我向单位请了两天病假，我希望你能珍惜这点时间。下个星期我还要去北京出差。

朱芸：那么你先告诉我，谁是第三者？

杨泊：没有第三者。

朱芸：是俞琼吧？我不会猜错，你已经让她迷了心窍。是她让你离婚的？

杨泊：你小点声！

朱芸：现在怕啦？你敢做就敢当。我就是要让别人知道你杨泊是什么人！

（打开门）杨泊，你不是个东西！你忘恩负义……

  杨泊：（把朱芸拉回，关上门）你干什么呀？！

  朱芸：现在怕被别人知道啦？有本事你就敢做敢当啊！

  杨泊：不。你为什么认为一定有个第三者呢？这实在荒唐。是我要跟你离婚，我无法和你在一起生活了，就那么简单。跟别人没有关系。

  朱芸：（突然尖叫起来，她朝地上狠狠地跺了跺脚）你把我当成什么啦？把我当成一只鞋？喜欢的时候就穿不喜欢的时候就扔？！

  杨泊：我告诉你别吓到孩子！

  朱芸：杨泊，我到底哪儿对不起你啦？我是在外面跟人家搞腐化啦，还是对你不够体贴啦？你倒是说出理由来让我听听。（扔下手里的毛线，冲过来揪住了杨泊的衣领，一下一下地抻着，她的眼睛里噙满了泪花）杨泊，你这个狼心狗肺、忘恩负义的家伙！

  杨泊：我告诉你朱芸，谩骂无济于事，再骂只能说明你是一泼妇！

  朱芸：你说什么？

  杨泊：泼妇。

  朱芸：（动手打杨泊）我让你骂！我让你骂！

  杨泊：你疯啦！

  朱芸：我是疯啦！你忘啦，谁每天给你倒洗脚水？

  杨泊：离婚和倒洗脚水有关系吗？

  朱芸：我怀胎八个月身子不方便，我冷落过你吗？你说我有什么对不起你的地方？你倒是说呀！说呀！

  杨泊：离婚和性生活是有一点关系，但我告诉你，我不是因为性生活离婚。

  朱芸：你的理由我猜得出，感情不和对吗？（噙着泪水，抓起地上的玩具手枪朝杨泊砸过去）你找这个理由骗谁去？街坊邻居从来没有听见过我们夫妻吵架。结婚五年了，我辛辛苦苦持家，受了多少气，吃了多少苦，可我从来没有跟你吵过一次架，你要摸摸你的良心说话，你凭什么？

  杨泊：（无奈地摇摇头）离婚跟吵架次数也没有关系。（扳动了玩具手枪的开关，一枚圆形的塑料子弹"嗖"地打在门框上，沉思。）主要是厌烦，厌烦的情绪一天天恶化，最后成为仇恨。有时候我通宵失眠，我打开灯看见你

睡得很香还轻轻打鼾，你的睡态丑陋极了，那时候我希望有一把真正的手枪，假如我有一把真正的手枪，说不定我会对准你的脸开枪。

朱芸：我不怕你的杀心。除了打鼾你还厌烦我什么？

杨泊：烦。我厌烦你的人，我烦这个家！我现在不吃安眠药我就睡不着觉！

朱芸：你睡不着觉可以开灯呀。

杨泊：我敢开灯吗？开灯看见的就是你的脸，你的周身都让我觉得恶心，难看，厌恶！

朱芸：难看怎么啦？我在自己家睡觉，要么么好看干吗？杨泊，你就是因为这个要和我离婚？

杨泊：不，我厌烦你夏天时腋窝里散发的狐臭味。我还讨厌你吃饭的样子，我厌烦你饭后剔牙的动作，你吃饭时吧唧吧唧的声音，你说你吃饭就吃饭，你吧唧吧唧的，你吧唧什么呀？你抠什么呀？

朱芸：还有什么？

杨泊：你总是把头发烫得像鸡窝一样，一到夜里你守着电视没完没了地看香港电视连续剧，看臭狗屎一样的《卞卡》。

朱芸：继续说，你还厌烦我什么？

杨泊：你从来不读书、不看报，却总是来跟我讨论爱情，讨论国家大事。你和别人说"库尔斯克号"是在黑龙江沉没的？！

朱芸：那你说在哪沉没的？

杨泊：你不如说，是在咱们家浴缸里沉没的。

朱芸：（深吸一口气）还有呢？你说下去。

杨泊：朱芸，最不能让我忍受的就是你和邻居在走廊上亲亲热热。关了门就骂人家祖宗三代，朱芸，你就是个虚伪庸俗的女人！

朱芸：（身体不可控制地颤抖，鄙夷地冷笑了一声）全是屁话！现在要离婚了，你就把我贬得一钱不值。这么说你跟我结婚时的甜言蜜语、山盟海誓全是假的，全是骗人的把戏？

杨泊：不，你又错了，当初我爱你是真的，结婚是真的。但是，我现在实在是厌烦了，因此我必须离婚，这也是真的。你难道不懂这个道理？事物总是在不断地发展和变化。你我都应该正视现实。现实往往是冷酷的不近人情的，咱俩赶紧商量商量离婚的具体事宜，然后选个天气好的日子去法院离婚。

朱芸：（咬紧牙关，她的脸在黄昏幽暗的光线中迸射出一种悲壮的白光）没那么便宜！只要我不同意，你就休想离成婚。（她从饼干筒里掏出了半袋苏打饼干就着一杯冷开水开始吃饼干）你他妈的看错人了！你真当我朱芸是好欺负的啊？我凭什么白白让你舒服？凭什么白白让你给蹬啦？

杨泊：这又不是上市场买菜还讨价还价的，你荒唐不荒唐，俗话说强扭的瓜不甜，事情已经到了这个地步，你说我们的夫妻生活过下去还有什么意思？（提高了声调）必须离婚了！

朱芸：（狂躁地）我不管这一套，我咽不下这口气。（把房门用力摔打着走到外面，进厨房茫然地转了一圈突然拿出刀将案板上的白菜剁成两半。）

杨泊：现在剁白菜干什么？现在迫切的不是吃饭，而是平心静气的商讨，我们还没有开始谈具体的问题呢。朱芸，你别剁了行不行？你出来咱俩好好商量离婚的事。

【朱芸不再说话，她继续剁着白菜，一直到案板上出现了水汪汪的菜泥，她用刀背盲目地翻弄着白菜泥，杨泊也不再讲话了。片刻，朱芸缓缓转过脸以一种蔑视的眼神扫了他一眼，走出厨房。】

朱芸：你是不是真要跟我离婚？

杨泊：是。

朱芸：好，你非要离也行，拿两万块钱给我，你拿得出吗？

杨泊：（摸摸自己的头皮笑了，仿佛自言自语）真奇怪，为什么？离婚为什么一定要两万元？为什么要了两万元就可以离婚了？这个问题我想不通。

朱芸：（脸上浮现出一丝狡黠和嘲讽的微笑）想不通你就在家慢慢想。（从里屋抱孩子出来）

杨泊：你是知道的，我除了这些书什么都没有。

杨泊：你干吗去？咱俩还没谈完离婚的事呢！

朱芸：没有那两万块钱你跟我谈什么离婚！

杨泊：我为什么要给你两万块钱？你把我这些书拿走吧。

【朱芸不理会杨泊，继续整理着要带走的东西，准备抱孩子走，杨泊上前拦她。】

杨泊：你不能走。

朱芸：你干吗？

杨泊：咱俩还没说完呢！

朱芸：我带孩子回娘家住几天，你慢慢地想，慢慢地筹钱，你还想谈什么就带上两万元去谈。（朱芸走出家门）

4.《唐山大地震》

地点：方达家

人物：方达、小河、妈、方登

方达：小河，你倒是快点啊，妈等着急了！（气喘吁吁）

小河：来了。

方达：（电话）唉呀，是我姐。姐，你到哪了？啥，刚下飞机，我都已经到家门口了。那行吧，我先进屋跟妈说一声，你赶紧打车，咱家还在老地方。姐，你快点啊。

方达：走。

（小河没注意撞上了突然停下的方达）

方达：小河，我求你个事呗。

小河：什么事？你说。

方达：一会儿进了屋，你跟咱妈说姐要回来的事呗。

小河：为什么啊？

方达：你别问了，还是你说好。

小河：方达，你可真奇怪，她们母女俩都32年没见面了，今天你姐能回来咱妈肯定高兴还来不及呢，你有什么好怕的。

方达：唉呀，实话跟你说了吧，七六年地震的时候，我和我姐被压在同一块水泥板下面的两头。救援的时候，人家跟我妈说，撬我这面，就压我姐，撬我姐这面，就压我，两孩子只能保一个。

小河：结果你妈就保了你呗。

方达：你知道我妈常说的一句话是啥不，"没了才知道啥叫没了。"三十多年我妈一直觉得对我姐心里有愧，我怕我冷不丁告诉她姐没死，一会儿就回来了，我怕她承受不住那个刺激。你们都是女人，说话也方便，你看看怎么婉转地告诉她。

小河：啊，那我也不知道该怎么说啊，万一咱妈听完有个三长两短，可怎么办啊。

方达：哎，不管那么多了，见机行事吧。

【进家门】

方达：妈，我们回来了！

小河：妈，我们回来了！

（方达拍拍身上的灰尘，脱去外衣，小河把东西放在茶几上）

妈：回来了，咋才回来呢？快进屋。（不出现）外面冷不？

方达：还成。

小河：不冷，妈。

方达：妈，快让儿子看看，半年多没见了，可想死我了，让儿子抱抱。

妈：我这身上全是油，这小子就会哄我开心，行了，（用手腕碰碰方达的脸）瘦了。（对小河）咋才来啊？

小河：路上堵车，妈坐，你看，这是"脑白金"和"盖中盖"，电视上说了这人过了50，就得补钙，要不容易骨质疏松，您要是吃得好，我再给你买。

方达：就是，身体倍棒，吃嘛嘛香。

妈：咋又瞎花钱啊，上回买的我还没吃完呢。

方达：我们买了您就吃，儿子挣钱不就是孝敬您的嘛。

妈：（对儿子）别使手，看你馋的，先上厨房洗个手。小河，你也别忙活了，去厨房洗个手，咱们开饭了。（对着照片）又过一年了，老头子，登啊，最近天冷多添点衣服，钱不够了就告诉我一声。过年嘛，老头子可以喝点酒，但不可以贪嘴，登啊，你爸胃不好，帮我管着点他。（语调要高一点。）

方达：妈，你又叨叨啥呢。（边说边往饭桌走。）

妈：这不过年了，我和你爸你姐说说话。小河呢？

方达：小河，快点的。

小河：来了。

妈：来，咱们碰一个。

小河：说点什么。

方达：我祝咱妈身体健康，永远那么年轻，永远那么漂亮。

妈：臭小子以为你妈不敢当，这杯我干了。

方达：好，我也干了。

小河：我也干了。

妈：工作累不累啊？

方达：不累。

妈：不累，那就给我生个大胖小子，到时候往我这儿一搁，你俩该忙忙你俩的，好给我作个伴。

方达：妈，已经有了。

妈：真的，几个月了？怎么不早告诉我，男孩女孩？

小河：才三个月，还看不出来呢。

妈：唉呀，那就别喝酒了，我给你拿果汁去。

（妈进厨房拿果汁）

小河：讨厌，谁要你说的。

方达：那怕啥的，这不是生米都煮成熟饭了么。等会儿妈出来了，你给妈说姐那事啊。

小河：我不说，你说。

方达：刚才不是说好了么？

小河：谁给你说好了，你说。

妈：你俩这吵吵啥呢？

方达：没有。

妈：来，喝这个。吃啊吃啊。

方达：啊，吃吃。妈，我想跟你说个事。

妈：说。你倒是说啊。

方达：妈，我要跟你说完这事，你可别激动。

妈：好事还是坏事啊。

方达：好事。

妈：大悲能受，这大喜就能受。

方达：我姐没死。

妈：（夹菜停，然后继续夹）你凭啥说她没死啊。

方达：四川抗灾救援的时候，我看见她了，还说好让她回来看您。

妈：（停下夹菜）啥时候来啊？

方达：来之前刚通过电话，一会儿就到了。

妈：（手抖，用另一只手去摁住）饺子有点不够吧，我再去包点儿。

方登：（打电话）弟，我到家门口了。

方达：（接电话）那中，我出来接你。姐来了，路上堵车不？姐来快进屋吧。（对妈）妈，姐回来了！（对方登）姐，这是我媳妇小河。

小河：姐。

方达：妈，姐回来了。

妈：先坐吧。

方达：震后三十年住了三年地震棚，就搬这来了，后来给妈买房子了，妈也不搬，这相片咋还摆这儿呢？老太太尽顾着高兴，把这个忘了。

妈：西红柿都给你洗好了，妈没骗你，我先给你道个歉吧。你咋才回来呢？我等了你们三十二年。三十二年你咋不知道给我个信呢？我还以为你跟你爸在一块儿呢，我成天惦记着你们俩啊，惦记了三十二年呐，登啊，登啊。

方达：姐，姐，你倒是说个话啊。

方登：您赶紧起来吧！

妈：登啊，这些年你受苦了，这些年你到哪儿去了？

方登：七六年你们走后，我被解放军救了，这是我养父养母，是他们把我带大的。

妈：解放军呢，解放军对咱们唐山人有恩啊！

方登：这是我老公，加拿大人，这是我女儿点点，十四岁了。

妈：登啊，这些年你受苦了。

方登：我养父养母待我很好。

妈：方达去我屋把你姐的箱子搬出来。登儿啊，你看看这是你从小学三年级到高中的课本。

方达：姐，每年开学，咱妈就让我订两套书本，有我一套，就有你一套。

方登：妈，这些年你是怎么过来的啊？

妈：妈这不是过得挺好的吗！

方登：这些年你就是守着这间破屋子，守着我弟，守着我爸的照片过了三十二年？

妈：我真的过得挺好的，我要是过得花红酒绿的，就更对不起你了。

方登：对不起对不起，妈我从第一眼看到方达我就恨我自己，他是我弟弟，他能活着多好啊！妈对不起对不起，我折磨了您三十二年。三十二年呐，我没办法原谅我自己。

方达：妈，姐，都别哭了，大过年的都别哭了，你俩都起来说话！

妈：（跟方登唱小时候的儿歌拍拍女儿。）

小河：对，妈起来吧，大过年的，这不姐也回来了，这不是双喜临门么！

妈：老头子，你疼我，把闺女给我送回来了！我这一辈子也没遗憾了！知足了！

方达：那我们也干了！

【突然厨房有声音】

妈：哎呦，这锅里还煮着饺子呢！小河呀，把电视打开，方达你去把爆竹给找到。

方登：妈，那我干啥？

妈：你就吃就成了！

方达：过年喽，放爆竹咯！

5.《性情男女》

地点：盖玲家

人物：祁士高、盖玲、卉卉、焦小娇

卉　卉：妈，我老爸送我这个 MP3 真不错。（见妈妈在发呆，悄悄凑过来）妈！

盖　玲：（惊醒）哟！这孩子，吓我一跳！

卉　卉：嘿嘿嘿。妈，您是不是还在想我老爸？

盖　玲：（慌忙掩饰）你胡说什么呐卉卉。我问你，今天你怎么回事儿？怎么不打招呼就把你爸叫去了？

卉　卉：我不是看你们已经五年没见面了嘛，想让你们见一见。

盖　玲：我跟你说卉卉，大人的事，你少跟着掺和，你现在的主要任务……

（门铃声）

盖　玲：谁呀？都这么晚了。

【卉卉应声跑出，到门口，按了一下墙上的门禁显示屏，画面上出现祁士高。】

卉　卉：（惊呼）妈，是我爸！爸，我给你开门啊！

盖　玲：谁让你开门的？

卉　卉：那也不能让我爸站在外面啊。快，收拾收拾。

（两人收拾房间，祁士高一身酒气地走进来）

卉　卉：老爸！爸你怎么来啦？哟，这么大的酒味！您这是去哪儿啦？

祁士高：卉卉！今天不是你的生日吗？爸爸特意过来看看你。

盖　玲：祁士高！大晚上你来干什么？

祁士高：我……我看我闺女啊！卉卉去给爸爸倒杯水去。

盖　玲：你别换鞋了，家里没你鞋！

祁士高：你们要是不方便，那我就走？

卉　卉：哎呀！爸，你好不容易才来一次待会儿再走！

祁士高：算了，算了，我还是不打扰了……

【父女二人演着戏，盖玲一直没有出声……祁士高尴尬】

卉　卉：哎！老爸，你怎么这么晚还出来啊？对了，你和小娇阿姨怎么样了？

盖　玲：卉卉回屋睡觉去。

卉　卉：爸，其实要我说呀！小娇阿姨对您还蛮不错。唉！女人嘛，平时您就多让着她点，没事儿，您就给她说两句好听的。

盖　玲：（厉声）卉卉！回屋去！

盖　玲：行了，别装了。我问你，你是怎么找到这儿来的？

祁士高：怎么找？这五年来，我几乎天天都从家门前过……

【盖玲不知怎样才好，只得在屋子里无谓地走来走去。看着有点闹心。】

祁士高：（斜着醉眼，满屋子打量）五年了！这还是我头一次返回这家门。这个家竟然还是老样子！没变，一点都没变。饭桌、茶几、书柜，都没变。我好像一个跟头，又回到过去的生活中。一时间我竟不知道心里头是什么滋味！

盖　玲：（突然找到话茬，阴阳怪气，递进的语气）那是啊！滋味是不会太好受啊！谁不喜新厌旧，谁不愿意到一个新地方去？谁不希望生活在别处啊！

祁士高：我不是来跟你吵架的。

盖　玲：你以为我想跟你吵啊？

祁士高：能好好说话吗！（停顿）其实我很感激你，真的。我知道你一个人不容易，一个人把卉卉带大。

盖　玲：那得谢谢你，难为你按时还能给抚养费！

祁士高：怎么又来了！这都是我应该做的，我愿意，行了吧！当初是我不对，可我一旦离开家，总觉得心被卉卉牵着，我现在累极了，回家就是发呆，我就开始想我女儿，我就想着卉卉的鼻子、眼睛、嘴，那仿佛就是你的青春再版，想着想着，我也不知道是想卉卉了，还是……

盖　玲：祁士高，你还能说出这样的话，你太让我感动了你！我恨死你了！你还知道啊你？！当初你拍拍屁股说走就走了，把我和卉卉留在这里。别说一个人，就是一个条狗、一只猫，在一起生活了十来年啊，突然走了，你知道我这心里是什么滋味吗！你知道吗你！（哭了）

祁士高：我知道现在说什么也没意义，但我还是想说，对不起，对不起。

盖　玲：别说了！（冷静了一下）你是怎么回事？你怎么大半夜的跑我这来？

祁士高：我来给卉卉过生日啊！

盖　玲：你？拉倒吧，我还不了解你？是不是你那个小狐狸精把你赶出来了？

祁士高：不是！你说你？！……我们就吵了两句。

盖　玲：吵架？！

祁士高：嗯。

盖　玲：你说你都干了什么了？

祁士高：什么叫我干了什么啊！我什么也没干。

盖　玲：我说祁士高，反正咱俩都离婚了，你能给我说句实话吗？

祁士高：我！还不是因为你！

盖　玲：因为我？

祁士高：这不刚才我给卉卉过个生日吗？回来晚了，她就跟我闹。

【卉卉悄悄走到旁边偷听】

盖　玲：她就因为这事跟你闹啊？

祁士高：就因为这事！

盖　玲：什么人啊她是！哪有不让亲爹见自己女儿的！哪有这种女人啊！见我怎么了？见我怎么了？我是孩子她亲妈，怎么就不能见我了？

卉　卉：(跑了出来)妈，你怎么还不明白啊？

祁士高：就是！

卉　卉：我爸他没说实话！你也不想想，焦小娇不可能因为这点事跟他闹啊，肯定没说实话啊！

盖　玲：祁士高！祁士高！你说我怎么这么不长记性啊我，又让你给骗了！是因为给卉卉过生日的事吗！是因为我吗！你说你这人……

卉　卉：爸，你就说吧……

祁士高：我说什么啊？

盖　玲：说实话啊！

祁士高：我说实话了啊！

卉　卉：爸，你说吧，就算你有错，我们也支持你！

盖　玲：是啊，你说吧！

祁士高：哎呀，我说什么啊？

卉　卉：你就说吧。

盖　玲：是啊，是啊！你说啊！

祁士高：(烦了)还不是因为一张房卡。

盖　玲：什么？什么？

祁士高：她发现了我一张房卡，哎呀，怎么啦这是！

卉　卉：我猜对了吧！

盖　玲：你是不是又领女人在外面开房睡觉了！！

祁士高：我有病啊我？！

卉　卉：妈！我爸有病啊？像我爸这样的人能干那事吗……

盖　玲：能！

卉　卉：我爸是国际 MBA，地产界的 CEO。像我爸这样的人，长期在大

酒店包个房，没事带人休息休息，娱乐娱乐，那都是小事。别提我爸了，就连我们班有钱的男同学，还经常带着女同学到如家开房呢！

盖　玲：卉卉！

卉　卉：我可没去啊！我回去睡觉了！

盖　玲：祁士高，你是不是开房领女人睡觉了！

祁士高：孩子在家，你说什么呢你！

卉　卉：妈，别说得这么露骨。

祁士高：（不知说什么好）不早了，卉卉睡觉去！

卉　卉：不去！

盖　玲：回屋去！

卉　卉：不！

盖玲和祁士高：回去！

【卉卉下】

盖　玲：祁士高，你说你，你怎么这么贱呢！你有个小娇妻伺候你还不够啊，又年轻又漂亮又有名，你说你还在外面包什么房，惹什么骚啊你！

祁士高：行啦！谁骚，什么骚，孩子在家你胡说什么啊你！你还是个教师呢，你怎么教学生的你！你注意点！我没干，什么都没干，没干！你说说你，你没有女人味你知不知道。当初要不是因为这个，我能离开你吗？我能离开卉卉吗？好好的一个家，我干吗要离开啊！

盖　玲：祁士高，你那小老婆倒是有女人味啊，整天拿你当大爷伺候着啊，那你怎么还往外跑啊你！

祁士高：因为她现在和你一样，没事找事，胡搅蛮缠，无理取闹！你看看这些词都是写你们的！

盖　玲：你活该！你们男人就是贱，全是自找的！狗改不了吃屎！

祁士高：你，你们女人都变态！

盖　玲：你才变态呢！

祁士高：你变态！

盖　玲：你变态！

祁士高：你变态，你照照镜子吧，看看你是不是变态！

卉　卉：你们俩别吵啦！别吵啦！又回到原来似的啦！变态！

祁士高：我变态……我走。

盖　玲：你早该走了。

【门铃声，尖利，突兀。】

祁士高：我说这么晚怎么着急赶我走呢，谁啊？谁怎么晚了往这来?！后爹啊！我看看！（透过猫眼看了看，愣住了）

盖　玲：谁啊？

卉　卉：爸，谁啊？

盖　玲：谁啊？

祁士高：哦，找错了！

卉　卉：（到监视屏上看）啊！（惊叹，一把捂住嘴，回头对父母）是小娇阿姨！

盖　玲：（立即进入临战紧张状态）祁士高！她怎么来了？

祁士高：我怎么知道！

卉　卉：老爸，你快躲一躲吧！

祁士高：对，我躲躲……（住里屋走）

盖　玲：祁士高，你给我站住！你躲什么躲啊？你怕她干什么啊？你还是不是个男人啊？

祁士高：（出来）我是不是男人你知道！卉卉，把门打开，把她放进来，今天我哪也不去了我！

【卉卉开门，焦小娇上，谁也不看，直对祁士高】

焦小娇：我一想你就在这儿！走吧，不早了，回去吧。三更半夜的老待在别人家干什么啊！（走上前去，换了种口气）老公，走吧，回去吧！（祁士高没反应）你不嫌丢人，我嫌丢人呢。起来！

祁士高：起来我也不走。

焦小娇：你什么意思你！

祁士高：你给我松手！

焦小娇：什么意思你！

祁士高：在别人家你干吗！

盖　玲：（阴阳怪气）哎哎哎，我说，两口子打架出去打，这可是我家！

焦小娇：（这才转过脸来，直视盖玲，一脸的挑衅、好斗）你的家？哼，

你的家，干吗留着别人老公不放啊？

祁士高：你干吗！

焦小娇：这么不明不白算什么回事啊！

盖　玲：我们怎么不明不白了？

焦小娇：你们这就是藕断丝连！

盖　玲：我跟他怎么藕断丝连了啊！

焦小娇：这么偷偷摸摸到底想干什么啊？

盖　玲：你别没事找事啊焦小娇，当初你跟他好，破坏我的家庭，我没有找你去闹，你反倒找上门来了！你不是很有魅力吗？很有手腕吗？你有本事别让你老公往别人家里跑啊！

焦小娇：你！盖玲，你以为你很有魅力是吧？祁士高，有种你告诉她，那房卡是怎么回事。

祁士高：什么怎么回事？怎么也不怎么回事。我看你是没事找事。

焦小娇：我没事找事，大夜里的你在别人家你好意思？

祁士高：你还管得着我去哪啊！

焦小娇：别给脸不要脸！回家去！

祁士高：要走赶紧走啊，自己回家闹去。你跑到别人家闹，你干吗你这是！

焦小娇：别人家！以前有她在，我们俩不方便，现在有我在，你们俩不方便了，是不是？

祁士高：你是不是疯了？！

焦小娇：我告诉你，我就是疯了！（拿沙发靠垫扔祁士高）祁士高，你他妈的还喜新不厌旧是吧，今天怎么着，你还得寸进尺了怎么着！（拿靠垫打祁士高）

盖　玲：焦小娇，你别打了，打狗还得看主人呢！

焦小娇：祁士高，我再问你一遍，走还是不走！行！祁士高，你不是要住这吗，行！盖玲，我把他还给你，我退货！（推搡祁士高给盖玲）

盖　玲：哟，你还真把他当根葱啦？还是你自己留着用吧！（推祁士高给焦小娇）

焦小娇：得了吧，一个二手货，好像谁稀罕似的。我退货！（推搡祁士高

给盖玲）

　　盖　玲：二手车顺手，你就留着开吧！（推搡祁士高给焦小娇）

　　焦小娇：二手货我不要！

　　祁士高：二手货？谁是二手货？（对焦小娇）你再说，你再说我他妈让你也成前妻！

　　盖　玲：报应，这真叫报应！看来第三者的仇要第四者来报了！

　　祁士高：（对盖玲）你少说两句行不行？

　　焦小娇：我靠！真没见过你们这样的，前妻前夫离了婚还这么黏黏糊糊的，真不要脸！

　　盖　玲：你才不要脸呢！我还告诉你，焦小娇，前夫也是夫，前妻也是妻。就算是养了十几年的狗，失散以后，也会自动认得家门的！

　　祁士高：行了！谁他妈是狗？

　　焦小娇和盖玲：（义愤填膺）你他妈是狗！

　　卉　卉：完了吗？你们都说完了吗！你们都给我出去！出去！（推焦小娇）

　　焦小娇：你给我放手！我怎么把你这个丫头片子给忘了呢！你，你跟你妈一样，老勾着你爸回家。

　　盖　玲：焦小娇，你别太过分了！

　　焦小娇：早就有人跟我说，千万别嫁给一个有女儿的男人，我怎么就没听进去呢。女儿才是父亲最大的情人。不是吗？祁士高，你说我怎么就瞎了眼，嫁给你了呢！

　　卉　卉：焦小娇！你别不知足！当初要不是我给你说好话，我爸才不会娶你呢！

　　盖　玲：卉卉！

　　焦小娇：你胡说什么啊?!

　　卉　卉：我再跟你说一遍，当初要不是我给我爸说好话，我爸他根本就不会娶你！不信你问他！

　　焦小娇：（转向祁士高）祁士高，怎么回事？说啊！说怎么回事啊！

　　卉　卉：没想到吧焦小娇，当初我爸我妈为了你，天天打架闹离婚……我讨厌死你了，恨死你了！我就到你们电视台跟踪你，我想看看凭什么我爸喜

欢你却不喜欢我妈。

焦小娇：什么？你小小年纪，就学会跟踪？（指着卉卉）八成是你妈教的……

卉　卉：（打开焦小娇的手）这事跟我妈没关系。我告诉你焦小娇，当初是我劝我爸娶的你。要是没有我爸，你能当上电视台的主持人吗？……我最不喜欢看你的节目了，你长得最难看了。

焦小娇：你，你，你！你这个缺爹少娘没教养的小狐狸精！

祁士高：（"啪"一个耳光过去）你给我闭嘴！

焦小娇：（惊叫一声啊——扑倒在沙发上）

【静寂。停顿。乐起。】

卉　卉：（缓缓起身）爸，妈，我受够了，我不想在你们的争吵中生活了。我讨厌你们的是是非非，我不想活得这么累。我想过简单的生活，爸，妈，我不怕你们离婚，你们都有选择的权利，可是你们想没想过，想没想过我啊。我没有，我没有这个权利。今天，我要宣布一件事，我要离开这儿，离开这个家，搬到学校去。

盖　玲：卉卉……

卉　卉：（悲愤地往外走，到门口，回头，对三个大人，宣言般地）等我长大以后，绝不会像你们这样生活。（步履坚定地，一步一步向远处走去，身后留下三个愣住的大人）

祁士高：（独白）今天我这是怎么了？我忽然不知道我自己在哪！也不知道自己都做了些什么……但我知道，我知道我那聪明美丽的小女儿卉卉，她用她的天真和可爱，荡涤了我们成人世界一地的污浊！对！污浊（对观众）我只不过是想让自己过得开心一些这有什么错么？有错么？！我知道，我知道我以前自私！没责任心！但是我现在改了！难道连弥补的机会都不给我么？呵……（对观众）哎，你们说人世间什么最可怕？（苦笑）不是你的公司要倒闭了！更不是你老婆知道了你的秘密！是你根本就不知道下一秒会发生什么！（缓慢走向台前）都说人生像旅途，而我就像是一个坏了的闹钟越走越错！

盖　玲：你……你也走吧。

6.《战袍》

人物：

付　冰　饰演　侯志宏

邓研文　饰演　侯如玉

刘晓璇　饰演　金国秀

吴炳彦　饰演　高官

【侯志宏弹巴赫《小步舞曲》起身】

侯志宏：多好呀，多好呀，活着多好，对吧，如玉！

侯如玉：爸，他们想让你跟我说什么？

侯志宏：嗯……国秀，我想跟如玉单独聊下。

金国秀：嗯。

侯志宏：当初，爸是误以为你进了军统，所以误会了你，才登报跟你脱离了父女关系。但是从这件事上，你也能看得出来，爸是一个有原则的人，即使是对自己最疼爱的女儿也是这样。当然，爸也知道你也是一个有原则的人，但是这一次不一样了，你可以不破坏你的任何原则，就能保存性命。

侯如玉：爸是想让我叛变？

侯志宏：不！如玉，不是叛变，不是出卖，为了救你，你们共产党中的某位领导，亲自对你的事情作了批示，他说你可以自首，可以写悔过书，可以发表声明，只要能保住你的生命安全，你干什么都可以。

侯如玉：是吗？

侯志宏：是的是的，爸对天发誓！爸说的是实话，你现在即使交代出一切，对任何人都不会造成伤害和被捕，对你们的组织也不会造成任何的威胁。孩子，你只是把那些没用的告诉他们，孩子，只要你说出来了，爸就可以带你回家了。

侯如玉：爸……

侯志宏：孩子！孩子，别急，慢慢地想，想好了再告诉爸。爸爸还要告诉你一件事情，爸爸得了严重的肝病，活不了几天了！如玉，你大哥已经没啦，爸再经不起这样的打击了！嗯？你不能让最疼爱你的人死不瞑目啊？为了你妈，为了这个家，你就说出来，好不好？

侯如玉：爸，我爱你。

侯志宏：爸知道爸知道。

侯如玉：你要是一直知道我有多爱你该有多好？

侯志宏：爸知道爸知道、知道，孩子！

侯如玉：爸，从小你最疼我，都是您把我给宠坏了。

侯志宏：是，是。

侯如玉：可是爸，就算是这样，我也做不到。

侯志宏：如玉，爸求你了！

侯如玉：爸，如果你上了战场，你会为了活命而逃跑吗？

侯志宏：（挥手）这是两回事，两回事啊，孩子！哦，对了，你妈跟我说，你是因为爱上一个人才走上这条路的对吧？如玉啊，你想想，你要是死了，那个人、那个爱你的人他该多伤心啊！

侯如玉：我妈只说对了一部分，但不是全部。我是因为爱上盛涛才走上这条路的，他是我的指路灯。但当我真正成为革命者之后，我发现，我不再为爱盛涛而活，还有信仰。爸，你不是也有信仰吗？女儿怎么能背叛信仰啊？

【侯志宏伤心落泪】

侯如玉：爸，妈生我的时候给我取名叫如玉，她希望我尽管是女孩却有玉一样的品质。古人说，质本洁来还洁去。您就让女儿干干净净地走吧。爸，女儿实在不愿在品格上蒙上污点。

侯志宏：如玉，你把爸的心都说碎了。你告诉爸，怎么才能把你给留住啊，啊？（转身往后走，如玉坐在前面）

【灯光变】

高官：（拍桌子）你是党国军人的高级将领，你还要不要你的前途？

侯志宏：别说前途，为了我女儿，我老命都可以不要！

高官：志宏，你这样做让我很为难，上面把做你的工作的事情交给了我，现在你又这样，这上头要是怪罪下来，那我、我怎么弄啊？我告诉你吧，现在就是天皇老子下凡，也救不了你的女儿了，我只能为你争取到了一条……

侯志宏：什么？

高官：不枪毙，毒杀，给如玉留个全尸。（侯志宏发愣）就在明天……志宏啊，我还是要劝你一句，千万不要再闹了，你要再闹，如玉是真的连个全

尸都留不下了。(说完掏出毒药给侯志宏)

侯志宏：在哪啊？

高官：什么？

侯志宏：毒杀……

高官：这我没问。

侯志宏：请您在为我去向上头陈情一次，她是我的女儿，是我把她带到这个世上的，就让我亲自把她带走。

高官：志宏，你疯了？你要……你这是何苦啊！

侯志宏：请就这么说，我要亲手杀死我的女儿。

【金国秀上场，挽着志宏的手，往前走，来到儿女面前】

侯如玉：爸，我都知道了，您做得对，女儿死也不愿死在那些人的脏手里。

侯志宏：(对金国秀)给孩子把衣服换上吧！(下场)

【金国秀给如玉穿上新衣裳】

侯如玉：妈，有件事我想托付给你。

金国秀：你说。

侯如玉：你已经当外婆了！

金国秀：你和盛涛有孩子了？

侯如玉：嗯，我们有孩子了，叫胜利！

金国秀：胜利？在哪呢现在？

侯如玉：在解放区，跟盛涛在一块儿呢，我当初离开他的时候，还不到一百天呢！现在都两岁了。妈，我走了以后，您别难过，跟您相比，我爸更像个孩子，这个家还得靠你呢……

金国秀：我的如玉，来，让妈再抱抱。

侯如玉：妈……妈，您知道吗？您在我心里是最坚强的妈。

金国秀：如玉，你怎么可以、怎么可以，让妈白发人送黑发人呐！

侯如玉：妈，请原谅女儿不孝，跟爸好好地活下去。妈，不哭，不哭。妈，去叫爸进来吧！(哭)

金国秀：来生再见，记住妈。啊……(下场)

【侯志宏上场】

侯志宏：(拿着酒和毒药)还有什么要跟爸说的吗？

侯如玉：我就希望爸身体能够好起来，好好地跟妈过日子。

侯志宏：好。

侯如玉：还有一件事。

侯志宏：说！

侯如玉：爸，让我自己来。（夺）

侯志宏：我怎么可能看着我的女儿一个人走？爸陪你走！

侯如玉：爸，给我！爸，来，给我！爸，你不能这样！你还有孩子还有妈还有家呢！爸，爸，爸，爸！听话！松手啊！（抱头痛哭）爸……让女儿再尽最后一次孝吧，来。（扶侯志宏坐下，深看一眼，给侯志宏磕三个响头，下场）

【侯志宏傻傻呆呆地看着，失魂似的走到钢琴边，弹贝多芬《月光奏鸣曲》，突然伤心欲绝地】

侯志宏：孩子，我的孩子呀！

7.《地质师》（第一幕）

【1961年9月4日傍晚，4点10分。站前大街一幢楼房中的单元。这是一个故去的地质学者的家，透过四楼的窗子可见到北京火车站的大钟，甚至可以听到钟声……客厅的陈设很朴实，重要的是有一张大照片挂在显著的位置——上面一个老者牵着骆驼面对苍凉的大沙漠。一个老式的花架上摆着一截岩心，还有一盆仙人掌之类的东西放在墙脚处。客厅有四个门，左侧的是进来的门，右侧的是通往厨房的门，中间的两个门通往卧室和卫生间。通过卧室的门可以看见室内的床和书架。

幕启的时候芦敬刚洗过头，她甩着湿漉漉的长发从厨房出来。芦敬穿着60年代常见的白衬衣和蓝色的背带裤，别着一枚"北京石油学院"的校徽。此刻她正抖干头发，编着辫子。

洛明悄悄地推开门，露出半个身子。他又瘦又高，还有点驼背，穿着一件褪色的旧学生服，别着两支钢笔，手里拎着一包饼干。他显得极敦厚真诚。】

芦　敬：（惊喜地）洛明？——骆驼！

洛　明：（笑笑）正是在下。

芦　敬：干吗站在那儿。快进来快进来！你先坐，我把头发编起来。……哎，你怎么找到我家的？

洛　　明：你忘了，三年前咱们班在十三陵水库劳动，你亲口告诉我的。

芦　　敬：那你为什么才来？

洛　　明：（停了一下）我想……下周一咱们就要大学毕业分配了。也许从今后，我们在生活的大海里就要分湾自流了，从此天涯海角……

芦　　敬：（笑了）没想到你还那么浪漫。

洛　　明：我想，总该来认认门儿。你是咱们班家在北京的女同学，将来路过这里，兴许有个落脚的地方。

芦　　敬：看你说的！我们不光是同学，还是好朋友呢。你、我，还有罗大生，咱们三个……你干吗总站着，坐嘛。我给你泡茶。

洛　　明：（递过饼干）这个……

芦　　敬：你怎么还买东西呀！

洛　　明：（停顿）本来想多买一点，可我只有半斤粮票。

芦　　敬：这就不错了。听外地的同学说，全国许多地方遭受自然灾害，人们正在饿肚子。

洛　　明：生活在北京总是幸福的。

芦　　敬：首都嘛，全国都要保护它。

洛　　明：（走到窗前）你们家的位置挺特别。

芦　　敬：为什么？

洛　　明：从这儿可以看见火车站的大钟。

芦　　敬：静的时候，还能听到钟声呢。

洛　　明：（朝外望着）钟声……

芦　　敬：你看什么呢？

洛　　明：看站前广场上的人群。我想起两句诗——"有多少时钟阅尽人间沧桑，茫茫的人海啊你将去向何方？"是啊，多少人从这里出发，多少人又从远方归来……

芦　　敬：你今天是怎么了？同学五年也没见你说这么多的话，还满嘴是词儿。

洛　　明：可能是要分别了吧……（站在那幅在沙漠里拉着骆驼的地质学家的照片前久久地凝视着，透过背影可以看出非常激动）

芦　　敬：那个拉着骆驼的人是我父亲。

洛　　明：（自语）太美了！骆驼是沙漠里的船，是有生命的帆……芦敬你

父亲是个了不起的人。

芦　　敬：（伤感地）两年前，就是五九年九月，爸爸永远消失在塔克拉玛干大沙漠里。他是第一位拉着骆驼走进沙漠寻找石油的人。走时，他对妈妈说，在第一个五年计划里，唯有石油没有完成国家的计划，这是搞石油地质人的耻辱！他走了，再没有回来……

洛　　明：他会回来的……

芦　　敬：在梦里，我常常看见他回来。爸爸背着地质包，大漠的太阳把他晒得黑亮……我就倚在窗口，望着北京火车站上的大钟，看着那指针，等着南来北往的车辆……

【芦敬的一只手挡住眼睑，说不下去了。洛明走过去，颤抖着想抚摸她的秀发，但没敢。】

芦　　敬：（抬头看着洛明那只手）你，你刚才……

洛　　明：（慌乱地）我，我是想，想劝劝你。

芦　　敬：那为什么不劝劝我呢……

洛　　明：我……

芦　　敬：（停顿）在咱们班，大家都觉得你很神秘，有时也很古怪，总是一个人躲起来看书，从来没听你谈起过自己的家庭和亲人。

洛　　明：……有什么好谈的，我是个孤儿。

芦　　敬：（震动）孤儿？真看不出！

洛　　明：有一次你在班委会上表扬我，说我天一亮就起床在操场上读书，其实我是饿得睡不着觉。还有……

芦　　敬：什么？

洛　　明：能看到你在小树林里梳头。

芦　　敬：（笑了）你还干这事儿！

洛　　明：反正要毕业分配了，我就都向你交代了吧。你知道，每次在饭堂排队买饭，我为什么总是站在你后面吗？我是……

芦　　敬：……是啊，该说再见了……你打算去哪儿？

洛　　明：服从分配。

芦　　敬：听说，我们可能去东北的松辽平原。那儿，一过哈尔滨非常寒冷，最冷的时候可达零下四十多度。

洛　明：没关系！

芦　敬：听你宿舍的同学说，你连条棉裤也没有，被子也太薄。

洛　明：（笑着）没关系！我是骆驼。你知道骆驼吗？它除了耐饥渴，耐干旱，有韧劲儿，还有一个特殊的功能，那就是当它死后，它的体内还有一个水囊，拿出来还能救人。……芦敬，我要去远方，去天边外，一直朝下走去！走进土地，走进地层……

芦　敬：（激动地）骆驼……

洛　明：（激动地）芦敬，我喜欢你！真的喜欢你……

芦　敬：……

洛　明：我没有勇气说出来。芦敬，我是真的……

【突然门外传来敲门声】

芦　敬：请进。（开门）

【罗大生风风火火地走进来】

罗大生：怎么才开门？（看见洛明）啊？你在这儿？

洛　明：我使你感到吃惊了？

罗大生：没什么。你和她在一起，还是比较安全的。

洛　明：（愤怒地）我不安全！

罗大生：不，不，你很安全。

芦　敬：行啦，别闹了！

【停顿】

罗大生：朋友们，我们三个人在一起应该是最快活的，今天是怎么了，突然别扭起来了？

洛　明：我还是先走吧……

罗大生：那我可要荣幸地留一会儿。

洛　明：时间不早了。

罗大生：洛明，你快到学生处去，我跟他们说好了，给你补助二十尺布票、三斤棉花票、十五元钱。快去吧，马干事正等着你。

洛　明：那我先走了。（下）

罗大生：去吧，去吧。

【停顿】

罗大生：芦敬，我有一个最重要的消息！

芦　敬：什么重要消息？

罗大生：（跃跃欲试地）在东北的高寒地区，松辽石油大会战已经全面打响了！

芦　敬：咱们上一届的同学有的已经去那儿了，其中还有我一个不错的朋友呢。

罗大生：这是个好机会，你懂吗？芦敬，这是个施展才能好机会呀！

芦　敬：要是爸爸还活着多好啊！祖国贫油的日子就要结束了！

罗大生：人生要紧之处就是几步的事儿！任何一个项目，只要搞成了，都是世界级水平的！你明白吗？

芦　敬：我们要服从分配，谁知道自己会分到哪儿去呢？玉门、青海、新疆？谁知道呢……

罗大生：我正要告诉你这些！我从学院领导那儿得来了消息——我们这届毕业生，可能连锅端！

芦　敬：都去东北？一个不剩？

罗大生：（抓住芦敬的手）是这样！芦敬，我们又在一起了。一起工作，一起生活，一起学习，这多好啊！

芦　敬：（很感动）是啊，我们班这个集体，相互帮助，相互支持，无论吵架还是和好，都说明我们在前进。

罗大生：等有一天，我们老了……我们会对后人说，我们这一代……（激动地拥抱了芦敬）

【洛明悄悄地返回来】

洛　明：对不起……和他在一起是有点儿不安全。

罗大生：（惊奇地）唉？你怎么又回来了？

洛　明：看院子的老头把大门锁了，我出不去……，我又不能总待在楼道里。

罗大生：这下好了，看来我们得在这住一夜了。

洛　明：正好有点儿头晕。

芦　敬：什么？

罗大生：要不，我们三个聊一夜。

洛　明：总能有话说。

【罗大生和洛明都坐下来。芦敬睁大了眼睛，看看这个看看那个。】

罗大生：走前，学院要举办一次联欢会，咱们班要搞个合唱——《地质队员之歌》。

洛　明：（唱）"是那山谷的风，吹动了我们的红旗。"大生——

罗大生：（唱）"是那狂暴的雨，洗刷了我们的帐蓬。"洛——明——！

洛　明：（唱）我们用……

芦　敬：（发火地）行了！你们俩都给我爬出去！

罗大生：爬出去？

洛　明：这可不好，都是亲同学。

芦　敬：妈妈回来怎么说，有两个大小伙子？走吧，我带你们从院墙爬出去。

洛　明：（不情愿地）那好吧……

罗大生：我大小也是个班干部啊。

芦　敬：（笑着）放下架子，请吧。

《地质师》（第二幕）

【1964年1月6日下午3时。

仍是那间房子，但有了些变化——因为近三年的时间过去了。天空在飘着雪，北京火车站的时钟响了三下。芦敬显得成熟了，她梳着齐耳短发，出落得亭亭玉立，文静而又漂亮。此刻，她正在批改学生作业，身旁放了许多教科书和笔记本。送信人上。】

送信人：401，报纸和信。

芦　敬：（翻开报纸，被头版的消息震惊了，立刻欣喜若狂，下意识地读起报纸）"我国石油基本自给，《第二届全国人民代表大会第四次会议新闻公报》宣布：我国需要的石油，过去绝大部分依靠进口，现在已经基本自给了，中国人民使用洋油的时代一去不复返了！"（跳起来）太棒了！

【电话铃响】

芦　敬：（接电话）是我，是我……（停顿）怎么不说话？别沉默了，请讲话呀……（惊叫一声）什么……是你吗？天哪！真的是你吗？终于回来了……你现在在哪儿？楼下？那你为什么还不立刻上来，让我在电话里跟你说废话！快上来，我等你！当然……我还是一个人。（放下电话，有点慌乱，

突然笑了，接着又有些伤心，照了照镜子，试着把屋子整理一下）

【传来敲门声。芦敬快步走到门边，但又返回原处，稍平静了一下。】

芦　　敬：请进。

【罗大生推开门。他穿着旧军大衣，围着围巾，肩头洒满雪花，黑了，还隐隐地生出了胡子。他手里拎着旅行袋，默默地站在那里。】

芦　　敬：干吗站在那儿？快进呀！

罗大生：我，我真想拥抱你。

芦　　敬：还是握握手吧……勇士。（主动走过去）

罗大生：我梦想着我们重逢的这一天。

芦　　敬：我也是……

【罗大生和芦敬紧紧握手】

罗大生：（兴奋地）你看报纸了吗？

芦　　敬：看了，中国人民用洋油的时代一去不复返了！这是个伟大的创举。

罗大生：（炫耀地）我们把石油的年产量，一下子搞到一千多万吨，是新中国成立初期的一百多倍！

芦　　敬：快把大衣脱下来吧。外面下雪了？

罗大生：下雪了。今天下午，走出北京车站，看到了宽阔的广场，还有那飘飘洒洒的雪花，抬头望着这世界上唯一的北京的天空，我就觉得像做梦一样——难道我真的回来了吗？（笑了）一下子就回来了。

芦　　敬：（也笑了）你回来了——真的……

罗大生：我怕我的这副尊容吓着你，就先打了个电话。

芦　　敬：你黑了，瘦了，还长了胡子。你们一定吃了很多苦。

【停顿。芦敬为罗大生倒了一杯茶。】

罗大生：……怎么说呢？那种艰苦是超出人们想象的，甚至超出人的承受能力。（自豪地）可我们是男子汉，真正的男子汉！你相信吗？我曾三个月没脱衣服睡觉，浑身长了虱子，头发长得像囚犯。冬天，手脚都生了冻疮，夏天的雨季，打着伞在帐篷里画图，脸被蚊虫咬得像馒头——你吃过黄花菜吗？

芦　　敬：就是那种叫金针的干菜吗？它可以炒肉。

罗大生：肉？（笑了）要是只放点儿盐，让你拿它当饭吃，你就会觉得自己是食草动物。有的人当了逃兵，有的人生病死在那里……可我闯过来了，连续三年被评为会战红旗手。

芦　敬：这真像一场战争。

罗大生：（从大衣兜里掏出一包东西）路过哈尔滨的时候，我给你买了一条围巾。

芦　敬：你呀，真是个会讨好女人的家伙！生活么艰苦，也没忘记给女同胞捎点儿东西。（接过围巾围在脖子上，走到镜子前）怎么样？

罗大生：你真漂亮，像林道静。

芦　敬：饿了吧？

罗大生：有点儿。（还想说）我一到那儿，就成了临时负责人，搞分层对比，开发方案——

芦　敬：（打断）你这次是来北京开会，还是路过？

罗大生：不是开会，也不是路过，我是调回北京工作了，三天后报到。

芦　敬：（惊喜地）真的？

罗大生：调我去开发研究院工作。接到通知的时候，我自己都不相信。

芦　敬：真该好好庆贺一下。

罗大生：领导特别看重我！（发现芦敬有点异样）这些年你生活得怎么样？……有没有什么变化？

芦　敬：我在咱们学院地质系，教大学一年级。

罗大生：挺好吧？

芦　敬：生活中不能应有尽有，一切如意——至少我没能像你们一样，悲壮一次。

罗大生：（动情地）别这么想。我回来了……这不是我的错。要是……我们能在一起……你知道，我爱你……（抚摸着芦敬的手，比常礼略显久了一点）

芦　敬：（抽回手）我得去做饭了。

罗大生：好。

芦　敬：什么好？

罗大生：去做饭的时间选得好。

【两个人对望着，突然沉默了。】

芦　敬：你住哪儿了？

罗大生：（有点烦躁）还没报到，谁知道住哪儿？我这个傻瓜，头不梳、

脸不洗就闯过来了。

　　芦　敬：（抱歉地）别这么说……

　　罗大生：（发火地）行了！你想知道骆驼的情况就直说！

　　芦　敬：至少你该跟我提到他，还有曲丹和刘仁……

　　罗大生：那你为什么不问？

　　芦　敬：还用我问吗？三年前的秋天，你和骆驼，还有曲丹、刘仁和我，咱们在这间屋子，唱着歌儿一起分手……大生，那是永远也忘不了的，对吗？

　　罗大生：他没给你写信吗？

　　芦　敬：没有。这个该死的家伙，见到他，我非踢他两脚！

　　罗大生：刚一到油田的时候，我和骆驼一起分到地质指挥所，共同参加油田开发项目。不到两年，我们就取得了重大成果。就在准备汇报的时候，他突然出了问题……

　　芦　敬：什么问题？

　　罗大生：四清中查出，他父亲1947年逃到香港，后来又去了印度尼西亚……你该去问四清工作组！……那次油田技术座谈会，我的开发报告引起了极大震动。我被提升为开发室主任，而他却去了基层——北区东部试验区……别生我的气。我从前线调回来，而他没有，这不是我的错。真的，我和骆驼是最好的朋友，这你知道。

　　芦　敬：（停了一下）你认为他不可能回来了，是吗？

【罗大生没回答】

　　芦　敬：你干吗这样认为？……你要他骆驼怎么样？

　　罗大生：你，你想说什么？

　　芦　敬：你心里明白。

　　罗大生：（大叫一声）别说了！

　　芦　敬：（跌坐在椅子上）你看，这，这是怎么搞的……

　　罗大生：（慢慢地走到衣架前，取下大衣，拎起旅行袋）我，我还是走吧……到石油招待所去。

　　芦　敬：（突然从后面抱住罗大生）别走！听见了吗？……你这样走了，我会很难过的……今天，要不是见到你，我几乎把他给忘了……

　　罗大生：我真想喝些酒，大哭一场……

下篇：综艺节目主持实训

　　本书的下篇，在上篇所介绍和训练的综艺主持基本能力元素基础上，以典型的受关注度较高的综艺节目类型为模板，在综艺节目共同的主持技巧层面上，更有针对性地分析不同类型、不同功能的综艺节目具备哪些不同特点，这些特点又对这类节目的主持有着怎样更具体的技能要求，同时结合不同定位、各具代表性的顶尖综艺节目的精选实例，直观认识和学习动态变化中的综艺节目主持技能。

第三章
综艺资讯类节目主持实训

【**本章导读**】综艺资讯类节目是常态的综艺节目中出现较早的形式,由于受众生活水平提高而对文化生活和娱乐休闲产生的更多需求,使综艺资讯从传统的新闻节目中剥离出来,从某一条、某几条资讯到节目中的版块最终形成了独立的节目。而从它一出现,就因能带给受众轻松愉快的新鲜资讯,又能让受众了解艺术行业的各种动态,甚至是受众平时不得而知的他们喜爱和关注的艺人的信息,而受到了广泛的欢迎,尤其是青少年受众更是非常忠实和固定的收视群体。

最典型、最有代表性的电视综艺资讯节目反而不是资源最丰富的国家电视台,也不是地方卫视中的翘楚北京卫视、东方卫视等首先制作出来的,而是由民营娱乐传媒的先驱光线传媒出品,自1998年开播虽然几经改名改版却做出类型特色,做出广泛认知的《娱乐现场》。

各级电视台也迎头赶上地制作出各具特色的综艺资讯：央视的《综艺快报》、北京卫视的《每日文娱播报》、东方卫视的《娱乐星天地》、凤凰卫视的《娱乐大风暴》、台湾三立都会台《完全娱乐》等等。当然，各个地方卫视和地面频道也都根据区域特色以及不同地区关注热点的不同制作出具有自身特色的综艺资讯节目，可以说是遍地开花。

而近几年，以爱奇艺为代表的综艺网络视频节目异军突起，制作出《娱乐猛回头》《全能大星探》等综艺资讯节目，也吸引了大量的受众，尤其是关注和使用新媒体比较多的年轻受众群体。

第一节　综艺资讯类节目的特点

　　内地和港澳台地区播出的综艺资讯节目，也许播出形式和内容侧重等会有所不同，但它们都有着综艺资讯节目共同的节目特征。

　　1. 信息量大

　　综艺资讯节目的信息量非常大，也必须非常大，因为在播出的这一时段里要网罗与上期节目之间所发生的综艺界娱乐圈的新闻新人，这么大的一个行业，每天亮点频频，星男星女们动态活跃，这一切的信息都必须能够在节目中呈现出来，才能满足热切的受众，尤其是粉丝们的关注，只有给的信息足够多、足够丰富，才能留住屏幕前的目标观众，也才能建立稳定的收视群体。

　　2. 时效性强

　　信息量大的同时，综艺资讯节目的时效性也非常强，这也是节目生存的关键一点。综艺界的新闻时时发生，别说到第二天了，就是到节目播出之后的第二个小时，任何新闻都有可能变成旧闻。所以在第一时间把资讯送到受众眼前也是给综艺资讯提出的切实要求。

　　所以我们也看到，各个频道的主打综艺资讯节目基本都是日播，周播的基本都是以专题形式深入介绍和挖掘一些热点事件的前因后果等。日播这种形式更能及时有效地凸显时效性。

　　3. 基调明快

　　基调明快体现在综艺资讯节目的方方面面，如果在电视机前变换频道，大家一定能在第一时间就看出正在播出的节目是综艺资讯，演播室的设计颜色鲜艳、时尚元素丰富，灯光炫彩明亮，主持人着装也引领潮流，为了创造更吸引人的视听效果，主持人的播报语速非常跃动，而镜头的走位以及素材的切换都灵活多变，这都非常能够体现这类栏目的风格。

第二节 综艺资讯类节目的主持技能要求

综艺资讯类节目的自身特点，对主持人的技能提出了相应的要求。
1. 良好的认读能力

综艺资讯节目大量而密集的信息对主持人的认读能力提出了较高的要求，而且节目紧凑的时效性又使得拿到的资讯基本都是新鲜出炉的，这就使备稿的时间也变得非常有限，而且除了出镜部分，大量的素材画面都需要配音完成，可见良好的认读能力，能够在有限的时间内迅速掌握素材内容，并在长期的训练和实践中时刻提高认读能力是娱乐资讯类主持技能的基本要求。

2. 跃动的播报节奏

综艺资讯紧跟时代节奏和综艺风云的特质以及节目制作的理念、整体节目的风格等，都要求有相对应的跃动的播报节奏来匹配。综艺资讯节目的播报语速基本达到350字每分钟，而跃动的播报节奏又不只通过语速来表现，主持人在播报过程中语言要富于色彩、富于变化，能够配合画面给观众综合、立体的视听享受。

3. 适度的态势语

由于综艺资讯的整体节目画面动感、节奏明快，这就要求主持人能够配合适当的态势语，这样才能凸显整体的节目风格，而不至于主持人在动态画面中处于过于僵硬的状态中，只顾播报内容而脱离了演播的空间。

为了更好地施展主持人的态势语，很多的综艺资讯节目都从传统的坐位播报变成了站位播报，还在演播室中配备了手触式显示器等设备，让主持人的播报动起来。而一些节目的主持人更是不用任何支点，直接在演播室现场根据播报内容和情绪运动起来，比如《完全娱乐》中的主持人们在播报中就是非常灵活的，不但有非常丰富的表情、动作，而且二人也随情境有很丰富的肢体动作，这样就丰富了画面，添加了色彩。

第三节　综艺资讯类节目典型栏目分析与实践

1. 《中国娱乐报道》

《中国娱乐报道》的前身是《娱乐现场》，是由国内民营娱乐节目制作的先驱光线传媒出品的国内第一档全面报道娱乐界热点动态的大型娱乐资讯节目，光线传媒拥有非常庞大的娱乐采集网，每天深入全国各地娱乐发生地现场报道新鲜的第一手娱乐新闻，并以最快的速度呈现给观众。

《娱乐现场》的首播是在1999年，它的诞生不但标志着内地娱乐产业的伊始，更将中国娱乐资讯全面带入到日播时代。中国的电视观众通过电视荧屏逐渐开始了解明星的生活状态与电影、电视剧等娱乐产品的制作过程，从懵懂到逐渐拥有了娱乐的概念。光线传媒《娱乐现场》成为内地首家在香港设立记者站的娱乐节目，并在亚洲范围内设立了多个记者站，开创了四地联动的报道形式，使内地观众能够在第一时间了解到全球华语娱乐界的最新资讯。《娱乐现场》已于158个电视频道播出，覆盖全国所有地区与6亿观众，成为华语娱乐圈最富盛名的娱乐节目。

《娱乐现场》在磨砺与发展之中，不仅记录了中国娱乐圈的发展，更见证众多娱乐巨星的成长，他们的每一步进程都在《娱乐现场》中留下弥足珍贵的影像。《娱乐现场》突破地域限制实现了多领域组合作战，拥有6万分钟娱乐资料库、3000人次的独家专访记录，拥有强大的海内外娱乐资讯采集力量，这也造就了这档王牌节目的巨大影响力。

《娱乐现场》节目观众锁定主流精英人群，发挥中国北京、上海、广州、台北、香港和韩国首尔6大采集站点的优势，密集播报当日最值得关注的娱乐新闻，借助"今日娱乐榜""娱乐特快"等具体形式，给观众更多、更新、更快的新闻，并且增设10位娱乐评论员，侧重权威人士对娱乐圈的另类解读，力图成为娱乐节目中的意见领袖，给观众视角更独特、观点更犀利的光线传媒《娱乐现场》。《娱乐现场》以"第一娱乐态度 第一娱乐发布"为形式和标准，策划和揭示更多的独家新闻和更多幕后故事，打造最具时效性的

娱乐新闻节目。

《娱乐现场》虽然走在娱乐资讯节目的前沿，但各卫视及制作公司都未停下追赶的脚步。在这样的形势下，再王牌的节目也要求新求变。2014年1月6日，《娱乐现场》更名为《中国娱乐报道》，以全新的形式实现了中国娱乐王牌节目的回归。在节目内容方面，王牌版块"刘同坦白讲"予以保留，资深媒体人刘同继续以娱乐名嘴身份阐述微型脱口秀，利用最直接精准的数据、事实，犀利点评当下最新娱乐事件，并和网友观众积极互动，和绯闻当事人直接对峙；在此基础上，每天还会有多条角度、观点独到的主播出镜报道，独家艺人专访、独家事件调查、独家活动演出跟踪报道等等，6位外景主持人分别亲身体验、感受、评论，比新闻更有人情味、更生动、更真实、更接地气。除此之外，"娱乐热搜词"版块，将对时下最具热度的搜索关键词进行深入、翔实、具趣味性的解读评述，而"资讯加油站"版块则会及时并快节奏地对娱乐圈中的热门娱乐事件进行动态报道。

《中国娱乐报道》作为最典型的娱乐资讯节目，语言风格活泼，播报节奏明快，引领了娱乐资讯节目的主持风尚，节目的主持人比如早期的李霞、索尼等，都是语言清新干脆，表达明快利落，在娱乐资讯节目的初期，比较好地完成了主持人的任务。但是随着娱乐节目的发展和观众欣赏水平的提高，在改版的同时，在主持阵容方面也做出了调整，刘同携光线力捧男主播李程远，用全新的脱口秀方式将整期节目进行串联。而呆萌美女沈思倩、骄傲女王孟珺、麻辣腐女方龄、活泼萝莉雷环、知心姐姐周芸、气质淑女杨子祯、风骚御姐吴瑜7位女主播则以出镜主持人的身份，深入到娱乐事件发生地，进行实时报道，从而形成"2+7"的全新主持群模式。

下面我们来看一期节目感受一下娱乐资讯节目的播报风格，并在其中体会对主播语言能力的要求。

主持人：各位好，欢迎收看《娱乐现场》，我是方龄。来看一下我们今天的节目内容。说到现在的娱乐圈一线的实力派硬汉演员，孙红雷一定算得上其中一个。时隔三年，孙红雷带着自己新的电视剧《一代枭雄》和大家见面了。这一次与以往不同的是，他这一次不仅是主演还当了监制。

随着电视栏目《爸爸去哪儿》的热播，五位神气老爸人气也是冲翻天。

其中最忙碌的应该就算是张亮了。无论是北京、上海，最近这段时间各大活动，我们都可以看到张亮忙碌的身影。但是随着张亮走进镜头的次数越来越多，我们采访他的机会是越来越少。

随着电视栏目《爸爸去哪儿》的热播，不仅要拍成电影版，同时里面的五位萌娃也受到了大家的争相模仿。最近，大张伟就模仿起了KIMI。效果图一出，就有网友向大张伟喊话：大哥，千万别放弃治疗噢。

请看一组娱乐资讯。

明星们公开恋情，无非就两个结果。一个呢就是受到大家的祝福，另外一个就是不断地被追问。其实吴奇隆和刘诗诗公布恋情之后他们的话题就一直不断地在被更新。之前呢，两人都是分开行动哦，吴奇隆在，刘诗诗就不在；刘诗诗在，吴奇隆就不在。好像呢这个话题还能稍微压制一下，不过最近，他们俩同时现身在一个活动上，哇，这个热情就被挑起来了。当场，他们俩的感情就成为整个话题中心。

自从12月2日，大S徐熙媛通过微博宣布自己怀孕的消息后呢，她的婆婆张兰以及老公汪小菲无论走到哪里都会被问到这个话题。但是两位都非常低调，一般都不深谈。

从12月6日到12月22日，内地票房比去年同期少了1.2亿，跌幅超过10%。也是近三年来贺岁档票房首次出现了负增长。那这样的结果呢，跟这一次进入到贺岁档的影片类型并无关系。我们来看一下这周进入本周票房榜前五名的都有哪些。

……

好了，今天的《娱乐现场》就到这里，感谢您的收看，您可以关注本栏目独家网络互动平台呱呱网参加我们节目的互动，就有机会领取明星签名礼物。我是方龄，明天见。

在节目中我们看到资讯的信息非常密集，表述比较口语化，这就要求播报时要灵活流畅，用声上也要选取比较明亮的音色，适度使用气声，让语言表现出更多的活力。

另外我们看到节目中很多的用词都是时代感非常强的，充分体现娱乐圈的氛围和时尚的潮流。比如"随着电视栏目《爸爸去哪儿》的热播，五位神气

老爸人气也是冲翻天"中的"冲翻天",为了充分表现出老爸们人气爆棚的感觉,播报时候的语气就要符合词语的态势,语势要适度上扬。还有"效果图一出,就有网友向大张伟喊话:大哥,千万别放弃治疗噢"。运用了时下非常流行的"何弃疗"的典故,而且又是调侃大张伟,所以语气要以轻松玩笑的基调去播报,这样才符合语境,也不会显得生硬。

2.《娱乐大风暴》

《娱乐大风暴》是凤凰卫视旗下的娱乐资讯节目。秉承"水银灯下,艺人耀眼飞扬;横空出世,娱乐新闻缤纷璀璨,绝对是你我茶余饭后的调剂,是你生活的愉快元素"。本着"天下娱乐,一网打尽"的精神,凤凰卫视推出了这档重量级娱乐资讯节目。

节目充分利用凤凰卫视的优势,联机中国香港、中国台湾、大陆及欧美,第一时间报道娱乐圈最新动向、热门八卦情报、炙手可热的巨星艺人星踪以及娱乐盛事。这绝非单纯的传统式娱乐信息总汇,更发挥凤凰强势的中心调度,发布权威讯息,汇总各方动态。

主持人的选择也是绝对的俊男美女,一位是业内非常著名的美女主持沈星,另一位是从内地著名主持人选拔节目《挑战主持人》成名后签约凤凰卫视发展的俊男尉迟琳嘉,两人都很有观众号召力,这种搭配也是既养眼又添彩。

《娱乐大风暴》也正是以这样的实力和卓越的姿态,又凭借凤凰卫视的良好平台,让娱乐信息释放巨大能量,发掘生活上更多乐趣,《娱乐大风暴》带给观众的,正是这股澎湃汹涌、亦庄亦谐的娱乐力量。

下面我们来看一期尉迟琳嘉主持的节目,尉迟琳嘉在出道初期就是凭借俊朗的外形、机智的头脑、灵活的语言而在央视《挑战主持人》节目中一举成名,主持这样一档娱乐资讯节目对他来说是驾轻就熟,他表现得也是非常轻松自如。

尉迟:各位好,欢迎收看今天的《娱乐大风暴》,我是尉迟,首先看看"娱乐快搜"有什么消息带给各位!

第一条就是都教授,凭借《来自星星的你》现在红得发紫的金秀贤据传将会出演新版的《纵横四海》,和黄晓明、陈妍希搭档。《纵横四海》呢是吴宇森导演的代表作之一，由周润发、张国荣、钟楚红主演。据悉新版的《纵横四海》有望在明年初开拍。

那么深陷"出轨门"的文章事发后是首度现身，身穿黑色上衣红色格子裤，被拍到是戴着墨镜，出现在北京首都机场，眉头紧锁一语不发。此外呢文章原定今日会出席李连杰"壹基金"所举办的公益活动，但并未现身。

还有云集了中、日、韩三国明星的影片《最佳嫌疑人》公布了制作特辑，参与演出的包括苏有朋、陈乔恩以及日本的矢野浩二，那么矢野浩二也是颠覆了过去的形象。

曾经因为参演《特种部队》等各种美国大片受到好莱坞肯定的韩国演员李秉宪将在影片《终结者之创世纪》担演重要角色。影片延续经典，由施瓦辛格主演。这部将会是《终结者》系列新作三部曲的开篇，暂定于明年7月上映。

还有怀了小马妞的大S产期将至，S妈在接受访问是表示女婿汪小菲是一百分老公，经常为怀孕的大S入厨烹制美食。至于生产的地点，S妈就表示留给小夫妻两个自己决定，北京、台北都无所谓。

还有昨天的网络世界也是非常热闹。台湾方面，汪东城上载一张可爱女孩的照片说自己已为人父；韩国方面呢，JYG成员金在中则上传了和女孩亲嘴的照片，并称将于三年内完婚。不过这些愚人节的玩笑，很快就被粉丝识破了！

还有4月1号愚人节Lady Gaga再度以一个吓死人的造型现身啦！毛茸茸的遮住了脸的白色帽子加白色的衣服配一个同样的白色靴子，各位看看有没有很像它？还是像它？嘿嘿，其实不管像谁都好，Lady Gaga不管怎么打扮，歌迷们都能第一时间认出是她，因为这个世界上除了她，几乎没有人敢穿成那个样子。

以上就是"娱乐快搜"，马上进入"暴风头条"。

（短片）

尉迟：来看一下第三十三届的香港电影金像奖，将4月14号下个礼拜六举行颁奖典礼，昨天大会是举行了特刊的揭幕仪式记者会，惠英红、陈友、张晋、闫卓琳等多位入围的演员都会出席，大会公布了终身成就奖的得主，

曾经指导《黄飞鸿》《少林寺》等多部电影的著名导演张鑫炎，来看一下。

近日呢这个八卦分手的消息是不断，这一场风波反正是带起了一连串的动作啊，不知是真是假，就连白百合都被卷进来了，有人质疑不知道是不是为了炒作？不过白百合在出席电影宣传活动是严肃对待这个话题，她说传闻是无中生有，应该要去追究散布谣言的人，自己对于传媒影响到了家人表示无奈。

（短片）

尉迟：好了，欢迎回到第二单元的《娱乐大风暴》，今天的《娱乐大风暴》不同啦！我们推出了一个全新的节目内置单元叫作"风暴潮"，风暴潮主要讲什么呢？主要是讲一些恶劣的极端天气又是风暴又是潮的，哈哈……开玩笑开玩笑啊，这个潮是潮流的潮，我们会在节目里介绍一些新奇的东西，或者奇葩的东西，有趣的东西，时尚的东西，那么田川今天要为大家介绍的呢是3D立体打印技术，听说了很久可能你没有亲眼见过或是亲自碰一碰，究竟这个打印技术能打出个什么东西，它可以把人呢惟妙惟肖地打印出来，咱们看一下！

田川：嗒啦～我们用涂鸦为新单元"风暴潮"拉开序幕是不是够特别呢，而其实呀，在我们的涂鸦当中也隐匿了很多种不同形式的眼睛，就是希望可以通过我们整个制作团队的视角带您去发现既流行又新潮最具玩味性的事儿，总之呢是吃喝玩乐，够潮够话题的地方我们都会带您一一去体验！而今天既然是第一集，当然也邀请来众多朋友帮我坐镇咯！

刚刚我说的朋友呢就是这些仿真度极高的3D公仔，它们全部都是用3D打印机打印出来的，有没有觉得特别逼真？其实呢，3D打印技术一直都有运用在珠宝医学建筑还有航天领域等方面，这些年呢也在越来越普遍，而且也走进到我们生活当中，不仅出现在电影里，也成了很多朋友保留美好回忆的新方法！所以啊，今天我们也来亲自体验一下！

做3D公仔啊首先是要拿我的三维数据，不过大家不要想歪不是我的三围数字，是比三围数字还要精确的3D数据，那首先呢，还是要摆一个漂亮的POSE！

工作人员先用手提三维扫描仪器全方位收集数据，这部仪器的优点是使用起来方便快捷，比如说收集我的三维数据只花了几分钟就完成了，当然有优点也有缺点，这部机器使用时光线也会影响效果。那收集数据之后工作人员就会通过电脑整理，在颜色、外形甚至一些细节上加以调整，或者动动手脚，嘿嘿，师傅，记得把我的脸修小一点，腰再细一点，腿再长一点哟！

等到打印期间，负责人 Van 也分享了他对 3D 打印潮流的看法。

经过耐心的等待，我田川的 3D 公仔就要新鲜出炉啦！天啊！快看，经过了多道工序，打印了 400 多层的真人版公仔终于出炉了！我们在等待的过程中真的特别的焦虑，而且很兴奋也很紧张最后出来的成品是不是让我们很惊艳？我一定会好好地好好地收藏你的！

那大概是六七年前我还在伦敦读书的时候第一次接触了 3D 打印技术，可是那个时候还局限于一些工业技术应用之上，不过发展到现在我们可以很容易地通过家用的 3D 打印技术去展现我们的创意，比如打印一副我们自己设计的塑胶眼镜框等。从提高我们的工作效率到增加了我们的生活情趣，我相信 3D 打印技术一定会越来越被大家接受并且成为我们生活中必不可分的一部分。那今天我们跟大家一起体验了 3D 打印技术，那么下一次又有什么惊喜带给大家？一起期待吧！

尉迟：哇！这个东西这个东西好好玩啊，太有意思了！这样每年过年的时候我就不用去铜锣湾的鹅颈桥了啊，我就是跟谁有矛盾，我就打一个这个东西出来，我就扎它就行啦，扎小人，扎小人！

哎呀，算了，把心里话都说出来了，哎呀说到 3D 大家一定会想到 3D 电影了啊对不对，节目最后就送上一个 3D 电影《冰封侠》里萧敬腾唱的主题曲叫作《冰封》。明天见，扎小人，扎小人……

尉迟琳嘉一向伶牙俐齿，所以在播报过程中语言非常流畅。在第一环节"娱乐快搜"当中，逐条播报的娱乐短讯节奏紧凑、信息集中，这样的语言节奏能够吸引受众把注意力集中到节目中来。而且在这个环节中，一直是主持人直接口播的，没有像《娱乐现场》那样，主持人用播报来串联事先采访、配音、已经制作好的短片，娱乐快搜这个环节都是尉迟琳嘉直接口播的，这也对主持人的播报能力提出了要求。

娱乐资讯除了要传播信息，还要有活泼灵动的形式和语言，比如介绍新的

版块"风暴潮",尉迟就跟观众开了一个小小的玩笑:"我们推出了一个全新的节目内置单元叫作'风暴潮',风暴潮主要讲什么呢?主要是讲一些恶劣的极端天气又是风暴又是潮的,哈哈,开玩笑开玩笑啊,这个潮是潮流的潮,我们会在节目里介绍一些新奇的东西,或者奇葩的东西、有趣的东西、时尚的东西。"这样的语言调动了观众的思维,使得屏幕内外形成了互动。

同时,在节目中利用大家都知道的小典故来制造有趣的语境和欢乐的效果也是一个好方法。尉迟从3D打印技术想到了铜锣湾的鹅颈桥,大家知道在惊蛰节气到香港的鹅颈桥下打小人是香港的文化特色之一,尉迟正是在这里借用打小人典故,说明有了3D打印技术就可以不用去鹅颈桥了。让大家在欣然一笑的同时也了解了3D打印技术的方便快捷。

3.《娱乐星天地》

《娱乐星天地》是东方卫视推出的一档致力于向广大电视观众全方位展示娱乐圈瞬息变化的纯娱乐资讯节目,也是上海唯一一档面向全国播出的娱乐资讯节目,节目宗旨为打造"娱乐视角平民化"。它立足上海,除了会以独特的视角第一时间报道发生在上海本地的娱乐事件外,还辐射全国、放眼国际,侧重对娱乐圈、时尚界各类资讯的集中梳理和报道,自播出以来就一直力争全方位呈现中国内地、港台、欧美等各类影视明星、歌手作家、时尚名人、文化名流的最新动态,为观众送上及时全面的全球娱乐资讯。

这档节目来自于上海,上海是国家的一线城市,是经济、金融、贸易、航运中心,又是一座国家历史文化名城,拥有深厚的近代城市文化底蕴和众多历史古迹。江南的吴越传统文化与各地移民带入的多样文化相融合,形成了特有的海派文化。作为国际性的港口,上海又有着开放接纳与融合世界的胸怀。在这样一个既悠久又先进,既有底蕴又有前瞻的城市,所做出的节目有广阔的视野和时尚的元素,这也是东方卫视《娱乐星天地》在内地综艺资讯节目里独树一帜而且经久不衰的根本原因。

《娱乐星天地》的报道既注重上海本地,也关注内地及港台热点,在资讯的采写上既不失活泼又注意格调,在内地的综艺资讯节目里是比较规范和标准的一档。

2015年9月的一期节目中,首先关注了由于10月即将大婚而成为娱乐圈热点的黄晓明和Angelababy:

"就是我们俩已经这么久了，真的非常感谢大家的支持！"黄晓明Angelababy大婚临近，娱乐圈各路好友纷纷聚焦婚礼话题。"公主和王子终于在一起啦，希望他们俩相伴到老吧！""然后穿一双弹力好的鞋子，准备跳得最高，然后把捧花接走！"

现在距离10月份黄晓明黄教主和Angelababy的婚礼已经越来越临近了，我估计这也是继周杰伦和昆凌大婚之后可以最长时间占据媒体版面的一场旷世婚礼了。那大家和各路明星对于这场婚礼也是充满了期待，昨天晚上黄晓明和Baby一齐亮相某活动，一听说准新郎准新娘要来了，参加活动的其他各位大牌明星赶紧要送上自己真挚的祝福啊！所以画面就从原本的时尚走秀变成了像我们在吃喜酒的现场会看到的来自世界各地亲朋好友的祝福，而且不用剪辑，全明星阵容亮相，看一下！

（短片）

教主Baby大婚在即，好不容易逮着个机会两人合体出现，得好好问问婚礼细节咯。可记者们左等右等却始终没见两人踪影，趁着等待男女主角的空档，圈内好友纷纷等不及送上祝福啦！教主Baby这对金童玉女在圈内的好人气尽显啊！

总算等到姗姗来迟的准新郎，却不见Baby相随。原来为了抵挡大家狂轰滥炸的提问，两人决定临时解组。没看到你们合体记者朋友不爽开心啊！快说伴郎团伴娘团都有谁？是否集结完毕了呢？我说教主你还真的要把悬念留到最后一刻呀！小明哥前脚刚走，Angelababy后脚就穿着一身婚纱就亮相了！不得不让大家脑洞大开啊！可是人家老公说了：婚礼细节保密！Baby就乖乖听话，乘着风悄悄离开了。男女主角守口如瓶，这来了个主动牺牲自己给好友活跃气氛的——（短片）。

这档资讯节目很有格调的一点就是没有单纯为了娱乐而娱乐，所以关注的热点人物就不局限于纯娱乐圈，比如下面出场的这位主人公撒贝宁，严格意义上讲就不是娱乐圈的人士，而且难能可贵的是这则报道关注的是撒贝宁的公益之行：

最近这段时间呢，撒贝宁现身西藏为绿色公益植草活动站台助威，为做公

益的小撒呢我们要手动点很多个赞,听说活动现场也是很精彩的,小撒还自曝自己曾经有过演戏的一段经历,来听听看。

(短片)

雪域高原风景优美,可天气变化也是极其快的,这不,咱主办方话还没有讲完,大雨就来喽,在场小伙伴们迅速地转移到了临时搭建的帐篷当中,呼呼一阵大风袭来,撒贝宁所在的帐篷竟被吹倒了,说时迟那时快,所有帐篷里的小伙伴赶忙伸出援手帮忙扶住,"一松手,这个帐篷就到下一个县去了。"要说啊这撒贝宁人气也是可以的,就算在这个撑帐篷的时刻也是有粉丝前来求合影,在情况稍微稳定之后,撒贝宁更是拿起手机冒着雨往外跑,"咔嚓"一下就在西藏留下了摄影大作,但是小撒可没有忘了此行的真正目的,热心公益的他赶紧忙活起来喽,作为央视名嘴,小撒嘴皮子功夫那肯定是没话说的,活动现场所见,对于摄影的坚持也是不在话下,当天他还自曝当过演员的经历,据他回忆,大学二年级的时候曾经作为男主角参加过北大拍摄的公益题材的电视剧,饰演了一位一心援藏的大学生,和主持人张泉灵谈了一场恋爱呢!《阳光路》,那算微电影吗?那个不叫微电影,那个时候叫单本电视剧。《娱乐星天地》拉萨采访。

这档节目的关注视野还包括一些体育明星,下面这则消息就是关于台球运动员潘晓婷和其他几位同是运动员身份的明星:

俗话说呢,文体不分家,最近"九球天后"潘晓婷、花样游泳世界冠军蒋婷婷和体操世界冠军冯喆就一同出现在北京的一场时尚活动上。那这些叱咤风云的体坛健将最近都在忙些什么呢?

潘晓婷算得上是体育明星当中和娱乐圈交集较多的一位。2007年她在电影《精舞门》当中有过客串,之后推出过单曲。而就在九月二十五号有潘晓婷参与的电影《逆转胜》即将上映。看得出来,"九球天后"近年来正在加紧向娱乐圈进军的步伐。体操冠军冯喆当天和队友邓琳琳一起来到了活动现场,看过2012年伦敦奥运会的观众一定都对冯喆当时的微博段子记忆犹新。几年不见,冯小胖还是那么幽默吗?就是因为这份讲冷笑话的才能,当时还被称为体操界的郭德纲。而就在他夺得奥运金牌回国那会儿,他还真和郭德纲见上一面呢！如今冯喆偶尔也会发发段子，但他坚决否认自己是段子手。好好调养身体才是当下最重要的任务。《娱乐星天地》北京采访报道。

4.《完全娱乐》

《完全娱乐》是台湾三立都会台的一档综艺资讯类的节目，节目时尚、轻松、前沿而有时又有些搞笑搞怪的元素。就像节目的宣传小片所说：想深入了解明星的生活点滴？想全程掌握巨星的蛛丝马迹吗？瞬息万变的影剧视界，《完全娱乐》分秒必争，报道最精彩，天天现场直播大放送，最 High Speed 的各类星闻及明星艺人专访，让你的八卦神经完全启动，绝不秀逗港台内地三地劲爆红星，惊人内幕，大胆呈现，明星八卦，漏网星闻，世界性娱乐新闻，国际化独家采访，台前幕后，国内国外，别人没有的我们有，别人有的我们绝对第一手，最新最 HITO 的娱乐新闻，《完全娱乐》精彩传送！

节目的两位主持人纳豆、怀秋是内地综艺节目中不常见的男男组合，这个组合配合得默契而又风趣，使本就丰富多彩的娱乐资讯更加锦上添花。纳豆是台湾的当红艺人，主持过《大学生了没》《全民乱讲》等节目，虽然对很多演播室的大型节目来说，综艺资讯类的节目形式简单了很多，但是并没有妨碍纳豆发挥他的主持功力，在《完全娱乐》中思维敏捷、幽默风趣、收放自如，为节目增色不少。怀秋作为歌手出道，与纳豆一起主持《完全娱乐》，也为节目增添了多元的风格，并且吸引了更多受众。

《完全娱乐》自成一派制作精良的成熟风格是在整体效果和各个细节之处都充分体现出来的。这档节目相对于中规中矩总是觉得不温不火的内地综艺资讯节目来说，显得更活泼、更有吸引力。比如报道综艺界盛事台湾金马奖的颁奖典礼专辑，两个主持人没有中规中矩地介绍各种典礼的情况，而是从轻松的聊天开始引入：

怀秋：欢迎收看——《完全娱乐》！

纳豆：耶……

怀秋：金马奖结束了。

纳豆：对，我觉得真的金马奖是一个非常大的盛会，华人区的盛会。

怀秋：当然，这全亚洲就是在关注这个奖项的。

纳豆：太正点，我真的很希望有机会，我们也可以有机会参与一下。

怀秋：哎哟，我觉得这个康永哥之前，在主持的之前他有讲过说，他其实来主持这个心里有准备说就是要来被骂的，我觉得这一招高！给大家打个预防针。

纳豆：因为我们现在就要……（要发出"骂"这个音）没有啦！

怀秋：现在就要骂吗？（两人哈哈大笑）没有没有！

纳豆：非常的棒，好不好！而且我们今天节目中也准备了很多关于金马奖的整理报道哦！

怀秋：是的，我们今天介绍得非常非常精彩，所以大家千万不能错过，我们先休息一下，不要走开。

纳豆：嗯！

这样的聊天加调侃的开场的确与内地的资讯节目非常不同，两位主持人没有固定的你一句我一句的脚本，而是轻轻松松就把话题展开把主题引入了。而且两个人是站在演播室当中，根据机位和交流的需求一边说一边还有丰富的肢体动作等，使得节目的整体效果非常灵活。

在很多内地的综艺资讯节目中，主持人严格执行着串联节目的任务，仿佛是一个坐在摄像机前的报幕员，每一段话后面的内在语仿佛都是要说："下一个节目是什么什么，请欣赏！"但是在《完全娱乐》这样的节目中，主持人没有僵化地去完成串联内容的任务，而是在节目片段中起到更重要的调节节奏、活跃氛围的作用。我们来看下面这个片段：

怀秋：欢迎回来《完全娱乐》！

纳豆：终于这个颁完奖，我觉得颁完奖应该很多人心中终于放下一块大石头的感觉。

怀秋：对，有的很开心，可能有的会比较难过。

纳豆：那个一翻两瞪眼的感觉其实还蛮过瘾的，如果我真的得影帝的话……

怀秋：对，你会干吗？

纳豆：我会去我常去的早餐店，我说从今天开始，我常常点的那个就要叫影帝套餐。(怀秋很惊讶)然后譬如说我常去的那个拉面店说,欸,那以后这个加饺子也是影帝套餐。就是会自己这样。

怀秋:哎哟,你这个好像还不错。

纳豆:这个不错但是别人会觉得你有点臭屁,可是又觉得会有点好玩,因为其实真的是得之不易么。

怀秋:我跟你讲,这种话你讲的话就不会臭屁,我讲的话就臭屁。

纳豆:你讲看看。

怀秋:请你把这个改成影帝套餐。(一本正经的口气)

纳豆:臭屁死了。

怀秋:对不对,你看嘛……

纳豆:我懂了,是一种态度的感觉。

怀秋:那你如果得到影帝之后,你会调你的价钱么?

纳豆:嗯,这个东西,该调的还是会调一下,(两人大笑)因为现在好像有点低。(继续笑)来看一下接下来的VCR……

我们看到这段很轻松、很快乐,让观众接受资讯的同时也得到很多欢乐的心情,这样节目给观众的就是很全面、很复合的综艺享受,不只是丰富的资讯、炫彩的灯光、切换的镜头等等。当然这样的风格是需要主持人具备很强的交流感、幽默感以及主持人之间互搭的默契。

当然,要想节目的效果好,主持人只会聊天和调侃也远远不够,还要对综艺圈有着很深度的了解,对相关的艺术门类的知识也要掌握,才能在节目中游刃有余。比如下面这段:

怀秋:欢迎回来《完全娱乐》。当然这个颁奖典礼很重要,也是颁奖人嘛,我们之前有聊过。

纳豆:当然。

怀秋:这一次都非常厉害。

纳豆:大咖都来了。

怀秋:如果是你的话,你会想要跟谁一起来颁奖。

纳豆:其实我蛮希望可以跟北野武导演一起颁奖。

· 125 ·

怀秋：你怎么都走日系？

纳豆：不是，因为我觉得我很喜欢、欣赏北野武导演那些电影，侯孝贤导演我也很喜欢，可以跟他一起颁奖，这种感觉也蛮不错。而且我觉得你有机会可以跟这些大导演，说不定变成朋友之后，就有机会演到他们的电影。

怀秋：哎哟，还不错。

纳豆：你看你看，因为其实前年，呃……大前年我有去参加釜山影展，那一年我就碰到李安的弟弟李刚导演，然后我就跟李刚导演在那边吃饭的时候，我就一直在整个饭桌，我故意坐他对面一直对他这样笑，然后吃那个生章鱼会黏么，这样，可是我就这样："导演你好。"就是我希望他会记下我的脸。

怀秋：我跟你讲，那你这个角色很快就有望了。

纳豆：也没有，到现在两三年没什么事情。

怀秋：你这样很像变态，变态就会找你演了好不好。

纳豆：哈哈哈，唉，干什么，可是那一年我觉得那个什么，李刚导演人也非常非常的好。然后因为他跟他的哥哥嘛长得非常相像，那年我就跟他拍了一张合照就放上微博，我就觉得很开心。

怀秋：噢，好像还不错，这好像蛮骄傲的一件事。

纳豆：我觉得那一年是我最接近电影的一年。

怀秋：希望哪一天我也可以去到釜山影展。

纳豆：好，接下来继续看一下我们整理的VCR……

看来不是简单的念稿子、说资讯就能带来轻松的节目，主持人还需要深入了解行业的知识，在日常生活中就要更多积累，才能在节目中把那些与节目相关的信息信手拈来，增添节目的看点。当然，对信息也是要有选择的，不能只为了表现和炫耀，否则会让观众觉得无聊和牵强。

5.《娱乐猛回头》

《娱乐猛回头》是内地网站视频节目自制的先锋爱奇艺所制作的一系列综艺视频节目中的一档，还有包括深挖明星生活的《全能大星探》和专门关注韩国娱乐圈的《泡菜帮》等，形成了网站自制综艺资讯节目的完整梯队。《娱乐猛回头》是互联网首档娱乐评论视频节目，趣谈上周娱乐八卦。节目口号是：冷眼看八卦，娱乐猛回头。对娱乐事件及时评论，客观、睿智、辛辣、犀利、幽默。并且注重在彰显个性的同时，正确引导娱乐观点。《娱乐猛回头》的每期节目点击量都能达到 200 万以上，比如热播的《花千骨》相关的报道已经达到了近 400 万的点击量，而且这些点击量应该都是来自比较稳定的关注群体，可见网络视频节目现在的受关注度也非常高。

网络视频节目的主要受众群体相对年轻化，对节目内容的新鲜度、播报的节奏感、编排的多元性都有较高要求，《娱乐猛回头》在这样的市场需求下，选取了大量新近发生的具有时效性的新闻，并以诙谐幽默的语言加以评说，与传统媒体非常大的不同是，语言的编排上使用了大量的网络语言，更适合年轻观众的口味。而且播报的语速是比较快的，每分钟 300 字以上，并且在语言表达上，语气运用得比较夸张，语言节奏也非常明快。

下面我们来看一期《娱乐猛回头》的节目语料，来体会和尝试一下网络综艺资讯节目的语言风格。

片头：

冷眼看八卦，娱乐猛回头。

南宋的《吹剑录》，书云"岂以时尚为兴废"。清朝学者钱泳曾撰写："以新样为时尚，不如短长之理。"古人们不就是在说时尚 Unimportant 么？我糖不服！Fa 是格调，shion 是潮流，女明星怎样才能将 Fashion 转化为加分正能量？猛主播携时尚隐秘人士剑指扭腰时装周。让我们一起摇摆！BiuBiu！

主播：

娱乐猛回头：唐嫣美国依旧傻白甜，邓紫棋内衣外穿。（唱）纽约美景九月天呐！紫棋如花美如嫣哎！看！多位我大中华地区女明星正在美国扭腰打入时尚圈。翻翻名册，一线阵容不多，倒是来了诸多电视剧的妃子女侠。猛主播曾经科普过，纽约时装周相比伦敦、米兰时装周要更年轻新锐。品牌较多偏设计师个人风格的品牌，因此大牌的艺人会比较少。但尽管酱，猛主播还是从糖糖、晨晨、欣欣、雯雯、棋棋和春春们身上嗅出了猛虎下山般的味道。

时装周镀金第一步，造型好才是真的好。领队唐嫣获得粉丝支持，秀场黑色套裙绒短靴 Look 13 万个赞，时尚圈内人会给她打几分呢？唐嫣的这个机场

Look 实在是太热了,这套其实是蛮适合她这种傻白甜的风格的,但是问题是她配了一个外围女的发型和妆,毁掉了这身衣服本来应该有的那种清纯气质。眼前的黑不是黑,你说的白是什么白。

再看陈妍希自从在华鼎奖终于甩掉了时髦的帽子,再挤时尚圈如何!啊不!成效如何!这套 Look 其实有点问题的,黑色的底配深红色的图案,其实是很老气的,有一点点风尘吧我觉得。尤其是手臂很粗,最好不要穿这种细肩带的衣服,再加上她配了一双真的很不合适的鞋,显得头重脚轻,陈妍希这套 Look 其实是有进步。相比较她历年来,比较雷、老气、油腻的 Look 来说,很青春也很符合她的气质。那么看陈妍希身边的这位菇凉邓紫棋,被时尚毒舌 Gogoboi 喷成穿破围裙的厨子。被网友喷她身高作假、喷她腿短、喷她时尚绝缘体。猛主播向来不是落井下石的人,只是想问她的具体问题出在哪儿?可有办法补救?这套大小的波点又是这种深蓝色还夹杂着一些像床单一样的格纹,很像用废布头拼的一件超长款的围裙。黑色抹胸配红色长裙的这套,你是来纽约教肚皮舞的吗,老师?邓紫棋真的是很爱内衣外穿啊!竟然胸罩加秋裤就出街了。比如说她非主流的头发颜色,暗沉沉的妆还有她那一双凉鞋,我觉得是可以改变一下的。

演技高超、台词精湛的蒋欣能否 Hold 住时尚女明星的路线呢?蒋欣的这套 Look 特别像一个浓妆艳抹的女秘书,一种茶水小妹飞跃成老板秘书的优越感。又扑街了!头发甩甩大步爬起来!猛哥把自己的经验分享给你!不摔跤怎能学会猫步,没在时尚周转个十来圈,才去个一两次就想一鸣惊人,没门儿!看老咖们怎么为咱华人女星在外国长脸扳回一城,姚晨的这套深红色风衣白球鞋很时髦也很适合秋天,是现在给大家一个很好的示范。过两天姑娘们都可以这么穿了!姚晨这套很好看,造型比较简洁然后比例上又比较好,李宇春这套很帅很好看,刘雯这套当然是没有什么问题了,超模穿什么都是好看的。对此猛主播无观点,只是觉得剑指明显的网友请 Stop,造型失败到底应该埋汰谁,让猛主播为邓紫棋们沉冤昭雪。

片花:娱乐猛回头!纽约时装周鄙视链,李宇春顶端张靓颖最低。

回想我们棋棋在《我是观众》上,黑白露脐装身材也曾是三七分,紫红色小礼服也曾彰显腿长，足见这世上只有穿得短腿的人，没有生而腿短的人。同样是扭着腰去镀金的小MM品位的区别咋就这么大呢！

时尚镀金第二步，接受邀约需谨慎。这次纽约时装周去了这么多小人儿，到底是处鄙视链最顶端 and 最底端。首先，猛主播曾科普过，去时装周的明显大体分为两种来路，品牌邀约以及媒体邀约。但如果你是受品牌的邀请就会比和杂志合作来得更高端一些，如果你是受到比较大的品牌邀请，当然就很优越喽！如果品牌邀请可能你就看一个秀就可以了，然后拍拍杂志拍拍街拍，这个活儿就差不多结束了。如果你是品牌邀请的，当然衣服会由品牌直接送到艺人团队手里，由艺人团队来选择。非但如此，受邀级别也决定了造型选择范围以及工作量，品牌等级高，外形上才能占尽先机。本次纽约时装周，刘雯提前在微博晒出某品牌邀请函，姚晨、唐嫣、蒋欣同样是受品牌邀请，四位撑足了面子。但比不上今年6月以广告片正式宣布代言某大牌的李宇春，以全球代言人的身份，占领七天内华人女星的制高点。以上五位的外形上，其实都有品牌直接保驾护航，而让我们回过头来倒放一下节目，这样看来，这三位女同学的造型，不怨她们。你如果是跟杂志去的话，不仅要拍杂志的大片，还要跑差不多四五个品牌的秀。那衣服就要通过品牌给到媒体，然后再给到艺人的手里，品牌的服装就那么多，在选择上可能没适合自己的，那只能硬着头皮去穿了。然后还有团队品牌的影响吧，选择了不适合自己的妆不适合自己的发型，不适合自己的衣服，就会造成一个造型上的错误。邓紫棋同学跟着某杂志辗转秀场，参与Party还得穿插街拍与时装大片岂不委屈。陈妍希同学被某杂志把手臂带粗亦是同理。张靓颖同学则是某网的合作嘉宾，故服装与模特版型对比忽长忽短，都是衣服没法有更多选择，才接受一个无言的结局。对此猛主播无观点，只是觉得，终于懂了时装周，不是P-p-p-poker face 就可以了。广结人脉才能笼络品牌，才能站稳时尚圈，而暂时没站稳你就抱抱自己吧。

片花：娱乐猛回头！唐嫣诵稿雷出新高度——All white 白雪公主。

Maybe 服装选择上有局限性，团队与合作媒体随时在前方打造出时尚灾难。But 在后方新闻的推广宣发如何引导国内舆论，才又要见力道了呢师傅。

时尚镀金第三步，口碑营销。不看疗效看报道。其实对于女明星在时装周的正式报道，媒体通常一句话带过加图片。而一篇篇惊世骇俗的标题，华丽辞藻内文，则有可能是团队宣传的通稿大作，有宣传做得图文不符。穿着小可爱的邓紫棋，已经在本次着装上严重失利，新闻却还在主打优雅妩媚青春复古的卖点。九月注定要成为邓紫棋难忘且受益匪浅的金色九月。所以是收益黑点么。这可能是前几天传说自动化新闻写作机器人自动生成的稿件，宣传得"大跃进"似的。记得谭谭2013年就赴伦敦时装周，并绽放灿烂而美好的笑容，犹如一缕温暖的阳光明媚这个寒冷的冬季，而她今年再接再厉，以《All White造型变身白雪公主》为题，内附受品牌邀请《大话西游终结篇》杀青以及9月30日新片震撼上映等新闻点。一篇通稿三个核桃，更附上电视剧霸屏等常规话题，她的宣传是多么擅长卷铺盖卷啊！有宣传懂得利用SNS传播，却仅是标题党的蒋欣主打角色招牌《红唇碾压时装周》《华妃娘娘好身材，纽约街头秀雪白长腿》，网友必须评论不做模特可惜，微信时尚大号也要跟进，《华妃娘娘亲临时装周，各路妖魔还不给本宫退下》但猛主播翻看三篇内文均无蒋欣到底怎么碾轧，怎么霸气四射的干货。因为写不出什么内容，就用标题吓吓你们喽。相反经验老到的姚晨，出新闻低调又彰显优越感，以《轻松干练再访纽约时装周》为题。赋予她为刚横扫了巴黎时装周的时尚icon佼佼者。李宇春的新闻稿只显摆她穿西装如干练女Boss，内容只主打李宇春与设计师之间相识的小故事。在一片"红唇、美腿和PK"中间，春春没有用大量美好的形容词，Wuli春春竟然输了呢。对此猛主播无观点，只是觉得MM们飞了一万公里拍的美照，被吹成浮夸风反而失去本质的美。造型失利硬着头皮夸总要被网络舆论来反噬。什么年代了，世界末日都过去好几回了，不会审时度势的明星的宣传们啊，翻滚吧牛宝宝！

　　片花：娱乐猛回头！黄子韬非主流造型赴时装周。

　　全球四大时装周巴黎、米兰、纽约、伦敦每年Twice。2月颁布当年秋冬款，9月揭开明年春夏款的面纱，而今年的纽约时装周刚刚落下帷幕。剩下三场即将全面开花。看走在时间前面的人竟然是他！三生三世，Wuli韬韬，正经八百受某品牌邀请前往伦敦，连圈内人士也点头称赞一下：Perfect。黄子韬这套，你盖住头其实还是很好看的，所以他这套 Look 的问题，就出现在了脖子以上。首先是他非主流的发型，非主流的头发颜色还有白色帽子以及他的耳钉都对我造成了一万点的伤害。从受伤中一起缓过劲儿来的猛主播收到线报，伦敦时装周还将有孙俪。米兰时装周静待张雨绮莅临。届时刘涛、秦岚、昆凌，也将悉数登场。在巴黎资深深深张曼玉将可能携杨幂、宋佳等小花出席大秀。山水迢迢镀金遥遥，而欲做尚宫必先自省。对造型要有扬长避短的智慧，对通稿得有内容用词的把关。谈笑有 Designer 往来无小咖。可以纯色简洁配墨镜，无浓妆之油腻，无床单之雷人。对此邓紫棋、陈妍希、唐嫣却说：你，你刚才说什么？Sorry Idon't understand！冷眼看八卦，娱乐猛回头。

这期《娱乐猛回头》把参加纽约时装周的男星女星盘点了个淋漓尽致，而且不只盘点大家看到的时装和秀场，还把业内的各种规则给受众们进行了普及，并且连如何破解都给出了建议，归纳得头头是道，可见这档网络首档综艺评论节目还真是有点营养。这样相对深度和全面的盘点节目，满足了受众多方位的信息需求，评论的观点也吸引了受众的关注。

播报这样的节目文案，必须要进入到这种轻松诙谐的氛围中去，让语言的播报流畅自然，节奏自然明快，把握好节目受众的收视习惯和兴趣所在。咬字可以轻一些，语速流畅一些，语气夸张一些，用来突出和营造诙谐的欢乐气氛。

看这样一期《娱乐猛回头》，用现在的流行用语，还真是"烧脑"，信息量大、节奏快，还中文、英文、韩文以及各种网络词混用。比如文中出现的"WuLi"一词，是韩语"우리"的音译，在韩语中是"我们"的意思，也表示"我们的/我的"的意思。可以把很亲密的同辈/恋人/喜欢的明星称为：우리+名字。而文中出现的 maybe、but、stop 等常见的英文词就更多了。

这样的文案写法也许会让普通话专家发狂，让传统观念的老人们批判，但是年轻人就是看着觉得有意思，看完觉得过瘾。这也是年轻人平时生活中经常会用的词。这样看来，我们的社会既需要规范的用语，也可以适当以宽容的心态面对年轻人的喜好和潮流。当然，作为负有引导作用的媒体，各种视频的制作方还是要把握规则和尺度，在突出娱乐效果的基础上，还要注意不能对语言的规范发生影响。

当然，这一篇的用语如此风格，也是因为纽约时装周的节目主题。下面这一篇因天津港爆炸事件而做的节目，就非常规范，而且作为综艺节目能做这样的主题，不但关注爆炸事故、关注救灾救援，还同时关注灾后的心理救助，可以说是非常有媒体责任感的表现。

片头：

冷眼看八卦，娱乐猛回头。塘沽"8·12"爆炸事故，牵动了我们所有人的心弦，也几乎令整个娱乐圈为之震动。从明星到电影公司，电视剧组，电视剧组都积极参与到为天津祈福、捐款的赈灾行为中，而面对灾难，我们究竟如何去做才能更精确、有效地推动救援工作？本期《娱乐猛回头》特邀心理创伤援助专家联手抗灾，让我们一起身在异地，心系天津。

主播：

8月12日23时30分许，天津港瑞海公司危险品仓库发生火灾爆炸事故。事故中的遇难者与伤员们牵动了全国人民的心。娱乐圈闪着公益心的明星们也在了解事发的第一时间传播救援的信息。如杨幂转发了献血的预约电话以及献血前的注意事项，姚晨扩散了天津各大采血点及塘沽各大医院的联系方式，甜心妈积极转发着找人的信息。作为公众人物，明星对事故相关信息的传播起了加速扩散与安抚人心的作用。在重大事故发生的第一时间，他们选择哪些内容去传递才是更有作用和效果的呢？猛主播专程拜访了心理创伤援助专家隋双戈以及毕业于中国科学院发展与教育心理学的心理培训师叶壮。下面请两位曾在灾难性事故有心理干预经验的心理学专家为我们解读——

被访专家：这个事件，它破坏的是人们内心的稳定，那么在这种情况下，一些权威、熟人就比陌生人更容易承担起这个作用，帮助人们慢慢地恢复到一个新的平衡，我们的明星就兼有权威和熟人这个双重属性。明星转发的是什么，这就很关键。如果他转发中国红十字会或者说某个消防中队或医院的消息，那我觉得是可以理解的，你得知道这个消息的来源是可靠的、是真实的、是正确的，你再把它放大才好。因为公众人物对于信息来说是个乘法。

主播：筛选及转发有效信息是明星表达爱心的同时也应该负起的责任。专家更建议，拥有巨大影响力的明星更应该注意情感传递的影响时间。

被访专家：心理障碍基本在72小时之后才介入，就是72小时之内，在信息上没有必要太着重强调情感状态，因为大家本身情感就很强烈。假设我为了表达我的关注发了很血腥的照片，那么这件事情传递的就跟希望是一点关系也没有的，这种关系传递的就是一种负面的关注，所以这些东西我个人认为是不应该的。

主播：因此，当一些明星直接表达对事故本身的内心态度时或许更应该注意如何妥当地去表达。

在事故发生的第二天，乔任梁发微博道："不是飞蛾仍扑火，自取灭亡只为津。"更使用了"人肉"英雄等不恰当的措辞来表达自己对"8·12"爆炸事故的激动情绪，而张馨予转发9名消防队员牺牲的微博感叹出："明知去了回不来，为什么还要让他们去？"正是因为在72小时内发布了比较情绪化的言辞，因此引来了更多网友群起围攻。那么在事故中，明星怎么去正确表达情绪，如何正确发挥榜样的作用呢？

被访专家：你都要先界定自己的角色，你可能是个志愿者，如果你是个旁观者，你可能说我要做一个关注者，我要做一个传播者，所以说你肯定有意无意地选择了自己的一个身份，你应该传递的东西是两样，第一样，是客观的信息，第二样是带有希望的祈祷或祈福，除了这两样，其他的都不应该有，包括昨天南都官方微博发的照片，我个人认为都是非常不合适的，这样的照片不应该在公众场合里发。就算你要发，你也应该有一个闭合链接。

主播：相比之下，乔任梁和张馨予没有准确界定角色，传播了更激烈的情绪状态，因此造成了较为负面的影响，猛主播在此呼吁，在自媒体时代，当你我需要去表达对该事故的关切之情时，首先处理好个人情绪，不煽动，不盲从。

在网络时代，我要处理情绪，判断真伪。在"8·12"爆炸事故的传播过程中，出现了大量正负面信息，比如天津、北京受到空气污染，快去买防毒面罩等就遭到了网友大量的转发。更有网友借事故发布文章谎称父亲在12日天津爆炸事故中死亡，得到了不少作家，如大V张嘉佳、自媒体人休闲璐等

转发传播并捐款以及许诺为当事人出学费，导致该文不仅获得了 200 万的阅读量，更获得了 3700 名网友的打赏，总额近 10 万元。对于判断信息的失误，张嘉佳之后也发文道歉，现当事人已被当地警方刑事拘留，目前已进入初步审查阶段。猛主播发问心理专家，这种涉嫌发灾难财的"行骗手段"，为何可以进行得如此成功？

被访专家：网友现在处于一个情绪顶点，他总需要做一些什么事情来迎合自己当下的这个情绪表达，有些人就表现在了捐钱的方式。

主播：突然有人伪装成受难者家属寻求帮助，无疑成了大众作为的出口。而律师发现这位涉嫌诈捐的网友其实从头到尾都没有向网友们提出直接汇款的要求，所以并不能定夺他是否构成犯罪行为。

被访专家：如果说他并没有对大家提出这种要求，而是大家自发地去给他汇款，那并不一定就会构成诈骗，所以要看他主观的这种心态，当时是否有这种以非法占有为目的来发布的这篇微博，这个是需要审查之后才能确定的。因为迎合了当下大众渴望伸出援手的情绪，因此在事故中才有人"行骗"容易得手。

主播：猛主播在此提醒大家，在我们需要去表达情绪的时候，务必核实客观信息，不冲动，而捐款等行为也应该通过正规渠道去完成。

而我们的榜样们，娱乐圈的诸位明星们正是通过相关部门或正规的基金会去完成他们的献爱心行为。截至 8 月 15 日晚，猛主播不完全统计，娱乐圈各界捐款总数已经达到 3000 万，其中安乐电影公司捐款 500 万，成龙大哥捐款 300 万，大幂幂刘叔叔夫妇捐款 150 万元，乔任梁和张馨予也分别捐款 100 万元，用行动表达了真心。韩红晒出了 50 万元的捐款单，连年仅 15 岁的 Tfboys 三小只每人都捐出了 10 万元，而黄晓明 Baby 夫妇在捐款 200 万元以外，还组织在天津市区免费发放 1 万只专业防护口罩以及为救援现场提供 600 多套搜救旗。然而关于社会各界有能力的人对事故现场提供帮助专家认为还有一些需要谨慎注意之处。

被访专家：我要提供帮助，然后我又把我的东西提交给灾情处理中心总指挥部的物资下属的一个管辖人员，由他来发放，这是最合适的。灾难发生的黄金时期72小时，所以阻塞帮助渠道的这个行为都不要有，比如说通讯渠道和运输渠道都是有限的。你去了以后就占了人家正经东西的传递和传播机会，针对灾难间接受伤人群，现在已经过了72小时，在一定程度的平复之后，我觉得人们应该适当地开始关注间接受伤的人群，比如说消防官兵、武警指战员，他们的亲属、朋友在这次灾难中丧生了，他肯定难过。最简单的就是不要再刺激他们，纪念和缅怀这些都是对的。

主播：除此之外，事故发生后，娱乐圈的大批公开活动取消，爱奇艺、江苏卫视、东方卫视等各个媒体平台多档娱乐节目发布顺延播出信息，只因为我们需要时间来悼念事故中的遇难者也与诸君共勉，珍惜当下的每一刻时光，期盼明天的希望。

最后猛主播与隋双戈老师提醒灾区外猛丝儿：①关注而不沉湎，减少对灾难信息接触的时间；②不传播可能引发不适的图片以及文字描述，不传播自己没有确认或无法确认的信息，少往灾区打电话；③有组织地提供前方所需，但不贸然前往；④做好自己本职工作，就是对前方最大的支持；⑤希望大家学会求生，守望相助。

彭于晏：大家再站起来不要放弃，能帮助就帮助。

白百合：希望在天津的救援人员，所有人都能够平安。

刘亦菲：我觉得我们现在可能更多地去关注这个事情的发展情况，然后也为塘沽加油。

韩国艺人：我在这里想对事故的逝者，还有他们的家人，深深地表示哀悼。

片尾：冷眼看八卦，娱乐猛回头。

《娱乐猛回头》这一期关于天津港爆炸事件的报道，虽然讲的内容还是在此事件下娱乐圈的明星们引起的各种话题，从发生的事件，到事件的影响，正面反面的作用，专家的分析和建议等等，做得非常全面系统，可见这是一群有责任心、有新闻追求的媒体人在做这样一档节目，而不是单纯为了综艺而综艺。这样告诉我们，综艺并不是就是浮华和热闹，也可以做得有责任、

有良心，欢乐也是可以有深度的。

播报这样一期节目，应该在向受众传递信息的同时，注重立场的表达以及在表述中人文关怀的体现。

第四节　综艺资讯类节目主持能力拓展训练

这一节中我们围绕综艺资讯节目的几档典型节目，结合主持人在节目中的播报，来进一步体会和练习综艺资讯节目的播报方法和技能。

1.《中国娱乐报道》

《中国娱乐报道》作为内地开播最早的非常具有品牌影响力综艺资讯类节目，的确是因为传递信息丰富、节目编排灵动，它也作为一个标杆影响了一个时代。

（1）我们来看下面这期节目，关注的是时尚活动的红毯环节。这样的活动是普通受众难以到达现场去观看的，并且配以各种热点话题，很有可看性，播报这类的稿件要注重情境的表现，使受众有代入感。

大部分的时尚活动一般都会有红毯这个环节，明星们都是先走过红毯再进入到主会场进行颁奖盛典，那其实女明星一向都是红毯上的主角。可是最近，在一个颁奖礼上，男明星在红毯上的话题却盖过了女明星。

要说这些年蹿红速度最快，人气最旺的明星。文章一定是其中之一，而文章与马伊琍这对明星夫妻档，他们的生活也备受大家瞩目。也许是每次出现都会被问到和马伊琍之间的婚姻生活问题，所以文章终于被问得绷不住了。

和文章同时出现在同一个颁奖盛典上的还有演员包贝尔。自从包贝尔向女友包文婧高调求婚后，他俩何时结婚已经成了大家关注的焦点。所以呢，这次在活动上，包贝尔就被问到了什么时候结婚这个问题。

（短片）

接下来请看一组娱乐资讯。

（短片）

前段时间方舟子在微博称林志颖推销假保健品。上千元的产品成本其实只有几十元。也有网友称林志颖发假照片，做节目时言行不一。让林志颖的诚信受到了前所未有的热议。最近，林志颖出席活动时就首次公开回应了"打假事件"。

（短片）

最近杨颖、黄奕等艺人亮相北京某珠宝活动的现场。当天杨颖以一席黄色礼服裙压轴出场魅力十足。不过媒体依然最关心的还是她跟黄晓明的婚事。

当天和杨颖一同出席活动的还有华妃蒋欣，是以一席定制蓝色礼裙登场，魅力十足。但是华妃也依然没有逃过被问到结婚话题的命运。

（短片）

接下来请看一组娱乐资讯。

（短片）

2013年娱乐圈有一帮人集体转行做了导演。其中最成功的当属徐峥和郭敬明了。那这一波新人导演创造的票房神话，也让我们一定好奇。他们除了好运气之外，是不是各自有什么独门武器呢？

（短片）

好了，今天的娱乐现场到这就全部结束了，感谢您的收看。

（2）下面这期节目的主要内容是片场的探班，深入到剧组之中把百姓所不熟知的荧幕后面的明星的生活展现给大家。如何用轻松愉快的语言把这些生活中的明星们描述出来，我们可以在语料中去体会。

主持人：

小沈阳主演的喜剧武侠片《大笑江湖》正在热拍当中，日前剧组组织媒体前去探班，各路记者都想见识一下大侠小沈阳的风采，在记者的印象里呢，大侠应该都是纵马驰骋快意江湖的，可是小沈阳的坐骑实在和大侠不大般配。

（短片）

或许是为了增添喜感，《大笑江湖》中身为大侠的小沈阳坐骑确实是头可爱的小毛驴，别看是头一次骑驴，可小沈阳和驴搭档配合起来那是相当默契，一场戏来来回回拍了四五遍，这头小驴似乎依然没有厌烦的情绪，除了有胡

萝卜作为诱饵，小沈阳对这头驴也是下足了功夫。

由于当天是一场没有台词的过场戏，所以在片场小沈阳显得相当轻松，导演一喊停他就马上抱着电话不放手。

第二次出演电影的小沈阳显然比拍摄《三枪拍案惊奇》时轻松了不少，除了自己经验的积累外，也少不了一个重要人物的帮助。

作为投资方之一的赵本山，此次只客串了一个戏份不多的小角色，虽然自己的戏早已杀青，但本山大叔依然对小沈阳放心不下，隔三岔五赵本山都要亲自到片场探班。而此次《大笑江湖》中小沈阳饰演的小鞋匠更是赵本山为他量身打造的。

片中赵本山饰演的师父帮助小沈阳从默默无闻的小鞋匠变成称霸武林的大侠，这正好暗合了现实生活中小沈阳的成名之路，从二人转演员起步，到如今搭上张艺谋等著名导演的顺风车登上银幕，赵本山是力捧小沈阳全面进军影视界。

而在为徒弟保驾护航的同时，本山大叔目前的身体状况似乎并不乐观，拍戏时就曾出现状况。

身体状况让赵本山有些担心，而眼下关于"本山号"飞机高标准招聘空姐的消息也不胫而走，这更是让本山大叔很闹心。

（3）综艺资讯节目不但关注影视圈，也关注话剧等艺术形式，一些戏剧界的大腕儿演员也经常出现在报道里。

主持人：

宋丹丹、濮存昕等人主演的人艺大戏《窝头会馆》被称为新时代的《茶馆》，昨天这部话剧在首都剧场进行了第三轮演出的首演，本栏目记者在现场全景记录下了演出的盛况和有趣的幕后花絮。

作为北京人艺的又一力作，《窝头会馆》经过了前两轮的演出可以说叫好又叫座，是名副其实的金窝头，第三轮九场演出的门票如今已经抢购一空。虽然距上一场演出已有半年多的时间，可是台上这几位主演的表演依然可圈可点。

好戏不怕巷子深，话剧《窝头会馆》的演出场场爆满，让媒体评论它为话剧市场的强心剂。《窝头会馆》的好口碑恐怕和一流的编剧、导演的功力以及北京人艺这些当家实力派演员的精湛演技都息息相关。而这些主演们对于这第三轮首演也是相当看重，小到一句台词也要反复揣摩，细心准备。

除了演员徐帆要为新戏《唐山大地震》做宣传，缺席了此次首演，其他几位主演距离演出还有三个小时就已经早早地来到剧场做起准备工作，而这准备工作的第一项就是为自己化妆。

正在聚精会神为自己上妆的濮存昕似乎不太愿意接受媒体记者们的采访，面对镜头他显得有些少言寡语。

面对当天有些少言的濮存昕，宋丹丹自告奋勇地当起了《播报》的特约记者，受邀去采访濮存昕。

除了濮存昕的一丝不苟、宋丹丹的活跃，在《窝头会馆》的后台，《播报》记者还捕捉到了杨立新和何冰的幽默，即便是在接受采访这二位也不忘互相调侃。

继去年九月份《窝头会馆》开始第一轮演出，宋丹丹、濮存昕、何冰、杨立新、徐帆这五位主演就备受关注，经过九个月的磨合，这五位大腕已经默契十足。那么，在他们当中，谁在排练的时候意见最多、主意最大呢？

(4) 艺术圈也不只都是绯闻和八卦，也有很多有趣的事情和典故。而对这些最熟悉的莫过于综艺资讯的记者们了。记者们在工作中主要面对的就是这些明星，记者和明星，斗智斗勇的戏码在下面这期节目里就被总结得活灵活现、妙趣横生。播报的时候也要注意把这种氛围营造出来。

主持人：

在娱乐圈，明星与媒体之间的关系一直是相互需要又相互戒备，有的明星面对媒体总是横眉冷对，让记者们非常头疼，而有的媒体则是提出各种刁钻的问题让明星十分尴尬。而这两方在短兵相接时斗智斗勇的戏码，有那么几出还真的是极具欣赏价值。

(短片)"打死也不说"这是冯氏戏剧《甲方乙方》里的经典桥段，而这个冯小刚设计出来的桥段却着实和现实中的他不太沾边。现实生活中，冯小刚绝对是个有话就说、想啥说啥的极品"小钢炮"。

和冯小刚的口无遮拦比起来，张丰毅可是绝对的少言寡语，不过这个少言同样让媒体头疼。每次接受采访时，张丰毅都是笑脸相迎也不会恶语相加，但就是守口如瓶、惜字如金，任你媒体再怎么绞尽脑汁提出问题，人家就是几个字打发。曾经有无数媒体，都败在了张丰毅的绝招之下。

2004年张丰毅与姜文、许晴共同出演电视剧《大清风云》时，好不容易接受了《娱乐现场》的独家专访，可他却让记者哭笑不得。

媒体前往大连探班由张丰毅和巍子以及王学圻主演的《禁区》，三位硬汉演员凑在一起成了媒体最关心的话题。但面对记者的提问，张丰毅的回答却仍然不超过五个字。

看到张丰毅的笑容，让现场的气氛有所缓和，没想到一位记者的再次发问，却令访问彻底以尴尬收场。

除了上面两位，娱乐圈还有几位艺人也喜欢和媒体斗智斗勇，虽不成派别但也是一等一的高手。首先就是孙红雷，他在面对媒体的刁钻问题时也有自己独到的一套，那就是"打太极"。2008年，有媒体拍到孙红雷与一位长发女孩一同牵手逛街，之后许多人开始猜测这位女孩与孙红雷的关系。此后不久，孙红雷在电视剧《落地请开手机》的发布会上就被媒体问到了这件事。而他倒好，不但不正面回答还把记者反采访了一通。

不过孙红雷也曾反被记者将过军。2009年10月，孙红雷和林志玲合作的电影《决战刹马镇》第一次举行发布会，当时有一个记者问道："孙红雷曾说过不与花瓶合作，而这次与林志玲合作不是自相矛盾么？"孙红雷当时就慌了手脚，而全场媒体却是一片叫好。

而此次事件的女主角林志玲其实也是对待媒体自有一套的明星样板之一，除了标志性的娃娃音，林志玲的另外一大特点就是从来不发脾气，不论面对多么刁钻的问题，她回答时都是面带微笑，和声细语。就拿刚才《决战刹马镇》发布会上有媒体提出孙红雷曾质疑林志玲一事，林志玲的圆滑态度连孙红雷都不得不拍手称赞。

而类似的场景几乎会出现在有林志玲的参与的任何一个公开场合，这位有着"台湾第一美女"头衔、年过三十才开始走红的女星，不管媒体对她嗲气的娃娃音、初出茅庐的演技提出多么尖锐的质疑，还是对她一直三缄其口的感情问题穷追猛问，林志玲的好脾气可是从来都没变过。

2.《娱乐大风暴》

《娱乐大风暴》可以说是主持人特色很鲜明的一档节目，但是在奋起直追的内地综艺节目和台湾各种花样翻新的同行之间，它仿佛被左右夹击显得很被动。但是身处香港这个娱乐资讯的制造和集散地，很多明星和故事都来自本地，它还是有着它的地缘优势。

各位新的一周好，欢迎收看今天的《娱乐大风暴》，又是一个新的礼拜而且这个礼拜不太一般，又是平安夜又是圣诞节，各位该准备玩准备吃准备乐准备收礼物吧，接下来看看娱乐快搜有什么消息！

（短片）

奥斯卡最佳外语片结束了第一轮的评选，《一代宗师》入围了最后 9 强，将在下一轮争夺最后 5 强，那最后 5 强的意义就是在奥斯卡颁奖礼上才宣布谁是冠军，而冯小刚的《1942》和钟孟宏的《失魂》宣布落选。而冯导的新片《私人订制》在内地上映 4 天票房突破了 3.15 亿人民币，打破了之前《泰囧》的纪录成了华语片首周票房第一名，《私人订制》连破纪录，虽然评价好坏参半但看来票房没受到影响！

（短片）

容祖儿 15 场香港红馆演唱会开锣，造型性感劲歌热舞并在台上突然宣布怀孕 3 个月了，后来再澄清因为要演绎多首跟母爱相关的歌曲，只是跟大家开个玩笑，呵呵，好"高级"的玩笑，而男友刘浩龙也有现身支持。

（短片）

再来看这个韩国的偶像团体 SHINEE 发布了新歌 Colorful 的 MV，为乐迷提前送上了圣诞礼物答谢乐迷一年以来的支持，MV 还有一些他们平日工作的花絮，是对乐迷最好的礼物，来，收礼物！

（短片）

日本媒体爆料韩星裴勇俊又有新恋情啦，新女友比他小 14 岁，是一位企业家的千金，富二代呗，两人通过朋友认识，拍拖已经三个月，消息获得裴

勇俊公司的证实，女性粉丝又要再心碎一回。

（短片）

还有郭晶晶发布了和老公霍启刚一家三口的照片大秀幸福，更是宣布儿子的名字叫霍中曦。现在已经四个月大的中曦五官看上去像爸爸而眼睛像妈妈郭晶晶，活泼可爱！

（短片）

以上就是《娱乐快搜》，马上进入《暴风头条》！

（短片）

《暴风头条》是EASON陈奕迅台北演唱会的消息，之前在台北演唱会又一次受到了批评，因为整场演唱会在台北，EASON唱的全是广东歌，大家有些听不太懂，表示说你照顾一下，这次就非常照顾，全场国语歌只唱一首广东歌，来看看！

（短片）

哎呀，今天这一开始全都是我喜欢的人的消息啊，冯小刚冯导，电影上了，《私人订制》非常好看，上周末到上海做宣传那么我也见证了这场宣传，因为我也在现场，现场非常的火爆，主要是上海交大的同学太给力了！所以现场几位主演的金句，比较劲爆的词是不断，等下我们也看看上周上海交大见面的一些情况，另外呢成龙大哥也是盛赞冯导的电影，但是大哥这次说话又是缺乏了一点艺术，成龙的口误是这样说的："冯小刚的电影不管多烂都得看！"哈哈哈，这事得好好解释解释，但是最近大哥的电影应该是冯导《私人订制》票房上的一个对手啊，因为在《私人订制》上映一周后就会上映他的《新警察故事2013》，活动宣传的时候还小唱了一段，听听！

（短片）

李敏镐欣赏刘德华、成龙，谈爱情渴望淳朴执著。嗯，前两天北京是特别的热闹，因为有个大热的韩剧男主角来了，啊，李敏镐，粉丝非常地这个这个疯狂追逐，啊，热爱，是不是啊，那他也透露了说最欣赏的华人演员是刘德华和成龙，希望能够学习他们努力拼搏的精神。

（短片）

刚才提到容祖儿十五场的红馆演唱会已经开锣啦，那节目最后也听一首她的歌，叫《快乐最快》，快快快，明天见，拜拜。

3. 《娱乐星天地》

我们来看一期《娱乐星天地》的节目，这一期节目的内容非常丰富，两岸三地的文体明星，来华宣传的外国演员，艺人们的恋情、婚姻以及家庭生活，还有艺人们在其他行业的动态。在一期节目中有这么多的内容，首先要求主播有快速备稿的能力，能在节目播出时流畅自如；同时还要注意这么多的内容在播报时语言表达状态和技巧的运用，语言表达要有适度变化，这样体量这么大的节目才不会显得平铺直叙。所以对于综艺资讯节目的播报，还要注意对一期节目的整体把握，不要因为资讯是一条一条进行播报的，就影响了节目的整体感。

Hello 大家好，我是贝倩妮，这里是正在为您直播送出的《娱乐星天地》，来看一下今天有哪些精彩的娱乐消息。

合约签字不结婚，何超莲吴克群相恋四年无果，女方发文说寂寞，男方摇头称无奈。"大家都会问我女朋友的事情，然后我就说我心里有万般的无奈。"

别家的孩子也是爱，缘分有时真奇怪，胡军爱子康康深得刘嘉玲欢心，"其实我跟他的缘分挺奇特的，因为我们好像上辈子见过的。"

黎瑞恩一个人出院体检完毕突然昏倒无法查出原因，但与肿瘤无关，"我的胰脏那个东西，就是那个癌指数低了很多了。"

刘德华破例接爱女和太太一同曝光粉丝会，惊喜来得太突然，天王变成孩子奴。

"自己这一次都抱着一个玩的心态，开心一点。"张柏芝一身靓装，米兰看秀，携子定居香港，不知能否增加谢霆锋父子相聚的频率，"这个你要问爸爸了。"

如果张柏芝携子定居香港，能够让霆锋和孩子见面的机会更多，那自然是一件好事，但话说回来，其实现在这个时代，地球都是个村了，现在的通讯和交通决定了没有看不到，只有想不到，所以有心就好，无论在哪儿！好了，休息一下，进段广告，马上回来。

那时候也是走青春偶像派的这个赵雅芝的儿子黄恺杰，如今呢也是正式步入了演员的行列，那作为备受瞩目的星二代，这个大男孩最大的愿望呢就是

"别叫我赵雅芝的儿子,请就叫我黄恺杰"。

　　慢慢让大家去真的了解我,就黄恺杰是谁吧。虽然从小出生在明星家庭,但黄恺杰却没有受到什么不一样的待遇,父母有的时候甚至刻意让黄恺杰避开和娱乐圈的接触,很少会带我出去,去见他们的一些饭局啊,他们聚会啊或者是工作。在黄恺杰的心中,妈妈赵雅芝并不是遥不可及的明星,而是一个彻彻底底的家庭主妇。"可能同学就会告诉我,昨天看到你父母在电视上,或者有时候出去跟父母吃饭,有些人来找合影啊签名啊,但对我的影响不是很大。"作为一个父母都是明星的星二代,黄恺杰起初选择了经济类的专业,就连假期实习也是出入各大公司,演员的行当似乎离他越来越远,心里一直是很喜欢电影,对表演做演员也是有点好奇。都说好奇害死猫,2014年黄恺杰从北京电影学院毕业之后跟着兴趣一路扎进了演艺圈,先后接拍了《对不起我爱你》《新兵正传3》等影视作品,然而也正是这个时候他领教了演艺圈并不如他想的那样风平浪静,比如最近他就被传和张雨绮关系暧昧,"当然不是真的,就真的是朋友关系,只是节目,就是大家看到的一个表象,没有看到后面,其实大家都是这种,二人友谊的方式去关怀的。"其实黄恺杰已经有了相恋九年的女友,赵雅芝这个准婆婆也十分欣赏小姑娘,至于今年都二十八的二位何时步入婚姻的殿堂,就看他们如何规划自己的决定喽!《娱乐星天地》祝福有情人。北京独家采访报道。

　　相信很多电视机前的男生一起聚餐、活动的时候应该说到过一句话,惹什么都别惹女人,如果真的有这个觉悟还是值得肯定的,因为一旦惹怒了女人之后呢,后果很可能会超过你的控制和想象,在电影《前任攻略2》备胎反击战当中呢郑恺饰演的花心男就是把女主角郭采洁给惹得不轻,要得也不轻,于是呢,这梁子就给结下了,戏外郭采洁还不得逮着时候就间歇地报复他一下,看一下郭采洁报复的手腕怎么样:

　　9月22号电影《前任攻略2》在北京举办了发布会,作为"前任"系列当中最新加入的女主角郭采洁的出现,老将郑恺可是功不可没,别看郑恺在台上嘚瑟得不行,其实郭采洁对这位牵线搭桥者却不太满意,谁让整部戏郑恺饰演的花心男一直把郭采洁当作备胎耍得团团转呢。郭采洁所谓的快活其实就是在宣传期跟郑恺把所有的账都讨回来,您瞧当主持人为了给发布会增加亮点让男演员现场练瑜伽的时候，郭采洁就假公济私暗暗让郑恺吃了不少的苦呢，看郑恺的痛苦表情就知道了。而且在拍照的时候郭采洁直接上手把郑恺的腿再次往里压，我说郑恺，你当初何苦要当这个红娘要找爱记仇的郭采洁来演呢。如果说这部戏郑恺的花心角色只得罪了郭采洁一个女生也就算了，关键是看完预告片，郑恺这种随意将女生当备胎的角色形象更是引得现场很多女性媒体记者的侧目，于是一轮口水大战开幕啦。哎哟我说郑恺，你按照剧本演得容易嘛！《娱乐星天地》北京报道。

很多人习惯说母亲是最伟大的，为孩子呢什么都可以去争取，也什么都可以去放弃，很久没有露面的歌手爱戴呢，最近接受了我们《娱乐星天地》的专访，原来销声匿迹的这两年，她完成了生孩子这件事情。

元宵晚会上爱戴凭着一曲《彩云追月》被观众所熟知，好久不见重回镜头的爱戴竟然已经是妈妈了。2014年年初爱戴与老公注册结婚，同年十一月她晒出了B超照，公布怀孕的喜讯，第二年4月19号，爱戴自然分娩，平安生下金羊宝宝。虽然生完孩子还不到半年的时间，但爱戴基本已经恢复到了怀孕前的体重。为什么会瘦得如此之快，怀孕期间爱戴一直坚持运动，就算快生了，她都没有放弃，一做完月子又动了起来。为了展示自己的运动成果，在采访现场爱戴直接放下话筒，分分钟下起腰来。哇！有这身板我相信她是生的比较快的那一个。《娱乐星天地》为您独家采访报道。

一场名叫"真我"的演唱会昨晚在北京国家体育馆开唱了，田馥甄、李健领衔开唱。因为当天的歌都是粉丝们一票一票投出来、自己选出来的，所以全场的大合唱是自然逃不掉的。

一件黑色露肩长裙，一双细高跟，田馥甄女神范儿十足率先亮相。当晚，田馥甄一连献上LOVE《爱着爱着就永远》《寂寞寂寞就好》等多首代表作，听说唱什么还都是由歌迷们在网上一票一票投出来的，女神对获胜的曲目们表示很满意。唱得酣畅淋漓之外，当天的Hebe一改往日酷姐范儿，不只是穿得女人味儿十足，惜字如金的她一开口也变成了甜美"小公举"。刚刚结束个人演唱会的李健，蓝色休闲西装架身文艺又儒雅。这一次，冷幽默的李健没

有说段子，而是安静地用心地唱足五首歌，大叔的人气也丝毫不输女神啊！《娱乐星天地》北京采访报道。

这几天，各种娱乐媒体包括各种财经媒体，都在争相报道一个人：谢霆锋。据传，谢总裁名下市值达60亿港元的后期制作公司在大幅的裁员中，白手起家的创业之路也难免会遇到一些坎坷。

流利的英文、笔挺的西装，眼前的这张脸让我们极为熟悉却又感到有些陌生，这就是精英总裁谢霆锋。谢霆锋创办的"PO朝霆"主要是从事后期特效制作，在残酷的市场竞争当中，他的艺人身份并非总能助他通行无阻。少说多做，逐步积累，但即便如此谢霆锋也还是遭遇过受骗、亏损、运营困难，所幸最后他都一一挺过来了。在细心经营下，公司9年后拥有了170名员工，营业额则以每年45%的速度增长。也正是有了一定的规模之后，谢霆锋才选择了在2011年将公司迁至铜锣湾的新办公室，向世人诏告自己的公司。他的杰出表现更让他成为香港科技大学亚洲商业领袖，还曾经成为央视新闻周刊人物呢！截至发稿之前，经纪人也已经澄清说："PO朝霆"只是缩减香港业务，主攻内地市场。我们也相信对于电影制作有无限热情的谢霆锋会给我们带来更多的传奇。《娱乐星天地》为您报道。

许久不见的"宅男女神"郭书瑶日前亮相，成身为歌手的她说自己很害怕跳舞这件事情，她说自己手脚很不协调。话说郭书瑶曾经还参加过舞蹈竞赛呢！这么说是不是也太过谦了呢！

年仅25岁的歌手郭书瑶日前亮相活动的时候直言自己害怕跳舞，身为偶像歌手不会跳舞这听起来可是不行的。不过按小编看郭书瑶绝对有点自谦了，再说肢体也不是那么的不协调，如今的男友金阳更是个舞林高手，多加苦练是必然会有所突破的。自从金阳和郭书瑶的恋情曝光之后，两人从不避讳晒合照、秀恩爱，这会谈起做公益还要带男友一起，看来是要好事将近咯。《娱乐星天地》报道。

前不久曾经的"玉女歌手"黎瑞恩晕倒在超市这一消息让大家对她的病

情非常担忧,不过出院还没有一个礼拜的时间,黎瑞恩又出现在了好友李国祥的演唱会的彩排现场,也真的是很拼呐!

尽管是为好友演唱会做嘉宾,但彩排当天黎瑞恩还是到场助阵。从气色来看,前些天晕倒在超市的黎瑞恩是恢复得七七八八了。2002年,凭借《一个人有一个梦想》走红的黎瑞恩曾与周慧敏齐名,被称为是"七小花"。但在经历了事业的低谷和婚姻的变故之后,七年来独自抚养一双儿女长大的黎瑞恩频频被报健康堪忧,而这次的晕倒也被指是因为癌细胞作祟。尽管病情有所好转,但出院之后的短短数日又这般尽情工作的黎瑞恩还是应该多加休息才是啊,毕竟作为家里的顶梁柱她可不能倒。《娱乐星天地》报道。

近日,一则蔡卓妍、陈伟霆五年情断的消息无疑是娱乐圈的一个"重磅炸弹",两位当事人已经基本上寄情于工作的模式了,意思就是说当事人这里问不出什么了,要从周边下手了。比如说分手的原因还是沸沸扬扬、扑朔迷离的,曾经有一种说法说是赵丽颖插足,赵丽颖也没跟媒体说出个什么来,但是许志安跑出来声援她了。蔡卓妍、陈伟霆这对姐弟恋五年恋情告终,就连被指插足的女友赵丽颖也一时成为了众矢之的。这个时候,曾经与赵丽颖有过一次合作的许志安倒是来蹚这趟浑水了。许志安专一的好男人形象足以让他的话分量十足,然而在谈及陈伟霆、蔡卓妍五年情断一事,曾经和郑秀文经历过多次分分合合的许志安也感同身受。除了许志安之外,同城的女生温碧霞也备受瞩目,女神不仅颜值高,跨界监制的电影《爱在深秋》也即将上映,实力也不容小觑。年届五十不仅容颜不改,还这般有上进心,自然魅力爆表咯。《娱乐星天地》报道。

跟黎明离婚之后的乐基儿,似乎在感情的道路上并没有那么顺利,虽然有过恋情,但最终还是没能修成什么正果。从前也可以大方谈论恋情的她,如今也开始改变态度,变得有些避讳了,尤其一提到前夫黎明的话呢,直接想闪人,不想多聊。

不知道是不是夏天就要过去了,就连身为模特的乐基儿也对自己放松了警惕,近日担任走秀的她明显胖了好几圈啊。看这半透明裙下的小粗腿、脂肪

略多的肉胳膊、藏也藏不住的腰间游泳圈以及火速回归的大饼脸，如今的乐基儿真的和前一阵子"胖若两人"啊！但好在人家底子够好，胖一点也可以称得上是性感丰满，在不少人心中还是女神般的存在，只不过前一阵子还被拍到夜会型男的她却大吐苦水最近没人追。不知道从什么时候开始乐基儿也变成了声称无暇顾及感情的"拼命三娘"，避开新恋情的同时提起黎明这个旧情人她更是一句话都不愿意多说。一听到黎明两个字，乐基儿立马想要甩手走人，难不成曾经说过分手后还是亲人的乐基儿和黎明早已经划清界限了吗？看乐基儿这决绝的态度，想必与黎明的前尘往事她早已抛在脑后，回想起三年前刚刚离婚时痛苦万分的乐基儿，不得不感叹时间果真是最好的良药啊！《娱乐星天地》北京报道。

　　吴克群和豪门千金何超莲交往近四年了，虽然外界各种非议，但感情始终低调且稳定。不过前几个月两个人却开始一反常态了，先是吴克群放话说不会结婚的，引起了一片哗然，日前女方又突然在网上发文感叹孤独，让人不禁产生了一些疑惑。最近这么不低调了，难道感情也已经不稳定了吗？

　　"目前为止，我已经对自己发誓，对孤独感到满足。"虽然短短几行字，却处处透露出孤单之意。虽然何超莲之后删除了这条孤独感言，改发了一张与吴克群和众多友人的合照，让大家不要乱猜，但她和吴克群的情变消息已经传开了。事实上，从小父母离异的吴克群之前就发话称没有结婚的打算。由于已经说的次数太多了，也时常有传言说两人已经分手了，虽然有百般的不乐意，但吴克群还是会出面澄清一下，而在这一次如此关键的时刻，吴克群却少见地保持沉默，没有回复任何媒体。他与何超莲的感情是否真的触礁？眼下我们不得而知，不过可以确定的是吴克群说只要有一个前提他们就不会分开。《娱乐星天地》报道。

　　前两天舒淇被揭穿对待美食只是摆摆样子，拍个照，其实从来都是不吃的，不料引来了张馨予的冷嘲热讽。舒淇怒了，开挂了，姐要开始狂吃了。

　　本以为论舒淇到底吃不吃食物已经上演完结篇，没想到冷不丁地又出了新番。吃完蛋糕吃肥肉，为了证明自己真的吃了，还特意配上了一张运动照，舒淇姐姐也真的是用心良苦啊！看着这千层塔肉，不自觉就饿了，老板再来一碗沙县小吃吧！

生了宝宝另一个好处就是给自己一个大吃特吃的理由。"月子餐怎么都吃不腻"……额，吃就吃吧，还这么瘦，瘦就瘦了，还说自己没开始认真减肥呢～哼！贾静雯同学说好做彼此的天使呢？感觉以后不能好好玩耍了呢！

眼看着娱乐圈妖孽纵横，正义凛然的"二姐"张歆艺忍不住出山"收妖"啦！首先名号先要打响：张歆艺，字二姐，江湖人称"赵腰静"。于是很多网友不禁得了急性短暂精神障碍："咦，你原来叫什么来着？"不过这都不重要，看着这神之网名，小编我不自觉地都要唱起来了呢！妖精，哪里跑？！

昨天李敏镐敲锣打鼓吆喝着与秀智恩爱如初，一波操碎心的八卦大军三十秒内赶到袁咏仪微博留言说："靓靓不哭，男神没了还可以买包找安慰啊！"听说过催婚、催生，竟然还有催买包的！你们这些网友也真是够了，小心我靓靓姐怒买三千包！《娱乐星天地》报道。

娱乐圈的女明星们挖空了心思寻求永葆青春的方法，其实娱乐圈外的女人何尝不是这样！不过有些人呢，偏偏不走寻常路，明明拥有一张天生的娃娃脸这样的优势，却一心要走熟女风，林依晨就是这样逆着潮流而上的妹子。

一身蓝色小短裙再加上俏皮马尾，青春气息扑面而来，林依晨还是跟十年前青春偶像剧里的少女一模一样，哪里看得出来是已经年过三十的人妻了。不过人家虽有一张娃娃脸却是满腔御姐梦，前几天在首尔电视节颁奖典礼，林依晨以一身长裙搭配烈焰红唇性感亮相，虽然总感觉与本人气质不符，但还是收获了一致好评。这不"金钟奖"颁奖典礼也近在眼前了，林依晨也已经平稳有序地开展了选择红毯战袍的重任。林依晨说了，选衣服没下限，唯独只有一个原则。这回林依晨会带着自己的电影新作《杜拉拉追婚记》亮相金钟奖，从偶像剧少女转移到职场精英，林依晨终于是如愿开始走向熟女的行列，只是职业变了偶像剧里的那些少女套路依旧还在，林依晨跟"仔仔"周渝民和"大仁哥"陈柏霖都有着脸红心跳的对手戏，而林依晨表示能被两

大男神按在墙上的感觉还是蛮爽的。不过被两大男神轮流"咚"我们还是觉得养眼的老公会不会吃醋呢？此番转型不但是林依晨在风格方面的试水，林依晨坦言，未来工作的重心也会慢慢从电视转向电影。《娱乐星天地》台北采访报道。

今年呢谢霆锋迎来了自己的35岁生日，不用说这个重要的日子呢谢霆锋肯定是要和心中的最爱王菲在一起度过的。为什么过了一个月才拿出来说呢，我们这不是在等有图有真相嘛！在35岁生日的前一天，谢霆锋从香港回京，前往王菲家中，随后便过起了二人世界。29号生日当天，王菲与谢霆锋在家闭门不出，谢霆锋香港好友杨鼎立晒出了照片来看，似乎是锋菲二人在家设宴招待从香港赶来北京的好友。几天之后，锋菲终于同框出现，王菲带头走进一家餐厅，谢霆锋则是捧着蛋糕尾随。前一天招待的霆锋的好友，当天的客人应该就是北京这边的娘家人喽。期间锋菲二人举动亲密，爱意浓浓，情到深处寿星谢霆锋还当着朋友的面亲吻王菲的面颊，真的是个幸福指数颇高的生日呐！而至于此前传了又传的王菲怀孕的新闻，也随着近日天后到公园闲情散步的照片不攻自破啦！《娱乐星天地》编辑报道。

进入了时装周的密集时间段，别的明星呢都已经看秀归来了，咱们的辣妈张柏芝呢也得赶这个时髦。趁着儿子们都已经顺利地开学，张柏芝也动身前往米兰去接受一下时尚的熏陶。金色高跟鞋、酷炫黑皮裤、紫色小西装，要把这些平淡无奇的单品穿出时尚感，张柏芝秘诀是大半夜出席也得戴墨镜以及村支书最爱的外套披肩穿法。能够去时尚之都米兰的地面摩擦摩擦，柏芝兴奋异常啊！不过知道老妈撇下自己去意大利玩，小儿子有点不高兴了呢！两个儿子不仅气质高冷，智商还挺高的呢！瞧，对两个儿子言语之间满满都是自豪感。如今他们已经在香港顺利入学了，不再跟爸爸分居异地，做妈妈的是不是会安排儿子们多一点和爸爸谢霆锋见面的机会呢？

影后、时尚女王、多金老板，堪称时尚圈大姐大的刘嘉玲现身都是气场非常足的、给人以无法靠近的高冷感。可是在有一个男人的面前,她却永远的温柔似水,并且这个男人不是她的老公。身穿一席金色长裙,佩戴高级珠宝配饰,一身珠光宝气的刘嘉玲近日现身北京为某珠宝品牌站台。这一颦一笑、一举一动,满满的都是高冷贵妇范。50岁的刘嘉玲身材依旧凹凸有致,脸蛋儿仍旧美貌如花,通透的珠宝品牌高层也忍不住小心翼翼地搭讪了。不过就是这做了大半辈子傲娇女神的刘嘉玲也有想约却约不到的人。三四岁?难不成你还背着大家藏了个青梅竹马?非也非也!其实啊人家嘉玲姐说的这位是自己的干儿子,胡军的儿子康康!一向高贵冷艳的刘嘉玲只要一谈起康康就柔情似水,不知道嘉玲姐这一番话让一直被康康嫌弃的老爸胡军是不是早已哭晕在家中了呢?《娱乐星天地》北京采访报道。

刚看过了可爱的儿子,再来看看可爱的女儿。前两天刘德华和粉丝一起庆祝生日,给大家送上了一份大礼:把自己的女儿给带出来跟大家见面了。要说这些年啊,那些生了女儿的男神们呐,真是妥妥地都成了女儿奴。前两日刘德华召开生日趴,跟粉丝共同庆祝自己54岁的生日,往年都是粉丝给寿星送彩带,今年华仔心情好,没有一点点防备地召唤出太太和女儿。作为天王的女儿,刘向蕙也是不负期待,大眼俏丽像爹,华仔的臂弯就是她的王牌座驾,简直就是一个大写的骄傲啊。他低手光明正大地给你看:爸比,你会唱小星星吗?

如果要细数华仔爱女的那些事,那恐怕今天的版面都不够陈列了。什么每晚都给女儿唱童谣啦,实地考察精挑细选给女儿找学校喽,悉心教导女儿穿衣系鞋啦,哎不说了,真是——不如投胎投得好啊!俯首甘为女儿奴的好像都是男神诶!

吴彦祖也是带女儿出街,当微风吹乱了女儿的秀发,没关系宝贝,爸爸为你整理;走楼梯太累?我亲爱的女儿,爸比抱你。

而51岁的温兆伦昨天也正式加入豪华女儿奴俱乐部,捧着新出生的宝贝女儿,这位新上线的大龄爸比爱不释手,深情拥抱,自带柔光特效:宝贝请让我用尽一生一世来将你供养。而强行加入女儿奴行列的郭富城,就比较有趣啦,现实中还没当爹就在电影当中过了一把慈父瘾。光说不练假把式,郭

天王，有本事你也带个萌娃出来走两步？有本事你走两步喂！《娱乐星天地》报道。

虽然我们现在谈到小天后蔡依林呢，忍不住要提一下她做翻糖蛋糕的手艺，什么球鞋啊、汉堡啊、手提包，甚至是难度超大的人物塑像，她都能够完成。本事高得都已经出神入化了。可是蔡依林呢却非常诚实地说蛋糕可不是一个人做的，不要把我给神话了。蔡依林亮相慈善活动再度拿出了自己的绝活：做蛋糕。不少人为她之前的翻糖作品感到惊艳，知道小天后样样都很强，可是蔡依林却诚实地说：其实所有翻糖蛋糕都不是她自己独立完成的。而蔡依林也打算把这项手艺发展下去，开个翻糖蛋糕店的计划已经提上日程了，又要找伙伴又要找店铺自己创业可不是那么简单的事，小天后演艺事业本就忙得团团转，还要分心出副业，也真是不容易啊！除了完成这个巨幅创作，她也是有点着急上火了，原本想安安静静地做个厨娘，没想到又成了工作的一部分。要说做明星也真是够累的！《娱乐星天地》台北报道。

香港演员林保怡呢，1965年出生，24岁和香港无线电视台签约，先后出演过很多大热的电视剧。比如说：《妙手仁心》《金枝欲孽》等。虽然运气很好，得到了不少导演的赏识观众的认可，可是对于林保怡本人来说，身在娱乐圈的他呢最想得到的并不是名利，而是内心的快乐。

其实当初入行林保怡也是阴差阳错。从小的愿望是做飞行员，长大之后又成了鼓手。真正的第一份工作却是消防员。按理来说他和演艺圈的距离真的是挺远的，可是命运就是给他安排了这样的一次邂逅。刚入行的时候，林保怡主要的工作是广告拍摄，直到1991年他才正式和香港无线广播电视台签约，成为了一名正式的演员。也许是会选剧本，也许是运气好，总之林保怡出演的很多作品都曾经红极一时。但是对于这样的一位很幸运的演员来说，他最想要的反倒是内心的清静。不得不说林保怡虽然超脱，但是说的也不无道理。《娱乐星天地》北京独家采访报道。

刘亦菲和宋承宪这对跨国情侣呢，各项指标简直都太匹配。一个帅，一个美，一个柔情似水，一个体贴还兼具霸气。唉呀光是看看就觉得他们就是为了满足大家对于爱情的想象而存在的。

神仙姐姐下凡，恋上韩国大长腿。两人即便吃泡面也能吃出韩剧的唯美，何况是一起宣传定情作《第三种爱情》。眼波流转不能更爱，看着看着就看出了漫天的繁星。老师说过反面论证和正面例证同样重要。这种传统经典的正面秀已经被教主跟Baby玩过八百次了，神仙姐姐和宋承宪另辟蹊径，有一种爱情叫作越吐槽越爱，学名打情骂俏、管中窥豹。小小一个吐槽就可以了解小两口的恩爱日常喽。我吐槽你，你挖苦我多管闲事儿，没有互相损过还怎么做彼此的天使呢？被另一半吐槽怎么办？没关系，神仙姐姐手把手教你书写恋爱教科书：打回去。唉，看着也是夫妻双双把家还的节奏啊！这么千辛万苦种的白菜，那一刻全被拿去做了泡菜！嘿，为了扳回一场，小编准备去把乔妹娶回来报效国家！《娱乐星天地》综合报道。

9月22日Marvel年度大作《蚁人》在上海举办媒体的见面会。导演主演共同亮相。正值中国传统节日"中秋节"的临近，主办方也是入乡随俗地准备了月饼要送给两位，不过主创中的其中一个人啊，据说一天就可以吃掉12块月饼，这么能吃的宾客，我们该如何招待你才比较好呢？

作为Marvel史上最迷你的超级英雄蚁人的扮演者保罗路德，首度来华给人的第一印象并不高大。不过目测身高一米七的他是个不折不扣的大胃王。一位导演爆料，保罗在来上海之后一天吃了12块月饼了！但是电影公司在当天《蚁人》的发布会上立马就送给了保罗和导演一人一块月饼，只是因为导演先一步拿到，看把保罗给羡慕的呀！搞笑的是在展示月饼期间，不懂中文的导演一度把刻在月饼上的"蚁人"两个字拿反了，引发现场一阵哄笑。而等到保罗的月饼送上来，由于他饰演蚁人，于是连月饼也变成了迷你版的，这下爱吃月饼的保罗脸上只写了三个字："不满足"啊！

《娱乐星天地》今天节目就是这样，感谢大家收看。我是贝倩妮。明天同一时间《娱乐星天地》我们再见，拜拜！

4.《完全娱乐》

我们来看综艺资讯节目《完全娱乐》的主持人纳豆和怀秋的一期节目。在这期节目中，我们可以看到两位主持人如何以轻松的方式引入节目、展开主题，并且结合节目中涉及的演唱会主题进行拓展，而且由于怀秋以林俊杰嘉宾的身份也出现在节目报道的内容当中，所以他们所谈到的观众平时所看不到的幕后消息，不但满足了观众的好奇心、提升了观众的收视兴趣，也使纳豆与怀秋展开了有趣的对话和调侃。从这期节目可以看出主持人如何运用所掌握的信息，积极巧妙地设计话题来创造亮点，搭档之间又是如何默契地配合来突出节目的效果。

怀秋：欢迎收看——《完全娱乐》！

纳豆：耶！好，我们今天要来看什么呢？其实在2013年有非常多精彩的一些演唱会。

怀秋：没有错！

纳豆：所以我们节目稍微整理了一下一些精华，让大家感受一下，因为现在演唱会呢，可以说观众的这个眼睛，还有这个耳朵越来越刁钻了。

怀秋：哎哟……

纳豆：就一定要好的刺激，他才想要进去看。

怀秋：太好了，我们这个《完全娱乐》今天刚刚好，就是我们把最好看的、最酷的，然后就是最棒的表演一次呈现给大家。

纳豆：要是你觉得你错过了一些重要的演唱会那你就看今天这一集好不好？

怀秋：没错，跟我们来整理一下。

纳豆：是，第一个是周杰伦的。

怀秋：哎哟，周杰伦，周董！

纳豆：听说他这个厉害！

怀秋：他的演唱会其实还蛮丰富的！

纳豆：这一次我其实没有去到，所以我也蛮想看等一下的VCR。

怀秋：它里面特效真的太多了，跟邓丽君隔空来合唱。

纳豆：然后那个电影天台，他还把那个东西整个去搬上了他这次演唱会。

怀秋：所以你看这演唱会，你不只看到天台，可以看到身材。

纳豆：对。

怀秋：对不对，然后还可以看到他跟邓丽君一起合唱。

纳豆：这么的科技，究竟有多科技呢，一起来看一下！

怀秋：哇……

（短片）

怀秋：当然这个演唱会要精彩，也是要请到非常厉害的嘉宾，我们刚刚之前周杰伦就有讲过么。

纳豆：对。

怀秋：那我觉得这个演唱会就是没有嘉宾的话，这个演唱会就是它是不完整的，对不对，像比方说我就有去当他的嘉宾。

纳豆：你完整了林俊杰。

怀秋：对，我一出场，哇，整个演唱会就对了！

纳豆：漂亮！

怀秋：对，就这样子没有错！

纳豆：他还有请什么别的嘉宾吗？

怀秋：别的就是比较不重要的。

纳豆：哈哈哈，好意思这样讲。

怀秋：像比方说Hebe有来。

纳豆：她是去听而已，她是去看，结果就突然被拉上台，听说她真的不知道会被拉上去，听说她是真的不知道。

怀秋：我跟你们讲个秘密好了。

纳豆：好，你说。

怀秋：其实啊我们两个计划这件事情，计划很久。

纳豆：我无法跟你当搭档了……好了，你继续说啦。

怀秋：因为那个时候他们在聊就是要豆浆油条跟粉丝啊什么，然后他说，他那天就讲说，那Hebe来看的话我这样子，我绝对不会去理粉丝的，因为他……

纳豆：对，他那么喜欢Hebe。

怀秋：他可能就一直看下面，要看 Hebe，然后他不会把心思放在粉丝上面，这时候我脑袋灵机一动，叮！不如你把 Hebe 叫上来！

纳豆：所以这件事情是你害的？不是，你造成的？

怀秋：什么叫我害的？

纳豆：就是你让这件事情发生的！

怀秋：其实不好意思说，其实真的是。

纳豆：很勇敢，你看等于在一万个人面前然后牵起自己其实是很欣赏的对象的手。

怀秋：对！

纳豆：可恶！！！我要办演唱会，不要再出这种馊主意了！

怀秋：结果多么的浪漫、多么的甜蜜。

纳豆：不知道。

怀秋：对不对？

纳豆：好，来看一下多么的浪漫跟甜蜜……

（短片）

纳豆：好，今天回顾了两场非常非常厉害又精彩的演唱会啦，当然明天继续咯，喂，你要去哪里？

怀秋：明天还有 S. H. E. 和五月天，两大天团！

纳豆：是的，一样有精彩的整理咯，咱们明天见了，拜拜！

5. 《娱乐猛回头》

《娱乐猛回头》作为网络视频节目，定位的受众必然侧重年轻人群，一些被年轻人群比较喜爱的艺人的相关节目关注热度比较高，这从节目的点击率就能看得出来。下面这期节目就是一期点击率颇高的关于四位"韩归"年轻艺人的。

导语：

冷眼看八卦，娱乐猛回头。真人秀开启吸星大法，从超一线的传说到十八线的路人都可能被它改写命运。曾创下冰冰吃泥、小哇 Grorgina 韩庚吴昕互搓澡、志玲姐姐穿比基尼等辉煌战绩！No！四位归国人气小鲜肉鹿、凡、兴、韬已加入真人秀五星自助餐。好吃不好吃《归国四小鲜肉综艺实力大考量》，扑哧！

主播：

娱乐猛回头《极限挑战》张艺兴蜕变成精

真人秀的"真"代表纪录片的拍摄手法，"秀"意指限定规则中的表现，而"人"即指人物要在过程中得以改变，契约在身又自由飞翔的张艺兴率先在真人秀里炸开了花，在《极限挑战》一群70后里惹眼拉颜值，节目才播到第二期却惹出争议，孙红雷趁他上洗手间偷了他的游戏道具，搞得他黯淡地在地铁里卖场赚路费。众位大叔为他报仇欺负孙红雷，酱的节目发展网友们称为哄孩子，他哭，八组的豆友叫他白莲花，觉得好好的节目被他给毁了。甚至有人开启"张艺兴滚出《极限挑战》"的微博话题。如此出师不利可谓成也萧何败也萧何，怪在他作为爱豆的人设性格——乖，看你们家艺兴，天然一副无辜的表情，单纯的长相，看到那张纯洁的小脸你都不忍心下手。而观众却认为，张艺兴单纯幼小，这种傻傻的呆萌蠢萌的性格并不适合参加真人秀这种类型的综艺节目。面对酱的评价，他本人也曾在接受媒体采访时坦承，自己的反应是有点慢，但是并不是玩不起，而是伤不起，伤不起这颗心。然而，十期节目过后，张艺兴现在怎么样？呵呵，他先是会耍点电话占线的小手段，然后在道具再次被偷时火眼金睛识破乔装打扮的王迅。现在已经会利用单纯萌善良来欺骗我们了，完成了从小绵羊到老绵羊的华丽蜕变。全是环境所致，经得起打磨，受得了诋毁，因为礼貌与乖巧，众老腊肉们和他从节目到SNS都玩一块，观察学习还拜黄磊为师，向人精方向发展，而他的劣势估计就是起点太高，已经在烧脑节目中被虐过一轮，以后不管参加任何真人秀恐怕都会被摆放在颜值与智商两手抓的位置，费尽心思做人精才是兴兴成功的奥义。对此猛主播无观点，只是觉得已经不记得那个会摆盘煎牛排的美食兴，不记得那个和XINMIN组CP的软萌兴，满脑子都只是未来可能成为黄磊第二的算子兴是怎么回事。艺兴，这就是命啊！

娱乐猛回头《真心英雄》黄子韬性情豪放

对于小主公老师来说，世界就是"难分真与假，人面多险诈"，GO DIE Wuli 静静曾说："面对24小时的镜头只能选择做自己。逗比归国小鲜肉中，何尝不是有完全不把自己当偶像的银耳，毫不掩饰的山东口音犹如渤海的海风吹过，直把朱亚文气得跳下泳池，黄子韬选择的江苏台《真心英雄》市场份额不如其他几位小哥的节目高，个人表现也如太平公主一般太平啦！开心就是魔性笑，没兴趣就皱眉头，卖萌也是直白的撒娇，我这么小，好吧！没有包袱没有限制，纯本色出演猛主播看得还是头一遭。但也是由于韬韬做人本色掏心窝，亦在四小鲜肉中头发最白黑点最多，节目组是看上了哪头？《真心英雄》导演身在思密达，独家文字回答猛主播：其实团队在和黄子韬合作《一路上有你》时就已经惺惺相惜，此次韬韬一共录制四期，一是填补拉低年龄层填补收视群空缺，二是看上他的颜值。在录制的过程中，黄子韬与团队配合度高，时差、温差下大雨都从无怨言得到了导演组的肯定。与队友相处虽然没有一直用哥哥姐姐的尊称，私下却被大家喜欢都赞他可爱，导演甚至给他的情商打9分，还直白表示相较于《极限挑战》张艺兴的呆萌，黄子韬要朝气活泼一些，听到这里，猛主播已经明白，黄子韬的优势在于拿下节目组的肯定，配合度高，性价比高，节目组自然一再合作。而Maybe这就是口口相传的口碑加之武术的基础、肢体语言萌人。近期又将入驻新真人秀持续霸屏，对此猛主播无观点：只是觉得，对于真人秀来说韬韬真实过度，未来该做的可能是从口音到情绪的管理。届时，黑到深处也会自然粉了！

娱乐猛回头《奔跑吧兄弟3》预测：鹿晗情商黑马

另一位被《真心英雄》看上的小鲜肉，乃们鹿晗却率先被《跑男3》抓住小脚跟。目前《跑男》已录制一期，而从目前曝光的现场照和粉丝搜罗的视频来看，鹿晗得心应手毫不违和，爱他的粉丝评价：上真人秀有的人会原形毕露而他则会是沙中淘金，反对的声音也有，鹿晗来了就不看《跑男》了。你们小鹿的优势从表面上看是粉丝效应与颜值，猛主播看到深处，却觉得他能占领情商制高点。从关注《跑男》团的细节与包贝尔互动的措辞到各路采访中从未出现过，如黄子韬般话太满打脸的言论。EXO无交恶无黑点一直和

Wuli 韬韬互粉着，比张艺兴更会卖萌，比黄子韬会更多的体育项目，还能坚持散发出偶像的味道，表现究竟会如何？那就看看他第一次上韩版《跑男》在许多嘉宾没摸清楚赛制与规则的情况下鹿晗已经能一眼识破，李光洙假装作摄像师的计谋，迅速生擒对方唤队友围剿。事后还不忘与光洙欧巴合影留念礼貌道歉，一整套人情得满分。当期节目播出之后，鹿晗登上了韩国搜索榜第一枚。如今如何适应已经播了两季的《跑男》气场并获得一席之地才是难点。相对其他外放型《跑男》卡司，鹿晗大可定位为内敛的高情商小鬼头。冷眼看八卦，娱乐猛回头！

"叫什么名字？"

"我叫鹿晗。"

"好意头，告诉别人你有多厉害，阿晗？"

"没有，我只会唱歌跳舞。"

"切，我也会！"

（本章的综艺节目文字实录整理自爱奇艺网站的综艺节目视频）

第四章
综艺益智类节目主持实训

【本章导读】综艺益智类节目是综艺形式与益智功能的集合体，这个集合体用轻松快乐的方式实现了让嘉宾、观众开动脑筋、挖掘脑力，传播文化、普及知识的益智功能。说到国内有影响力的益智类节目大家首先想到的也许就是央视的《开心辞典》，这的确是一档标志性的综艺益智节目，这档节目从2000年7月开播，仅用半年时间就跃居其所在的央视经济频道的收视率第一，收视率最高时达到3.79%，引领了多年的收视风潮。

《开心辞典》的成功也带领了各级电视台及制作公司对益智类节目的热情，各种万变不离其宗的综艺益智类节目层出不穷。而近几年，单纯的答题得奖的形式又被改良和提升，出现了如《一站到底》这样使嘉宾全场参与，并通过赛制使节目更具对抗性，增加可看性的综艺益智节目。当然，这些节目的嘉宾还多是我们身边的普通人，更多的还是比拼知识的积累，有的时候选手的成功可能也有幸运的成分。

而在2014年刚刚开播的《最强大脑》，可以说是成了大家习以为常的常规综艺益智类节目的加强版，不但节目形式推陈出新，除了主持人，还有相对庞大的嘉宾评审团，甚至还有资深学科专家坐镇，舞台更大、道具更炫，每一个挑战都使受众充满了期待、充满了新鲜感。而居于参与主体的嘉宾或者说是选手，虽然也来自普通人群，但他们所具备的能力、他们的大脑所蕴含的能量显然超过普通人群，有些人被科学评审都称为天才。这样升级加强版的益智节目给荧屏带来了新鲜血液，引发了新的收视热潮。

在出现升级版的同时，一些综艺益智类的节目选择了更有文化传承功能的切入点，比如《汉字听写大会》《汉字英雄》等。以现代的科技手段作为技术支持，围绕汉字文化和国学历史等知识，设计丰富多变的题型，聘请主考官、评审嘉宾等形式，选取正在成长、汲取营养、象征着民族未来的少年为参与主体，这些节目既做到了吸引收视，又兼而起到了传承文化的重要功能。

这些大量涌现的综艺益智节目，在形态各异的外表下，也有着共同的类型特点。

第一节　综艺益智类节目的特点

1. 寓益智于娱乐

综艺节目太追求娱乐效果会显得肤浅，益智节目太想开发脑力又容易说教，综艺益智类节目融合了综艺和益智的优长，使两个功能相得益彰。

时下受众关注较多的综艺益智节目，都是借助了丰富的综艺节目设计理念，比如《一站到底》，说到底核心是对选手们知识储备的比拼，但是竞技设置成擂台的形式，擂主既要有充分的知识积累，又要在选择对手上具有一定的策略，是在比赛前期为了保证擂主地位选弱势选手，还是为了最终走得更远获得更多大奖先把强手PK掉？这的确是个需要思考的问题。而失败选手的离场方式更是惊心动魄，也在某种程度上吸引了眼球。多么聪明冷静的选手，甚至是仪态万方的淑女，到了失败离场那一瞬间也是以各种出其不意的表情和动作坠落舞台之下。这些情境和环节的设置都增加了节目的附加值，提升了可看性。

2. 普及文化知识

综艺节目也可以实现普及文化知识的功能，这是综艺益智节目的长项。形式轻松，却让成年人回顾和温习了曾经掌握得很好现在却已经生疏的知识，让青少年在节目中印证和补充了学校里所学的知识，而所有的受众都在轻轻松松看电视的过程中拓宽了知识面，电视作为大众传媒的优势直接起到了普及文化的作用。而且像《开心辞典》《一站到底》中的题目包罗万象，除了古今中外的文化知识，还有生活中非常实用的小常识，受众们看了节目、享受了愉悦时光，同时潜移默化地丰富了生活。

《汉字英雄》《汉字听写大会》等节目，则把切入点选得更具体，从汉字文化切入，在人们常常提笔忘字的今天，以汉字为载体，让大家在看节目、看比赛的同时，温习汉字的字音、笔画、意义，同时与其相关联的传统文化更是得到了传承。

3. 弘扬科学精神

对知识的崇敬、对未知的探索，这永远是人类的不懈追求，如果说尖端科技离普通百姓的生活太远，但科学的精神是永远应该被弘扬的。在这些综艺益智节目中，那些在比赛中表现出广博的知识、顽强的意志，以及乐观精神的选手和嘉宾们都为大家所赞赏，站到最后、取得最终胜利的强者更是受到大家的充分肯定。这是一种积极的舆论导向，一个节目拨开炫目的外壳，内涵和实质若是对科学、对进取、对乐观的推崇，这是非常可贵的。

我们也在节目中看到一些青少年甚至是儿童，以非常小的年龄，掌握着让成年人都叹为观止的知识和技能，比如《一站到底》中的一些少年选手，《汉字听写大会》中来自全国各地的中学生选手们，《最强大脑》中的一些孩子——还有学龄前的，都表现出超乎寻常的能力，这不但让观众赞叹，更是展现了祖国花朵的风采。这对他们的同龄人甚至是对成年人都有着积极的引导作用。

第二节 综艺益智类节目的主持技能要求

综艺益智类节目的特点，使得主持人在主持过程中既要营造轻松愉快的氛围，同时又要表现出应有的文化底蕴和知识引领，所以这些典型节目在主持人的选择上，多是既有能够支撑节目的文化内涵，又有一定调节氛围和控场能力的主持人：《开心辞典》中经济记者出身、有着知识女性气质同时又体现亲民风格的王小丫；《汉字英雄》中曾在央视综艺频道担任主持人、制片人，既主持过《挑战主持人》这样的综艺节目，又担纲过《文化访谈录》这样的深度文化访谈节目的马东；以及《最强大脑》中复旦大学的精英副教授，早在1993年的首届国际大专辩论赛（现名为：国际大学群英辩论会）中就获得最佳辩手而年少成名的蒋昌建。这些主持人都具备非常高的职业素质，这也给综艺益智类的节目添色不少。

即使本身已经具备较高的综合素养和职业能力，对于综艺益智类节目的主持人来说，依然有很多技能上的要求需要去完成才能更好地掌控节目。

1. 充分的案头备稿

本身作为主持人在节目前期就需要做大量的案头工作，备稿的任务非常重要，而对于节目内容当中包含大量知识性、专业性内容的综艺益智类节目来说，前期的案头备稿工作更显得必不可少，而且主持人需要把内容看懂吃透，有很多时候还要了解大量相关的知识和背景，才能很好地掌握内容、把握节目，在主持过程中才不会显得生疏。

2. 适当的控制引导

适当的控制引导在综艺益智节目中显得尤为重要。这既包括对选手、对参赛嘉宾，也包括对评审和观众。只有把场上的所有参与元素都调动起来、恰当引导，才会达到最好的节目效果。

主持人面对参赛选手和嘉宾，最大的任务就是在有限的时间内让他们表现出最好的自己，既发挥个人的能量又为节目添加亮点。选手都来自普通大众，大都是第一次面对镜头，站在如此大、如此炫目的舞台上，难免有些紧张，舒缓选手的紧张情绪，也是主持人需要去发现、关注和解决的问题。

在综艺益智节目中，评审嘉宾的设置，既给节目带来了专业的衡量标准，画上了权威的标签，同时又增加了一个闪亮的元素，当然也要求主持人能够良好地调动嘉宾，使嘉宾起到应有的作用。方文山，带来了宝岛台湾的清新空气，给这个评审组合增加了不一样的味道。主持人马东在节目进程中，既能很好地调控选手，积极地激发评审嘉宾在节目中的作用，又能适时地把握节目的节奏，使节目内容丰富紧凑，选手嘉宾各显其能。

再看《最强大脑》，节目中的常态评审阵容——梁冬，专业主持人出身，思维敏捷，语言犀利，很会活跃现场气氛，与蒋昌建互动；李永波，原来的优秀体育运动员，现在的国家体育总局官员，很多涉及肢体运动及专业训练的比赛内容他都能从业界的角度去分析；陶晶莹，又是一个宝岛元素，她有主持人的专业素质，又有女性的聪慧特质，在节目中配合意识强，有时甚至感觉她能承担起第二主持人的作用，又不觉做作和突兀，使节目十分添彩。而在节目中非常新鲜的元素 Docter 魏，代表科学的评判、理性的思维。面对

这样多元的评审阵容，蒋昌建虽然是一名主持新人，但却是优秀的高校学者和曾经的最佳辩手，但他没有自己滔滔不绝，也没有表露观点与他人雄辩，他很好地适应了主持人的新身份，在节目中经常适时地把问题抛给嘉宾评审、抛给科学评审，在评审席中出现争论的时候他还能控制场面，并在争论结束时给这个事件一个高度概括提升精髓的结语，让观众的心情豁然舒畅。

3. 有度的氛围营造

作为综艺益智节目的主持人，是不是为了节目有一定的格调、为了显示科学的严谨，就要有板有眼严肃认真呢？其实在保持正确导向的同时，完全可以有度地进行氛围的营造，一点紧张的小气氛，有时更会激发选手的潜能，更会带动现场和电视机前观众们的热情。

有度的氛围营造，非常典型的例子就是《开心辞典》中王小丫的那句："你确定吗？"这句话曾经迷惑了多少选手，又帮助了多少选手，让观众们如何捏了一把汗又如何轻松地释怀。甚至在《开心辞典》盛极一时的时候，还有人悉心研究了王小丫的"你确定吗"攻略，分析在王小丫什么样的表情、语气情况下是提示选手对或者错，说得有根有据的，可见这样的氛围营造是多么深入人心，多么成功。

《最强大脑》的开场，蒋昌建的一句喊话："中国的最强大脑在哪里?!"立刻点燃全场的热情，观众们则欢呼着回应："在这里!"节目的氛围被极大地调动起来。而节目中的很多时候，选手们的挑战项目进行完之后的公布答案环节，蒋昌建都会有意识地放慢节奏、营造紧张气氛，吸引所有观众的高度注意，并且配合动作、音效等，使答案在呼之欲出的时候又增添一份未知的神秘，而当答案最终出现，紧绷的现场会被瞬间引爆，观众的欢呼一起迸发，开心的笑脸、竖起的大拇指，都给了欲扬先抑的氛围营造一个最好的终极效果。

第三节　综艺益智类节目典型栏目分析与实践

1. 《开心辞典》

《开心辞典》是综艺类益智节目的先行者和典型栏目，它是中央电视台经济频道（现在的财经频道）在2000年全面改版时为响应党中央"科教兴国"号召，结合频道特点，推出的综艺益智类节目。《开心辞典》开播伊始便以强劲势头迅速切入益智节目市场，仅用六个月时间，收视率就跃居央视经济频道第一，最高时达3.79%；此后收视率稳居央视经济频道前两位，成为每周五22：05中央电视台所有频道同一时间档固定节目中观众最多的节目，并逐步成长为全国综艺益智类节目的领头羊。

《开心辞典》出现的初期让全国的观众都眼前一亮，利用"家庭梦想"和"平民智力英雄"等核心概念，使观众们看到与自己一样的普通大众来到比赛现场，通过新颖的选拔方式坐到主考官王小丫的对面，带着自己的家庭梦想用答题的方式一步步地去实现。而题目的设置更是包罗万象，从科学知识到生活常识，有的需要丰富的知识储备，有些还需要分析甚至运气。这一切都吸引着电视机前受众们的目光，随着节目的进程一起听题、一起思考、一起开心、一起叹息。

《开心辞典》的成功带领着综艺益智类节目进入了空前繁荣的阶段，它自己也成为一个绝对的标志栏目。主持人王小丫和尼格买提也因为清新亲和的主持风格，与节目相得益彰，获得了普遍的好评。

下面来看一段王小丫和尼格买提在节目开场时的主持词：

王小丫：现场的电视机前的观众朋友大家晚上好！

尼格买提：欢迎来到全新一期的《开心辞典——开心学国学》。掌声欢迎一下自己。

王小丫：今天我们的开场就是非常不一样。

尼格买提：是。

王小丫：那今天现场的一百位选手，来自于五十多个不同的国家。

尼格买提：今天的"开心学国学"充满了洋味。这一百位选手，有些在中国好几年了，有一些在中国可能只有几个月的时间，虽然时间长短不同，但是每一天时时处处每个细节都在感受着中国传统文化的魅力，那今天我们将会通过六道题目来考验一下一百位外国的朋友对于中国文化、对于国学的了解又有多少。

王小丫：在这个分享的过程当中还有一位良师益友，这就是我们国家非常著名的学者——周岭老师。

尼格买提：欢迎周岭老师！

王小丫：今天的题目对于各位来说有一种不一样的地方，因为他们时时刻刻都在会和自己的文化做一个比较。

尼格买提：是，相信所有人都已经做好了最充足的准备。来，马上就进入我们的答题环节。那么，亲爱的朋友们，我相信大家对于我们今天的节目的最开始表演的那位嘉宾，呦，太眼熟了，哪见过呢？这一位太火了，来，掌声送给玛利亚。欢迎你！在电视机前很多很多观众都特别喜欢玛利亚，今天来到"开心学国学"有没有什么打算？

玛利亚：我很高兴，今天我们要让所有的外国人爱中国人，爱中国的文化。

尼格买提：说得太好了，掌声鼓励一下。好的，接下来呢，我们马上就要进入答题的环节了。其实规则很简单，100位选手，6道题目，2种选择，1个结果。最终剩下的那几位选手，甚至是最后一位选手，将会拿走最终的一万元大奖。幸运儿究竟会是谁呢？我们目前都不知道，一起期待一下最后的结果，开心学国学，老外来答题。一起加油吧！

在这段开场中，王小丫和尼格买提用轻松明快的语言，诠释了《开心辞典》以开心为载体带给观众知识和欢乐的节目宗旨。王小丫在节目中表现出优雅和知性的气质，提升了节目的整体知性元素，尼格买提作为年轻而有活力的主持人，带来了青春向上的气息。

而《开心辞典》的"开心学国学"，以节目为最好的载体，普及和传承了国学知识。

节目在于文华优美歌声的吟唱中开始，王羲之《兰亭序》中记叙的文人聚会的情景仿佛再现，曲水流觞，游目骋怀，一觞一咏，畅叙幽情。面对来自全国各地的 100 位选手，主持人小丫说："开心学国学"就是一个民间国学爱好者的聚会。著名文化学者周岭先生继续坐在"开心学国学"点评嘉宾席位，2009 年周岭先生就曾在"开心学国学"第一季节目中以他渊博的学识、独到的见解和深入浅出的讲解征服了选手和观众。这次再来"开心学国学"，周岭先生风采依旧。小丫请书法家现场书写一幅对联："因荷而得藕，有杏不须梅。"提出相应的问题是：这幅对联更适合在哪一个场合用，开业大吉还是新婚大喜？周岭先生不仅分析了对联本身"藕"同"偶"、"梅"同"媒"的暗合用意，也说到了这幅对联的作者宋朝吕蒙正，并由此引出吕蒙正的另一幅名联：上联是"二三四五"，下联是"六七八九"，其意是"缺（一）衣少（十）食"，横批是"南北"其意是"没有东西"。说到这里，小丫现场也出了一幅对联，上联是"坐南朝北吃西瓜皮往东甩"，下联是"至上而下读左传书往右翻"。周岭先生现场称赞，说楹联的确在民间有着广泛的应用，也凝聚了普通百姓的聪明智慧，国学就在民间。"开心学国学"是益智答题节目形态，以国学为主要内容，以中国优秀传统文化为根基。与第一季不同的是，题目内容更加民间化。在题目设置上，"开心学国学"延续了《开心辞典》一贯的亲民风格，在保证题目严谨的前提下，题目表现手段丰富多样，出题角度生动有趣，结合道具实物、影音、动画以及明星现场表演等多元化电视表现形式。著名歌手周杰伦的歌中也藏着题：周杰伦传唱度很高的《青花瓷》也作为题目出现在节目现场，用来考量选手的历史文物知识。"天青色等烟雨，而我在等你"，小丫现场拿出两件瓷器，问哪一个是天青瓷？这样的题目结合了年轻人们的喜好，所以很受欢迎。

2. 《一站到底》

《一站到底》是江苏卫视重金打造的综艺益智节目，该节目是于 2012 年 3 月 2 日晚 22 点整上线与观众见面。这档新形态的益智攻擂节目打破了纵横十年的人气益智节目《开心辞典》那种平民与主持人对抗的模式，而是采用了攻擂的形式让平民与平民进行激烈对抗。此外，该节目也大胆地启用了新鲜的主持阵容——李好、晓敏夫妻，这也是全国首对夫妻档主持。

按照江苏卫视的说法就是：主持人提问参与者答题的简单模式逐渐缺乏了新意，这档新形态益智攻擂节目，打破死板的主持人问参与者回答的模式，而是采用场上参与者分别单独厮杀的模式，让不同职业、社会标签的参与者在限定的时间内进行PK，过程充满了游戏和博弈的悬念。节目的参与人员各自的年龄、身份、文化层次都不尽相同，从平凡的出租车司机到在微软这样国际级企业就职的高管金领，从学识渊博的博士教授到还在上初中的小孩，每个领域、层次的人都在一个平等的舞台上公平较量，他们之间的条件不仅仅在于某一方面的专业深度，而是知识面的广泛和博弈的运气。小人物也可能成为益智节目的大英雄。人和人的较量，让这个益智类的节目充满了不可预测性，引人入胜。

这样一个增加新鲜元素和竞赛结构的节目形态，加上李好和晓敏这对夫妻档，的确使《一站到底》吸引了众多观众的视线。这对夫妻档在节目中也是相得益彰，既能在节目中灵活衔接、把握节目的进程和节奏，又能在选手间巧妙周旋、适度激励选手间的竞争以增加节目色彩，同时又能以夫妻的特殊身份调节氛围。在《一站到底》节目中的出色表现也使得这对夫妇在2013年度中国播音主持最高奖项"金话筒奖"的评选中双双得奖。

《一站到底》以攻擂为特点的节目形式，既是观众的看点也是节目的卖点，在节目中主持人也是把这种特点渲染得淋漓尽致，比如在2013年年底的一期节目中，两位主持人的开场就突出了这种特点，延伸了观众的收视期待：

李好：各位亲爱的电视机前的观众朋友们，还有现场的朋友们，大家晚上好！欢迎收看江苏卫视《一站到底》，我是李好。

郭晓敏：大家好，我是晓敏。

李好：马上到年底了，这一整年来我们都在反复地说一个词，叫作诸神之战。很多人都特别期待在年底的时候可以看到所有的战神们齐聚《一站到底》的舞台，来一场终极的对抗。但是呢，也要特别跟大家说明在诸神之战到来之前我们也推出了另外的特别企划，比方说名字就叫作复仇者联盟。将会有很多在我们舞台上表现特别优秀但是没有能够成为战神的选手再次重返《一站到底》的舞台，来一场大较量。

郭晓敏：是的，比方说有像被网友封为1080度无死角的檀越。

李好：是。

郭晓敏：还有军人气概的消防战士夏萌颖，以及14岁就考上北大的神童。虽然他们不是战神，但是这次都将回到《一站到底》的舞台来参加复仇者联盟之战。而最终的获胜者将会获得诸神之战的入场券。

李好：希望本场能够有战神出现，至少有优秀的选手可以直达复仇者联盟的比赛，好吗？让我们掌声有请今天到场的10位守擂达人，欢迎大家！

这段开场节奏紧凑，预告了节目进程、突出了内容看点，介绍升级的赛制和强劲的参赛选手，使得观众对将要播出的下阶段要播出的节目都充满了期待，并且从介绍中迅速转入本期节目的主题，干净利落。

作为夫妻档，两位主持人自然很有默契，而且节目中也有很多话题或者是调侃是由夫妻生发开来的，这可能是其他主持人所无法做到的，比如介绍下面这个选手时：

李好：掌声欢迎今天到场的第一位挑战者走上我们的舞台。

杨宇：哈喽，大家好，好哥好，敏姐好。

李好：你好，握个手握个手，是一个很快乐的小胖子。你跟人家也握个手啊。

郭晓敏：欢迎你，杨宇。

李好：没关系啊，虽然是我老婆，握手是可以的。

杨宇：没事，我老婆也给你握。

李好：是吗，老婆也来了？

杨宇：来了。

李好：在哪儿呢？

杨宇：在下面等着呢。

郭晓敏：先让他介绍一下他自己，然后再介绍他老婆。

李好：下去我就跟他老婆握手。

杨宇：没问题。大家好，我叫杨宇，我来自安徽合肥，大家刚才看到我的手势了吧，我是一名开膛手，大家不要误以为是美国恐怖片那个开膛手，我的工作性质正好跟他相反，他是杀人，我是救人的。我是一名外科医生，而

且是泌尿外科的医生哦！大家都很好奇泌尿外科是做什么的，其实我要告诉大家，泌尿外科就是针对人的泌尿系统，像肾、输尿管、膀胱、尿道。俗称人体的下水道。

李好：好，今天我们的挑战者是一位泌尿外科的医生，看看到底能挑战几位。杨宇，走上挑战位。

而如何在选手周而复始的攻擂守擂环节中使节目不至于沉闷？如何调节现场气氛？这可能就需要在衔接的时候善于寻找和发现选手身上的亮点和不同于他人的特别之处，让这些选手的特殊身份和经历带给大家新鲜感，既让观众对他们加强期待，又能调节擂台赛中紧张的气氛。下面介绍的这位姑娘就很有特点，主持人的一个"岛主"的称谓让大家充满了好奇，这个姑娘是如何成为现代社会中的岛主的？

李好：面对场上的10位守擂者，今天每个人的服装都挺有特色的啊。看看杨宇要如何进行选择和判断。谁将会成为今天晚上你的第一位对手呢。挑人开始。

选手杨宇：2号。

李好：你为什么选了漂亮的姑娘？

选手杨宇：因为我比较怜香惜玉嘛。美女嘛，都很爱美。但是我告诉你站得久了小腿会静脉曲张的，所以我想先让你下去休息一下。

郭晓敏：好，来看看她的关键词："岛主"，来介绍自己——

选手赵丽舒：Hello，大家好，我叫赵丽舒。我来自美丽的春城——云南昆明。那大家看到我的关键词是"岛主"，是的，因为前年夏天的时候我参加了杭州女岛主的选拔赛，最终获得了密山岛的岛主。大家有没有听过这样一个故事，就是一个和尚挑水喝，两个和尚抬水喝，三个和尚没水喝。那这个故事呢，就源于密山岛。因为这个比赛不只是一个单纯的选美比赛，它最重要的还是看选手的综合素质。所以我也养成了岛主的精神。那今天呢，我来到这里也是带着岛主的精神来的。不管去哪里的话都要了解当地的历史文化。

下面这位选手的出场和答题环节中主持人就在即兴交流时做出了一些小调

侃来活跃气氛：

选手吴洋：大家好，我是来自南京的吴洋。我曾经是一名运动员。在七年的运动生涯里有一次体育加试，我的100米跑到了12秒37。
郭晓敏：所以你是一个灵活的胖子。好吧，两位做好准备，答题开始！网络用语中，常用哪两个相同的字母称呼女孩？
选手杨宇：MM
郭晓敏：通常衣服上会用哪两个字母表示加大号的衣服？
选手吴洋：XL
李好：你应该经常穿。

有时面对热情的选手，主持人如何来应答？并且能够把握节目的进程，使节目不会拖沓？我们看看下面这段：

郭晓敏：好，我们也恭喜刘华伟成为了第二位挑战者。
刘华伟：好哥，如果你不记得大明湖畔的夏雨荷，那你记得新疆伊犁河畔的好弟吗？你曾经在新疆失散的这个弟弟，戴着新疆一顶特有的花帽到这里。
李好：新疆我还真去过，我还走过很多地方，从南疆到北疆，穿过沙漠公路，走过戈壁滩，去过胡杨林，但我真不记得有你这么一个我认识的弟弟。
刘华伟：当你戴上这顶特有的花帽时，你就会想起我这个弟弟。戴上花帽的他像不像他的弟弟。
李好：我为什么要去像一个你的弟弟，何况我还不知道你是干什么的。我干吗要戴这个小花帽？
刘华伟：一顶新疆的小花帽送给您，做个纪念。
李好：哦，这样的。那我愿意戴。

3.《汉字英雄》
《汉字英雄》是河南卫视与爱奇艺联手打造的中国国内首档大型网台联动的综艺益智类的季播节目。节目集综艺性和知识性于一体，又将文化和娱乐相融合，集合全国各地识字最多的青少年倾情参与，意在为青少年打造展示

自己掌握汉字水平和个性的机会和舞台，旨在提高当下电视和网络节目的内容深度，挖掘自制节目的社会和媒体价值。节目由知名电视人马东担任主持，于丹、张颐武等文化名人鼎力加盟担任评委，掀起了汉字文化的热潮，引领了新的综艺节目形式。

《汉字英雄》是国内首档大型台网联动节目，既融合了爱奇艺网站的创新理念，又借力于河南卫视的卫视播出平台；既运用了先进的综艺节目制作手法，又承担起文化传承的功能。所以《汉字英雄》在2013年的暑假一经播出就立刻掀起收视热潮，收视率直逼《中国好声音》《一站到底》等高收视率综艺节目。

《汉字英雄》是由既是节目主持人又是制作人的马东带领的顶尖制作团队原创打造，首次以汉字为载体，为青少年建造文化传承的平台，同时深入挖掘少儿选手的日常生活故事，凸显选手个性，节目形态呈现独特性与多元化的特点。在综艺益智以及游戏竞技的外部形式下，该节目更关注青少年对汉字知识与文化传统的认知以及对青少年内心世界的触探。马东表示，"节目还整合了互联网与电视双重平台的各自资源优势，在舞美、视频效果等方面加大投入，营造出炫目的舞台效果"。《汉字英雄》在保证知识性的同时，还注重丰富节目的趣味性与娱乐性，这也在很大程度上增强了节目的可观赏性，成为了综艺益智节目中的新标杆。[①]

正因为如此，这档节目看起来不但富于知识性，完成了普及知识以及文化传承的功能，同时又因为综艺节目的制作手法而非常具有可看性。

4.《最强大脑》

《最强大脑》是江苏卫视制作播出的一档邀请国内脑科学领域内的顶尖学者和知名专家、德国原班制作团队参与录制，选取来自普通百姓的平民脑力精英参赛的节目，通过初选、卡位赛、中外对抗赛等赛程，选出"中国最强大脑"，并迎战国外"最强大脑"选手。

这样一个节目，体现高级脑力的竞技，又有承担各种功能的多个嘉宾参与，同时还有现场观众，这需要一个主持人既有综合全面的个人素质，又具备一定的主持能力。所以最终，本来被邀请担任评审的蒋昌建却从台下走到

---

① 部分内容借鉴于百度百科。

了台上，成了主持人。在接收采访时蒋昌建曾说自己是"菜鸟"，并且表示："如果我没参加过辩论赛的话，今天我在舞台上也还是这个样子，这也许与我从事教育工作多年有关，如果对一堂课的节奏能够把握得很好的话，舞台和讲台之间是可以相互借鉴一下的。但做主持人又跟教书不一样，上课前的教学大纲会准备得很充足，但做这个节目，由于选手的时间很紧张，我们往往要等到录影前的一个半小时才能拿到最后的串场稿子，所以很多情况下还是要靠临场反应。"[1] 也许蒋昌建自己也没有想到，《最强大脑》中的蒋昌建，虽然自诩在节目主持界是新人，但是在主持中却展现出很多亮点，比如在开场介绍嘉宾时，面对观众们已经很熟悉的知名嘉宾，有一些是在节目播出时段正当红的国内外艺人，他没有千篇一律地去介绍嘉宾的个人信息，而是通过与嘉宾的互动，既完成了引入环节，又使嘉宾自然而然地融入了节目。

我们来看2014年3月播出的一期《最强大脑》中外挑战赛的开场：

蒋昌建：世界的最强大脑在哪里？

观　众：在这里！

蒋昌建：你的天赋就是人类的财富，我们要让科学——

观　众：流行起来！

蒋昌建：今天是中外对抗赛的第二场，中国战队将对战西班牙战队。中国战队会乘胜追击吗？那么西班牙战队会以什么样的姿态来捍卫欧洲脑力精英的荣誉呢？我们还是介绍一下我们这一次的嘉宾和评审，他们是：陶子、魏教授。当然我们还有三位新加入的重量级嘉宾，他们分别是：香港著名影星张柏芝女士，欢迎你。

陶　子：好漂亮好漂亮！

蒋昌建：还有一位也是重量级的嘉宾，来自美国西北大学。他的研究领域是大脑行为和认知能力。欢迎国际评审：康纳德·科汀教授。好，观众朋友们肯定看到了，在我们的位置上好像缺了一位，他是谁呢？我现在可以告诉你，他就是来自星星的都敏俊教授，也就是韩国著名影星——金秀贤！

观　众：（欢呼）

---

[1] 接受《天天新报》采访时所说。

陶　　子：（对着观众大喊）都敏俊西！

观　　众：（齐声附和）都敏俊西！

陶　　子：撒郎嗨呦（韩语：你好）！

观　　众：撒郎嗨呦！

蒋昌建：有请他到台上来吗？我就知道了，（都敏俊献花给另外两位女嘉宾）一给女人鲜花，女人就情不自禁了。

张柏芝：没有，我是最讨厌玫瑰花的。

蒋昌建：啊？为什么？

张柏芝：我一辈子所有男生送玫瑰花给我，我都一脚就踢开了。

陶　　子：给我给我！

张柏芝：这一次我不行呀，我定格了。

陶　　子：要礼尚往来。这个要送给都敏俊，这个是我的唱片（又用韩语表述一遍）。

都敏俊：谢谢你。

陶　　子：因为他熬夜很辛苦，所以我特地为他准备了鳖精。一盒是送给他的，这上面有些怎么吃。一盒是送给裴勇俊。

蒋昌建：我们还是要请都教授到台上来，让我们大家看得更清楚一点。你好都先生！

都敏俊：（用中文说）大家好，我是金秀贤。能够受邀参加这个有高人气的节目，我觉得很开心。我希望在这里和大家度过一段快乐的时光。

观　　众：（欢呼）

蒋昌建：你一上来就送花，什么原因？

都敏俊：因为我来之前知道今天是3月8日妇女节，又有两位美丽的嘉宾，所以我特地准备了两束花献给她们。

蒋昌建：哎哟，谢谢谢谢。我知道你有很多超能力，其中有一项是就是让时间静止。如果你可以让时间静止，你愿意把你人生的哪一个阶段静止一下？

都敏俊：如果一定要给一个时间的话，我愿意把时间定格在现在（观众欢呼），我觉得在这里非常开心，也感谢你们对我的支持。希望我们一起度过这段开心的时光。谢谢！

陶　　子：我有问题要问他，他喜欢什么样的女孩子？

蒋昌建：好问题！

都敏俊：我喜欢不太注重修饰自己的女生。

蒋昌建：谢谢！（都敏俊回到嘉宾席）柏芝，百忙之中为什么挤出时间到这个舞台上来？

张柏芝：因为这个节目让我觉得很强大的感觉，我很想亲眼看见这么厉害的人。然后今天也特别的幸运。

蒋昌建：那么科汀教授不远万里来到中国，为什么？

科汀教授：我非常激动能来到节目现场，是科学推动了社会进步，科学解决了人类所有相关的问题，我希望科学能够流行起来。我想和所有人分享我对科学的热情。

蒋昌建：掌声鼓励一下。接下来我们回到比赛现场，看一下比赛规则。现在我宣布，中国队和西班牙队的对抗赛，马上就要开始！

我们看到这段开场中，蒋昌建在简单逐位介绍过嘉宾之后，特地将当时由于《来自星星的你》热播而爆红的金秀贤请上台，利用金秀贤的超高人气带动了全场观众的热情。并且结合《来自星星的你》中金秀贤扮演的都教授具有超能力的特点来问金秀贤希望将人生哪一阶段静止，非常有配合度的金秀贤回答说希望定格在《最强大脑》的现场，于是又掀起了全场的热潮。

对于张柏芝和科汀教授，蒋昌建也同样以问题代问候，询问他们为什么来《最强大脑》。嘉宾在回答问题的过程中，既非常自然地进入了节目的录制状态，又表现出节目对各界人士的吸引力，起到了很好的开场效果。

而且对主持中的细节，蒋昌建也是非常用心去思考的，比如在被采访时他曾谈到节目组给了他很大空间让他按照自己的方式去主持节目，"节目组完全是让我自由发挥。在前面几期播出后我看到一些观众的意见，就跟节目组说我是不是要改变一下，导演组还是让我做自己就好了，后来我发现这是他们给我的一个'陷阱'，实际上是让我不要太紧张。也有很多观众说，为什么你总是说'挑战开始'，不能换点其他词，干脆、有力量是我的风格，但我必须说'挑战开始'，而不能说，'好吧，现在请接受你的挑战'这样的话，因为实际上这四个字后面涉及了很多工种，现场的音效、灯光、机位，还有选手

的准备都在等我这四个字话音落下,所有工种同时开始配合。"从蒋昌建的话中我们看到,主持人在节目中的表现的确是要综合多个方面的角度去仔细权衡和思考,最终才能拿出一个相对来说效果最好的方案,而在这个方案中,主持人绝对是最重要的那一环。

而蒋昌建也的确是在节目中充分地体现了他"干脆、有力量"的风格,比如下面这一期节目的开场,简洁紧凑、迅速切入节目:

蒋昌建:世界的最强大脑在哪里?
观　众:在这里!
蒋昌建:你的天赋就是人类的财富,我们要让科学流行起来,好不好?
观　众:好!
蒋昌建:在两个多月的时间里,一个又一个最强大脑的人才在这个舞台上脱颖而出。他们用他们强大的脑力来征服场内外的所有观众。不过,今天,这是晋级赛的最后一场。参加晋级赛的所有选手要争夺加入最强大脑中国战队的最后的名额。那么,就让我们来看看今天的第一位挑战者。

除了对节目可预见的常规设计,当节目中出现了非常规的情况,该如何去处理,这一直是主持人面临的一大挑战。在《最强大脑》这个节目中,有时是选手的紧张,有时是评审对选手的质疑,有时甚至是评审对评审的质疑,面对这些情况,蒋昌建是如何应对的呢?

在中国区的选拔赛中,由于赛制的特点,嘉宾评审给出的分数要乘以科学评审给出的系数才是选手最终的得分,而嘉宾评审对项目难度的认知有时却和科学评审给出的难度系数大相径庭,这时常造成嘉宾评审和担当科学评审的魏教授之间的争论,在2014年2月一名叫赵淑芳的选手的返场打分环节中暴发了最强烈的一次争论。

赵淑芳在之前的节目中出场挑战,但魏教授当时由于不能确定她的能力的性质没有给出难度系数分,在魏教授带赵淑芳进行了相关测试后赵淑芳再次返场,但魏教授仍然只给出了1分的难度分,这在节目历史上是前所未有的,从而引发了嘉宾梁冬和魏教授激烈的争论(具体争论内容可以在本章第四节的"拓展训练"中查看)。在让双方都基本表达了观点之后,蒋昌建为了不影响节目的进程没有让争论继续，而是拉回评分环节，并在最后做出了非常适度的总结陈词：

蒋昌建：魏教授，这时该你最后做结论了。
魏教授：我觉得我的结论就在我的打分里面。
蒋昌建：就在你的打分里面？
魏教授：对。
蒋昌建：你非常坚定？
魏教授：我非常坚定。
蒋昌建：好。
魏教授：在现有的智力和脑力的测量里面这个能力不等于才能。
蒋昌建：好。
魏教授：所以只给了她一分，她不能够晋级。
章子怡：《最强大脑》的舞台火药味怎么这么浓。
李永波：男人很奇怪是吗？
蒋昌建：那么对他们这些观点，你的想法是什么？
赵淑芳：我的文化水平太低了，有些科学术语我也听不明白。我就一开始上节目的时候就奔着一个目标，文科生解决不了的问题我感觉科学家能给我一个正确的答案。
李永波：科学家如果不能够真正给出非常明确有说服力的答案，还不如继续保持不打分（魏教授第四期没有给该选手打分）。
赵淑芳：我觉得也是。
魏教授：不是这样的，我们应该分成两部分：一方面是打分体系，选最强大脑的体系，这方面我们是绝对有把握的；第二部分是这些能力的机理是什么，认知机理是什么，神经机理是什么，具体回路是哪个回路，负责你这个超能力。这个方面来说，科学当然都没法回答，很多都没法回答。
李永波：我还是那句话，魏教授的权力太大。当然我尊重科学，也尊重魏教授打出来的分数。因为我很难理解，我只能觉得非常遗憾。今天尽管说在这里因为魏教授没有给你分，其实他的科学水平也不是很高，所以你没有过关，但是今天你的表现我觉得我还是愿意代表中国羽毛球队的冠军们祝福你。

然后这只球拍我想亲自送给你，我也带到了现场，这是所有冠军的签名，包括我的签名。

赵淑芳：谢谢，李教练。

蒋昌建：谢谢，永波老师。

章子怡：很无奈。

李永波：最后这声"唉呀"是对你来的，这声"唉呀"是送给你的。

蒋昌建：我觉得观众朋友们你们非常幸运能够看到四个评审为了一个科学的议题据理力争，这个科学的精神是难能可贵的，所以掌声给到四位评审，谢谢你们。

我们看到蒋昌建作为主持人在场上嘉宾情绪激动进行辩论的时候，适度地把握了节目的进程，果断把大家拉回评分阶段，并用简单明了的句式递进确认魏教授所给出的结果，并就这个结果询问了选手的感受，体现出对选手的深度关怀。同时，在这个段落的结尾，蒋昌建用他的陈词告诉大家，这并不是简单的争论，也不只是个人思想的交锋，而是评审们秉承科学的精神而对真理的探讨，为受众的理解做出了很好的引导。

《最强大脑》这个节目还有一个非常突出的特点就是对正能量的提倡和对科学精神的推崇。在节目中的很多细节中，主持人、嘉宾都共同为此做出了努力，也使这个节目充满了向上的积极的力量。

比如有一期中有一位叫黄金东的选手，他本来学习成绩优异，但由于大学期间沉迷网络游戏最终使得大学没有毕业。当他来参赛的时候，从主持人到嘉宾，都不约而同地对他、也是对电视机前的亿万观众讲出了中肯之言。

黄金东：各位嘉宾好，蒋老师好。

蒋昌建：你好，小黄。

黄金东：大家好，我的名字叫黄金东。我的家乡在广西南宁，目前在广州常住，我现在的职业是网络营销，谢谢大家。

李永波：刚才看你的VCR当中，你的小学和中学都非常的优秀。

蒋昌建：我补充一下，他获得奥数二等奖和物理全国一等奖。

李永波：这个网络游戏的问题，就是现在社会共性的问题。很多年轻人都会沉迷于这些网络游戏，包括我的一些优秀的队员们也会这样，确实会影响。所以我想问你：为什么，你本来有很好的基础的。

黄金东：我在读中学的时候，我最大的梦想是成为一个像爱因斯坦一样的科学家。但是上大学以后，我就比较绝望，比较堕落，我当时的感觉是，我做不了爱因斯坦，整个人就比较堕落。我曾经很努力地去想要戒掉游戏瘾，但是我觉得我戒游戏瘾比别人戒烟还难，后来就干脆不去戒它。我现在的认知是完全戒掉我的游戏瘾是不可能的，但是可以转移，就把对游戏的瘾转移到真正对我有意义的事情上去有可能会有很深的造诣。

李永波：我给你一个很好的转移方式，就是你打游戏很上瘾的时候，拿起羽毛拍就好了。

蒋昌建：来，梁冬。

梁　冬：可以这样说啊，因为我中学的时候也参加过奥数和奥林匹克物理竞赛。所以我大概知道，其实难度真的是……

蒋昌建：我想问一下第几名？

梁　冬：区，没有出线。但能代表学校出去参赛也算可还可以了吧。在文科生里面也算数学课代表级的了。我其实很遗憾，以当时你的状况来说绝对是同龄人当中智力比较超群的人。但是呢，因为网络游戏让你沉迷，现在你有没有定立一个目标，让自己重新回到优秀的状态里面去。

蒋昌建：好问题。有没有目标？

黄金东：我现在的认知是这样子，我不喜欢去做计划。因为我觉得计划是永远赶不上变化的，所以我比较喜欢跟着自己的兴趣走。

蒋昌建：好，我们言归正传，挑战什么？

黄金东：我挑战的是二维码识别。

蒋昌建：让我们看一下挑战规则。

在选手挑战成功以后，主持人和嘉宾在肯定黄金东的能力的同时，更对他提出了真挚的希望：

蒋昌建：好，完全正确。非常棒的小伙子，谢谢大家！

李永波：首先恭喜你真的是很精彩，我更希望的是你通过今天的表现能够振作起来把过去你不够努力的那段时间弥补回来。

蒋昌建：好，谢谢。梁冬。

梁　冬：我特别欣赏他这种状态，就是他没有苦大仇深地看很久。咔咔咔，直接就是。这说明他的能力远不止于此。但是我确实要提醒你，的确你以前浪费了很多时间在游戏上，时间不多了，一定要抓紧时间。把上天赋予你的全部用好，为社会做贡献。

蒋昌建：接下来我们请一下子怡。

章子怡：我今天看你表现，我觉得大学对你来说并不那么重要。我觉得你要充分利用自己的天赋去改变自己的人生。因为你还年轻而且你够自信。所以你一定要明确自己的目标，下一步要做什么，你是让我们大开眼界的。

主持人和评审的良苦用心大家有目共睹，相信不只是这个小伙子本身受到了极大的鼓舞，现场和电视机前的受众也会因此感受到积极的影响。这是一个有意义的综艺益智类节目，不但完成了综艺和益智的功能，更增添了积极向上的元素，使节目有了高度和深度。

第四节　综艺益智类节目主持能力拓展训练

1. 关于《开心辞典》的一些实例分析与思考

任何节目都有一个从新栏目到老栏目的成长过程，哪怕是《开心辞典》这样的经典节目也面临挑战和竞争，也要不断从内部调整和改进才能使节目保持好的状态。后期的《开心辞典》从形式上进行了很多的创新，引入了"开心帮"嘉宾等来丰富节目的内容、增加吸引力。这就使主持人在面对选手、掌控节目的同时，还要注意与嘉宾的互动。这种对节目多元的控制对主持人的综合驾驭能力提出了更高的要求。我们来看王小丫是如何主持这个阶段的《开心辞典》的。

王小丫：现场和电视机前的观众朋友们，大家晚上好！要特别欢迎我们今天来答题的100位选手，今天的100位选手呢可以说是50%对50%。50%的选手，50位来自于北京，来给大家打个招呼，另外50%的选手来自于天津，给大家打个招呼。接下来我要为大家请出两位开心帮的成员，这是大家平常都非常熟悉的，著名的节目主持人，我的同事和好朋友，有请肖薇和张腾岳，有请。

旁白：肖薇，中央电视台财经频道的主持人，曾经主持过《半边天》《为您服务》《生财有道》《经济与法》等节目，其亲切大方、稳重的主持风格深受观众们的喜爱。张腾岳曾担任中央电视台《走近科学》《百科探秘》《我爱发明》等节目的主持人，睿智幽默的主持风格给观众们留下了深刻的印象。

王小丫：我们两位开心帮啊，今天其实还是蛮有压力的哈，要给大家出主意，所以他们可以说是战战兢兢地就走到了大家的中间。

张腾岳：我们是敲边鼓的是吗？

王小丫：你们，出主意的。

张腾岳：出主意，也可以把他们往沟里带。

王小丫：我觉得你挺厚道的，你为什么要把人家往沟里带呀。

张腾岳：因为我们平时没机会啊，你们记住啊，我要拿右手说的时候，那可能是对的，要拿左手说的时候，那可能是错的。注意我拿哪只手拿话筒啊。

王小丫：你这不是忽悠呢吧。

张腾岳：先打一小埋伏。

王小丫：当然了，作为一个著名的科学节目的主持人，我在想，你会对自己说出来的每一句话都负责任。对吧，选手们。来，作为一个法制节目《经济与法》的主持人，你对你说出来的每一句话也会是负责任的，对吧。

肖薇：是相当地负责任，而且很有底气，而且我也以前学的专业就是刑事科学技术，所以我说的话，大家也要相信我，对不对。

王小丫：好了，两位开心帮，现在我们已经把他们都已经忽悠到了责任重大的感觉上了。接下来我们就要看看他们如何表现，不过决定权在我们的100位选手的手里。最终，听还是不听由你自己决定。

旁白：答题规则：100位选手答6道问题，答错止步，答对前进。最终，全部答对者将获得1万元梦想基金，如果100位选手全部答错，则将平分1万

元梦想基金。

王小丫：6道题，看谁能够走到最后，我们在这里有1万元的梦想基金。如果说，全场100位朋友都答对了，每人分得100元。如果说全场100位朋友在第6题时，都没有一个人答对的话，同样这1万块钱也属于大家。那我们现在可以开始吗？来看我们今天的第一题，请听题。大家目光请往这边看，在这里呢有两种食物：这是一瓶蜂蜜，这个呢是核桃。大家都很熟悉，喜欢吃核桃的举手。看来北京的选手更爱吃核桃，作为一个科学节目主持人，你怎么能不爱吃核桃呢。

张腾岳：我牙不好，咬着费劲。

王小丫：我们的这道题目是这样的，各位注意听一下。请问：核桃和蜂蜜相比，哪一个保存的时间更长一些。如果你按红色键，代表着蜂蜜保存的时间更长。如果你按蓝色键，代表核桃保存的时间更长。两位嘉宾可以给一些建议了。

张腾岳：肖姐先请。

肖薇：那，就不客气了。我觉得蜂蜜它保存的时间更长，而且前些时候我去西双版纳拍了一个种芒果的一个大伯，他叫老陈，老陈在山上随手捡了一个蜂巢，掰开了以后一看有蜂蜜，说，哎呀，肖薇你赶紧吃吧，新鲜的蜂蜜。哎哟，我说不行，说不定这是坏的。他说你有所不知，我是特种兵出身，你一定要相信我。我说为什么，他说这个蜂蜜，是这个蜜蜂吐的口水，它本身就有抗菌的作用，而且它是糖的饱和溶液，水分很少。所以你想想看又能抗菌，又能杀菌，然后水分又少，什么细菌也存活不了吧？所以它能存很长时间。

张腾岳：你看前些日子有一款月饼，据说隔了八年都是好的，我想这月饼里头啊，一定有蜂蜜，有核桃仁是吧。给您一罐明朝的蜂蜜，您敢吃吗？

肖薇：您没听说过吗？说有一个美国的科学家，他在埃及的金字塔里面就发现了三千多年前的蜂蜜，于是他尝了尝，觉得还不错。

张腾岳：你看，我是搞科学节目的，我想请教一下肖姐：美国的哪一位科学家于哪一年在哪一座金字塔的什么位置里发现了什么容器储存的蜂蜜。

王小丫：你们在节目当中吧，就是，有一些传说，把它揭秘了，是吧。

张腾岳：我每次说传说时，我都会说"据说"。肖姐说她知道，那就听她解读吧,哪位科学家?

肖薇:我是这样说的,大家听好了,您没听说过吗?

张腾岳:我没听说过。这两种食品都是可以久放的,尤其是核桃。因为你刚才说这个核桃从树上摘下来是不能吃的,如果你要是吃的话,满手、满嘴,都会变成黑的,黄的,外面一层青壳必须处理掉,过去一般用的方法是埋在地里头,等它外壳自然腐烂。而且新下来的核桃,拿热灰一焖,打开之后特别好吃。

肖薇:你说得这么天花乱坠,但我觉得你说的话还是不可信,就说你说那八年的月饼,难道他尝了以后不觉得哈喇吗?

张腾岳:我没尝,反正三千年的蜂蜜我不知道什么味,你们敢吃三千年前的蜂蜜吗?朋友们。一个人有没有。惭愧不惭愧。

观众:我们北京人都敢。

张腾岳:你们北京人都敢吃三千年的蜂蜜是吗?

观众:对!

张腾岳:我们天津人敢吗?敢吗?

王小丫:我没听清楚刚才7号选手你说什么。

观众:北京人都敢吃三千年的蜂蜜。

王小丫:关键我觉得咱们吃得着吗?

观众:所以说敢吃。

王小丫:原来是这样,那如果现在有一块月饼放在你跟前,说这是八年前的月饼,你敢吃吗?

观众:谁爱吃谁吃吧。

王小丫:看到了吗?看到了吗?

张腾岳:我没说能吃啊。

王小丫:行了,我觉得现在啊,不能让他们出主意了,再出主意就掐起来了。大家来选择一下核桃保存的时间长,还是蜂蜜保存的时间长。红色代表蜂蜜,蓝色代表核桃。请选择。哎呀,这个一片红灯,但是偶尔呢有几盏蓝灯还是在闪烁着。这位先生您坐得离肖薇这么近丝毫没有受到她的影响。

观众:核桃啊,两年多的核桃,我吃过,但是,蜂蜜,我家有一罐,好像放两年坏了。可能是我的保存不够封闭。

肖薇：怎么坏了，什么味道？

观众：有点涩。

张腾岳：那就是没糖化的，你那是假蜂蜜。就是一定是掺了其他东西的。真蜂蜜不会的。这段播吗？这段不是不播吗？来之前导演跟我说，得跟她反着选，知道吧。没办法嘛。

王小丫：反正呢，现在，腾岳，告诉你啊，现在有11位朋友呢，是选的核桃。另外有89位朋友选的呢，是蜂蜜。

张腾岳：我觉得他们这题出的就不对，对吧，他也没说是能吃的核桃，还是能玩的核桃，对吧。这蜂蜜本身要是坏的呢，对吧。

王小丫：我们说的是好的蜂蜜不是坏的蜂蜜。要恭喜89位朋友你们的选择是正确的。这89位朋友你们分到的梦想基金现在是112元，恭喜大家开了一个好头。接下来我们来看第二题，请听题。如果有两个尺寸、款式完全一致的首饰，一个是黄金做的一个是铂金做的，哪一个的重量，更重一些？

张腾岳：这题得请阿基米德来回答，给他准备一浴缸让他洗澡，其实这个问题，大家想啊，是胖子瘦啊，还是瘦子瘦啊？胖子重啊还是瘦子重啊？想，黄金、铂金是什么。

王小丫：你先别让大家想，你先给大家支支招啊，说怎么想思路。

肖薇：你买过吗？铂金的首饰。

张腾岳：我买那个干吗？台里不让戴首饰。

肖薇：给太太，给女朋友，给妈妈买。

张腾岳：没结婚呢，给我妈买过。那个，人家都明码标价吧。我只看一克多少钱。我看钱又不看到底谁重，一手拿一黄金掂量掂量，一手拿一铂金掂量掂量。那不能啊，是吧。你想想这个，铂金、黄金，千万不要被"金"和"黄"这俩字给迷惑了。想啊，其实这道题很简单。

肖薇：也不难，我记得咱们上中学的时候让背这个元素周期表，对不对。那个铂的分子量应该要比金要重。对不对，这分子量如果重的话呢，加了这个铂的话那就应该重呗。

张腾岳：这道题我不知道是在什么环境里说。黄金你要搁月球上跟在地球上，拿俩秤一称它不一样，分量不一样。

肖薇：你这个思维模式不太对啊。那肯定不放在月球上。肯定是放在咱们地球上。

张腾岳：地球上称是吧，那在北京和在拉萨称也不一样，我太讨厌了。

王小丫：黄金重还是铂金重，红色代表的是黄金更重，蓝色代表的是铂金更重。请选择。我们看一下大家的选择。21 位朋友选择的是黄金更重，68 位朋友选择的是铂金更重。有对这两种金属比较了解的朋友吗？这位朋友。

观众：我认为黄金比较重。因为我感觉铂金，同等尺寸，同等大小，同等价位，咱肯定会买铂金。我认为铂金应该更贵，黄金便宜，所以黄金的个头比较大。

王小丫：你都把我绕晕了。

观众：就是黄金的单价高一些，铂金的单价低一些，所以同样尺寸黄金就重。

肖薇：先生您买过铂金的首饰吗？

观众：买过。

张腾岳：请问您中学哪学校的，千万别把孩子送那去。

王小丫：您买这个铂金的，还是黄金的。

观众：黄金。

张腾岳：保值啊这个。

观众：我主要还是想看看这个黄金重还是铂金重。

王小丫：我不相信，真的，你买这个是买的戒指还是耳环呀。

观众：买的戒指，当时，我就考虑过。

肖薇：你买的戒指给谁了。

观众：给我的老婆，我就想买一个比较大一点的。再一看，黄金个大，又重，还便宜。

王小丫：你真会过哈。

张腾岳：个大，又重，还便宜。

肖薇：假的吧。

张腾岳：这听着像挑螃蟹啊。

肖薇：我第一次听说黄金个大，还重，还便宜。在哪买的我也买一点去。

观众：在天津的一个金店。欢迎大家去买。

张腾岳：我明白了，您是卖黄金的。

观众：对对。

王小丫：有没有其他观点。

观众：我感觉是黄金。

王小丫：为什么？

观众：我第一感觉，其实这个密度问题，我隐约感觉到是黄金的密度大。但是可能是错的。

王小丫：但是你是从密度的角度来思考这个问题的。你的思路特别正确。要看谁的密度更大，谁的重量更重是吧。

观众：但我忘了，蒙的。

王小丫：你买过戒指吗？

观众：没买过。

王小丫：你成家了吗？

张腾岳：你背过元素周期表没有啊？谁在后谁在前啊。当然后面的原子量大了。

观众：那还要看它结构啊。

王小丫：您买过戒指吗？

观众：没买过。

王小丫：你没有给你太太买过吗？

观众：没有。

王小丫：你都给她买啥呢，结婚纪念日的时候。

观众：因为是那样，戒指是父母已经买了，所以我没有买。

王小丫：那你都买啥了？

观众：我媳妇不太爱这个。我媳妇就是特别爱吃饭。就每周五……

王小丫：每周五干吗呢？

观众：她就把我抓去天津的大街小巷去吃东西。

王小丫：那你这一个黄金戒指能吃好长时间，吃半年呢啊。

观众：啊对，比较合算。

王小丫：为什么天津的男生都这么会过日子呢！刚才那位朋友算的也挺好的。你选择的是黄金。但是呢，这位朋友给了我们一个很好的思路。说到了一个密度的问题。这确实是这道题的核心。只是说我们可能在日常生活当中不可能把每一种金属的密度都记得那么清楚。在这里我们可以看一下。黄金的密度是多少呢。黄金的密度是每 19.32 克/立方厘米。这个密度还是比较大的了。再来看铂金。铂金的密度 21.45 克/立方厘米。所以铂金更重一些。我们有 68 位朋友回答正确，目前你们可以分到梦想基金是 147 元。腾岳你下次出主意的时候你说明确一点好吧。

张腾岳：你们导演不让。我们就点到为止。

王小丫：继续我们的答题。我们来看看我们今天的第 3 题。请听题。请问，屏幕上的这个孩子他是男孩还是女孩。真好看，大家可以来判断一下，当然这个照片上的这位小朋友后来一天天长高一天天长大，然后今天他就来到了我们的 100 位选手中间，就在我们的现场。所以大家要来判断一下，这个照片上的小朋友是男孩还是女孩，我先把自己排除，不是我。我小时候没那么好看。跟小土豆似的，紧巴巴的。

张腾岳：你要不说我以为沙桐呢。

肖薇：沙桐没那么好看。

张腾岳：你看他脸型跟沙桐多像啊。

王小丫：体育中心的主持人沙桐，像吗？

肖薇：不像。

张腾岳：像我们这摄像，大家看这位，对着我这个。就是他。一定是他。绝对就是一个人。

王小丫：腾岳你还让人摄像把焦距对准不？你捣乱的吧？大家想象一下，会是男孩还是女孩。

张腾岳：你看，大家注意啊，这个我们虽然看不出照片上穿的什么衣服，但可以考虑年龄。黑白照片小丫姐说得非常对。然后呢再看，这穿的是什么啊。毛衣，家境一定不错。拍黑白照片时代能穿得起漂亮的毛衣的，家境一定很好。然后，照得起像还能摆得起 POSE，这手里抱着一个球，是吧，什么孩子会抱球呢？家长对孩子有期待啊。将来要当一个足球明星。当然那年没这个印象。为国争光，抱一球，然后呢，你看这个头发。人说这个男孩的头发呢，往往都有一个所谓的这个发髻在这儿，女孩一般都没有，这张照片看不出来。然后你看他的耳朵，耳朵很大，我们说耳朵大的人，耳垂也很大，总而言之这个人的家境一定很好。吃得胖胖乎乎的。但小时胖长大了未必胖。

我小时候就很瘦，长大了就比较胖。

肖薇：你当过警察吗？我总觉得你像破案一样。拿个照片就能分析出这个男孩女孩，家境怎么样？

王小丫：你觉得是男孩女孩啊。你每次都是忽悠大家。你说男孩还是女孩啊。

张腾岳：我觉得他不是男的就是女的。

肖薇：一个科学节目主持人，你能说出这么负责任的话，真的很了不起。

张腾岳：我们小时候照的百日照片都是光着的。都能看出来是男的是女的。你像这个，只有上半身我问谁去啊。

肖薇：我来给你说说哈。因为这个小孩子啊，到青春期之前，荷尔蒙没有发育嘛，所以男孩女孩应该是一样的。就说，你小的时候这一看，呦，这是个女孩吧。

张腾岳：那我上幼儿园的时候怎么喜欢跟小女孩在一起，我就不喜欢跟小男孩在一起呢？我怎么分得出来呢？

肖薇：不，因为你喜欢那个应该是你内心有些波动。

张腾岳：我那么小就波动了。我"波"得也太早了吧，姐姐。你说这是男的女的？

肖薇：我觉得看不出来。

张腾岳：这不一样吗？

肖薇：你听我说啊，因为呢这个孩子看上去的像男孩女孩都是家长人为的，比如说是个女孩，就给她留个长发，如果是男孩呢，就给他剃短头发，对不对，那你看像这个，这个小朋友呢，她穿花裤子。

张腾岳：你能看出这是裤子来。你能告诉我她的腿在哪吗？

肖薇：那不是吗？难道是裙子吗？大冬天穿裙子。

张腾岳：万一是个马甲呢？

肖薇：马甲有这么穿的吗？

张腾岳：坎肩，屁帘。屁帘你知道吧，男的女的我就佩服肖薇姐，你能从上半身看出她是穿的裤子。

肖薇：我觉得咱俩终于站在同一条战线上了，我也不知道他是男孩还是女孩。

张腾岳：我小时候我妈给我准备的衣服上还缀着小鸭子、小鸡，还给我弄双红皮鞋，穿格格裤子。

王小丫：真的？这个题我觉得确实也是很不好猜，不过两位开心帮我觉得可以给大家一些直截了当的启发吧。

王小丫：腾岳这是你吗？

张腾岳：这是我？这是我，这是我，你们信吗？我摘眼镜你们看看啊，别乐我。这什么姿势这是。这像吗你们觉得？

王小丫：肖薇你觉得呢？

肖薇：我觉得从衣着打扮来看，我觉得她是女孩，因为按照中国这个家长的传统习惯，如果是男孩的话，尽量穿素，当然腾岳就他妈妈给他穿红皮鞋这事，我也没想明白为什么。所以我觉得她穿花裤子，应该是个女孩。

王小丫：是女孩，好，肖薇说是女孩，腾岳说觉得像摄像的。

张腾岳：男的。

王小丫：男孩对吧？好，大家来选择一下。请选择。按红色键的朋友有40位，按蓝色键的朋友有28位。这样吧，我们也不要问为什么了。其实这就是一个直观的感觉。它没有太多的为什么。我们现在请上来这位照片当中的主人公，现在真的是出落得一定会让大家大吃一惊的。我们现在请他，我觉得今天两位开心帮真的是，你们俩都站起来了。

张腾岳：我是坐累了，站着。

王小丫：有请我们的照片当中的这位小朋友到场中间来亮个相，掌声有请。（嘉宾上台）大家看小时候跟现在。其实我觉得这个眉眼挺像的。掌声送给40位朋友，你们的选择是正确的。现在40位朋友你们可以分到的梦想基金是250元啊。好，接下来我们来看第4题，请听题。在发第4题的题目之前呢我们要看一段视频，一起来看大屏幕。骆驼是我们大家都非常熟悉的一种动物。我们看这道题是这样的。骆驼的驼峰是它最显著的外形特点。那么请问，驼峰里储藏的是什么呢？我们现在有两个选择：一个是储藏的是水，另外一个选择储藏的是脂肪。

张腾岳：小丫老师我想请问一下，你们说的是单峰驼还是双峰驼？

王小丫：单峰、双峰都是一样的。从储藏的功能来讲，它藏的是同一样物质。

张腾岳：我五岁的时候有人告诉我双峰驼一个是水一个是肉。但是现在肯定不是这个概念了。

王小丫：人家骆驼又不是挑扁担，一个箩筐里挑的是水，另外一个是肉。

张腾岳：它过沙漠没得吃没得喝嘛，喝一口水，拉一根管过来。小时候真这么理解的，长大知道不是了，不是啊。肖薇姐觉得呢？

肖薇：因为我是学刑事科学技术的，要学解剖，所以呢老想琢磨琢磨。

张腾岳：你还杀过骆驼呢。

肖薇：骆驼没杀过，但是呢我老想琢磨琢磨它那驼峰，到底是什么结构呢，然后到处去找骨骼、骨髓什么的，结果我发现，它那个驼峰分单峰和双峰吧，一律没有骨骼，它那个脊椎就是直的。上面两块没有脊椎，所以呢，上面不是骨骼支撑的，那是什么呢？

张腾岳：咱这么想，咱这么想啊。中国这个这个厨艺大国啊，"海八珍"朋友们都知道，"陆八珍"当中可有驼峰啊。大家想想啊，过去说驼峰是"陆八珍"宋代就说了，没冰箱啊，杀只骆驼，驼峰是一包水，一包水好保存吗？或者是一块脂肪，一块油，好保存吗？

王小丫：那大家来选择一下，红色代表的是水，蓝色代表的是脂肪。大家来选择，请按键。看一下，这一次按蓝色键的朋友要多一些，有6位朋友按的是红色键，认为这是水，另外有34位朋友按的是蓝色键，认为这是脂肪。谁选的水？问一下这边14号选手。你选择的是水对吧？

观众：对，我是用最直白的想法就是说骆驼在沙漠里行走。

张腾岳：背一袋水背一袋草是吗？

观众：它会口渴的嘛，所以说就是要喝水，所以储存的是水。

张腾岳：那单峰驼怎么办啊？粥，有干的有稀的。

王小丫：恭喜所有选择蓝色键的朋友。骆驼呀，它真的是一种了不起的动物。真的，非常了不起的动物，它最了不起的地方是什么呢？它有非常好的抗旱能力，抗饥饿的能力。这个骆驼它很了不起，一般来说，它的水藏在鼻子里头呢，在鼻子里有一些特别细，而且是曲曲弯弯的，非常曲折的管道，平时呢这些管道，挥发身体的液体，就是水分充足的时候被这些液体湿润着，就是包含着水分的。但是当遇到在沙漠当中行进，没有水源的时候，缺水的时候，曲曲弯弯的管道就马上停止了分泌，液体就没有了，而且在管道的表面，马上会产生一层非常硬的皮，皮就把水分锁住了，这个时候呢它就非常的耐饥渴，就是不需要那么多的水分了。同时也保持这些水分不至于散发到体外，浪费。那么在吸气的时候，它有一个特别有意思的功能，在吸气的时候，硬皮内的水分能够被送到体内，所以水源是接通的，就是这样的。就是这个特别奇异的现象。另外一个呢就是驼峰里它储存的是脂肪，这个脂肪呢，它在没有食物的时候，没有草，没有这些吃的东西的时候呢，驼峰里的脂肪可以慢慢慢慢一点一点地消耗，供它需要，一般来说一只骆驼四五天不吃饭，完全没有问题。目前还有34位朋友是继续在答题，要恭喜这34位朋友，你们现在一共分到的梦想基金是294元。4题之后是我们接下来的第5题，第5题非常的有意思，这位是钢琴手，还有一位是吉他手，有请两位。您好，我看到你这个打扮我知道你一定是演奏钢琴的是吗？

钢琴手：对对对。

王小丫：当然你就不用再问了。我们在这道题目发题之前呢，我们要请他们来做一个表演。当然，他们在表演的时候呢，我们要用耳朵听，但是，更重要的是我们要用眼睛看他们的手指，因为接下来的这道题和手指有关系。掌声有请。

（演奏者表演）

王小丫：谢谢，谢谢。弹得真棒。你弹钢琴有多少年了？

钢琴手：到今年有19年了。

王小丫：19年，那你才20出头吧。

钢琴手：对，我刚22。

王小丫：3岁就在弹琴。好，谢谢，请钢琴手这边休息一下。好，我们现在要请上这位吉他手。谢谢，谢谢。大家都已经见证了他们的灵活的手指，和这个动听的旋律，但是接下来呢，我们要把他们的乐器换一下。我们不让他们用钢琴，也不让他们用吉他，让他用什么呢？给大家看看。这是两台计算器，非常简单的，你拿一个，你也再拿一个。人们都说啊，这个演奏者，他们的手指特别灵活，而且能够做到心手合一。我们这道题目是这样的，他们两位用计算器谁能够更快地算出我们给出的20个数字的和，当然我们的前提是正确的同时还要快速。

张腾岳：就这两个人我们不能以单独谁弹得好，感觉好，听起来好，现场

表现好来决定他们谁就按得对，为什么呢？某种程度上我认为，他弹得好与坏是一种肌肉的记忆，就是我们长期这个手老是在一个动作下，你的肌肉会带有记忆的。为什么有些运动，比如说打篮球，打羽毛球，打乒乓球，那现在比较先进的话，给你全身带传感器，然后记录你每一个动作，然后来看出你哪个动作是不规范的。然后重新训练，然后强化你的肌肉，全身的肌肉对于这个动作所有的注意能力，所以我认为鹿死谁手不可知，不可评，不可为。

肖薇：如果说非要你说一个不可呢？

张腾岳：猜一个是吗？得罪人吗你这不？

王小丫：其实这道题……

张腾岳：姐姐先猜，姐姐先猜。

肖薇：我觉得钢琴手他会更淡定一点，所以他在计算这个题目的时候，他可能会更冷静。一个数字一个数字地相加，他可能会在一定的时间内算得比较准确。

张腾岳：钢琴手他是敲击的，他没准算着算着一巴掌打飞了，吉他手他用劲小，他拿捏得很稳，他算对的可能性大。

肖薇：我觉得更主要的是他的心理素质和他的速记能力。

王小丫：那好。

张腾岳：瞎猫还能撞到死耗子。

肖薇：究竟谁能够猜对呢。

张腾岳：我支持吉他手。

肖薇：我支持钢琴手。

王小丫：大家先来选择一下，看看他们谁能够获胜。吉他手是红色，钢琴手是蓝色。请选择。其中，10位朋友按的是红键，支持的是吉他手，24位朋友选择的是钢琴手。你们俩自己先预测一下，你觉得你能更快还是他能更快。

吉他手：应该可以。

王小丫：应该可以。

钢琴手：我觉得应该都差不多吧。

王小丫：他们俩都很谦虚。行吧，我们看一下他们身后呢，有一块黑板，在这里呢有 20 个数字,要请他们同时,要用计算器来计算,把它们的和算出来,都是加,看谁能够又快又准确。计时开始。吉他手他算出来的答案是……所以现在钢琴手是否正确这就非常的重要,因为钢琴手用的时间比吉他手用的时间更短。当然我们的前提是必须又好还要快。如果钢琴手他的答案是错误的,那么今天胜利属于吉他手,如果钢琴手的答案是正确的,那么选蓝色键的朋友你们获胜。来看一下钢琴手得出的答案。钢琴手获胜。恭喜 24 位朋友,恭喜你们。现在每个人的梦想基金是 416 元。要感谢两位,谢谢吉他手,谢谢钢琴手,谢谢你们俩,谢谢。不过呢,我们要请钢琴手留步,我们留住钢琴手是为什么呢?因为钢琴手要为我们发出本场比赛的最后一题,第 6 题。当然我们要给钢琴手请上两位特别近距离的聆听者,有请腾岳和肖薇,有请。现在呢我们的钢琴手演奏的是肖邦的一首乐曲,当然这个乐曲它表达的是什么内容呢?两位嘉宾——腾岳和肖薇,你们可以根据这个旋律来判断一下,我们的题目是这样的。你认为,他演奏的是一天当中的哪个时间段?

张腾岳:我选早上。

王小丫:肖薇你来选呢?

肖薇:我觉得应该是傍晚,晚上。对。天还没有黑,然后天是那种火红火红的,太阳即将落山的那种颜色。

张腾岳:然后你想上厕所,但是路上特别堵。

肖薇:我觉得没那么急。

王小丫:好好一首乐曲被你俩说成这样。好,腾岳他说是清晨,同意腾岳的请按蓝色键。肖薇呢,认为是傍晚,或者是夜晚,同意肖薇的请按红色键,大家来选择一下。

张腾岳:个人没什么音乐素养,你们一定知道我是中央电视台里面唯一一个不会唱歌跳舞的,所以我对音乐是没有感觉的。

肖薇:他是讲科学的。

张腾岳:是和艺术是相通的哟。

王小丫:真是把大家都给弄糊涂了,我们看看大家的选择。现在有 20 位朋友选择的肖薇,认为这是傍晚,或者是夜晚。有 4 位朋友选择的是腾岳说法,说的是清晨。这是本场比赛的最后一题,如果说,选择腾岳的对的,选

择清晨的朋友是对的，那么有 4 位朋友获胜了。如果选择肖薇的答案，说这是一首关于夜晚的曲子的话呢，20 位朋友走到最后。笑到了最后，谜底在哪里呢？有请钢琴手。

钢琴手：这是一首什么样的乐曲，其实大家都知道，那个周杰伦，他写过肖邦的乐曲，那么作为肖邦来讲呢，他最著名的曲子的取材就是夜曲，所以，这首乐曲呢就是夜曲，是描写傍晚的。

王小丫：是描写傍晚的。此时此刻，你最想说的是什么？腾岳。

张腾岳：我刚才忘提醒大家了，我那个生活习惯和大家不一样，我的白天是大家的晚上，我的晚上是大家的白天。

王小丫：再次把掌声献给钢琴手，谢谢你非常精彩的演绎。来，两位嘉宾这边有请。现在我们要请现场获胜的 20 位观众起立。把最热烈的掌声送给你们。在这里要特别感谢，天津的、北京的选手来参与我们这个《开心辞典》，也要感谢肖薇和腾岳作为我们的开心帮为大家出主意，忽悠。我是小丫，我们明天再见。

2. 关于《一站到底》的一些实例分析与思考

《一站到底》的节目形式决定了答题是节目的主体，题目的进行会吸引观众的注意力，但是如果只是这样一道题一道题地答下去，节目必然会显得单调。所以在节目中如何与选手交流和互动、发现选手身上的特点，适度展开话题，有助于调节节目的节奏和进程，消除受众的收视疲劳。而且对《一站到底》这样选手之间对抗的益智节目，既要让对抗增添节目的可看性，又要把握对抗的强度，不能火药味太浓。尤其是面对节目中选手的强强对决，如何调节节目的氛围，让节目既紧张又活泼，这的确是节目中需要重点把握的。

下面这期节目中，有几名选手都是非常强的，而且有的选手个性也非常鲜明。如何渲染气氛，让比赛精彩好看，同时拿捏好对抗的度，在这期节目中我们可以体会到。

李好：各位现场还有电视机前的观众朋友大家好！感谢各位收看《一站到底》，欢迎大家，我是李好！

晓敏：欢迎大家，我是晓敏！在上一周的时间里面我们的全能女神彭雪茹，她是凭借着她的彭雪茹速度真的是刷新了《一站到底》的历史，成为了第一个守擂三期而且成功加入智库的第一个成员，而且她接下来会有机会冲击40万年薪。

李好：让我们各位，每一位朋友都充满着期待。

晓敏：没错，所以我们今天也是特别期待她能够再次成功守擂，当然也希望有更多新的选手站在我们的舞台上向她来发起冲击。

李好：首先，让我们欢迎八位战方选手登场。祁天逸、王天博、裴蓉、张晓晨、小雪、张瑾文、商晓艺、严颜，再一次欢迎八位应战方选手登场。

晓敏：欢迎你们。想要来到我们的节目除了通过官网报名，您也可以通过《一站到底》地面招募活动来到我们的现场，在观看节目的时候，你也可以拿出你的手机打开微信摇一摇或者是扫一下屏幕下方的二维码进入我们的官方报名通道填写简单资料就可以直通现场了。

李好：在本场能够站到最后的朋友不仅有机会集齐全场所有大奖，而且还将有机会向擂主彭雪茹发起冲击和挑战。要是成功的话，还将收获由本节目送出的免费的一年汽车使用权。祝大家好运。马上来认识一下，今天的第一位挑战者。

挑战者陈平：我叫陈平，今年56岁，我最大的本事是做别人做不到的事，说别人想不着的话，唱别人唱不了的歌，我生来与众不同，我注定：一站到底！

李好：有请挑战者陈平上场！

晓敏：有请！

李好：陈平大哥你好！

陈平：你好，大家好，我叫陈平，来自北京。

李好：我们刚才在视频里看到，您手里拿的什么东西，然后大家一看你就乐呵呵就笑。

陈平：是么。就是拿这个，我特意给你带来了怕你不信。

李好：对，这是什么，很神秘。

陈平：你看着怎么样？

李好：学生证？我看完你还不放心，哈哈。

晓敏：我是想看看哪个学校的。

陈平：中国戏曲学院，我现在是大三的学生。

晓敏：您学什么专业的？

陈平：音乐表演专业。我准备毕业以后就到北电去学表演专业。朋友们，我现在已经是三个学士了，我争取到我老了之前来个六六大顺，六个学士。

李好：您是要把所有感兴趣的专业统统读个遍。您为什么想要不停地去学习呢？不停地去读书，不停地拿这些学士学位呢？

陈平：其实好多中老年就是好面子，对我来说，我有句人生格言——让那些虚荣的面子滚开吧！我就是我自己，我要活到老，学到老！

晓敏：好！

李好：我个人认为，年龄，这个年不年轻这件事情，是跟我们自己的心灵有关系的。也希望今天来到我们现场的这位学叔站上去，希望您不输。陈平大哥，上位。开始挑你的第一位对手，选人。场边的各位选手，那都是各型各款，有些人能看出来大概是什么方向和职业，有些人估计很难猜。

陈平：我平常做事很严谨。他姓严，我就选3号了。

晓敏：来，严颜，介绍自己。

严颜：我是严颜，大家都叫我青藤椒男孩，来自天府之国四川成都。

李好：你刚刚前面形容自己叫什么男孩？

严颜：青藤椒男孩，这个其实是有一点来历的啊，为什么说叫青藤椒，大家可能觉得说青藤椒是一种辣椒，但其实不是，是花椒。四川以麻辣闻名，那么重点在这个"麻"字。我可以把这个麻，这个爽口，爽心的感觉送给大家，就像我今天为大家带来了很特别的礼物。大家都知道四川特别喜欢吃辣的。那这个呢，是我自创的一个火锅底料。大家看它可能不太像一个火锅底料，有点像月饼或者茶叶。小敏姐可以看一下。

李好：我和小敏两个人最爱吃火锅，回去赶快烧。

严颜：为什么我们要做这一款东西呢？其实我本身的专业是对外汉语，就是把我们中国博大精深的文化传播到世界的每一个角落。

陈平：其实严颜说的意思就是我们不光吃火锅，也是带着一种文化对吧，所以我们这一老一小，我真的希望向你的名字学习，咱们以后干什么都严严实实，扎扎实实。

李好：好，一个青藤椒男孩。这是一个老胡椒男孩。两位，第一局的答题较量。两位，第一局的答题较量请准备。我国哪座山是世界上第一个文化与自然双重遗产？

陈平：泰山。

李好：德国无忧宫是模仿法国哪一建筑而建？

严颜：卢浮宫。

李好：是凡尔赛宫。

李好：毛泽东针对"必亡论""速胜论"在延安发表了哪篇分析抗日战争的著名讲稿？

陈平：《论持久战》。

李好：在近期开机的电影《西游降魔2》中饰演沙僧的是我国哪位著名篮球运动员？

严颜：巴特尔。

李好：世界上现存最长的城市中轴线位于哪个城市？

陈平：北京。

李好：全世界第一款儿童香水"小熊宝宝"由哪一家公司推出？

严颜：纪梵希。

李好：江南四大才子中，号称"衡山居士"的是谁？

严颜：文征明。

李好：杜牧的《阿房宫赋》中"戍卒叫，函谷举"指的是哪场起义？

陈平：大泽乡起义。

李好：世界上第一张软弹簧床垫的发明者叫什么名字？

陈平、严颜：席梦思。

李好：陈平快。中场广州恒大队今夏引进了哪位巴西前锋？

严颜：罗比尼奥。

李好："康康舞"兴起于法国的哪个歌舞表演厅？

严颜：红磨坊。

李好：民国时期的"南唐北陆"两位名媛指的是唐瑛和谁？

陈平：陆小曼。

李好：唯一荣获金曲奖"最佳国语女演唱人"的是哪位内地歌手？

陈平：那英。

李好：恭喜陈平。

晓敏：谢谢严颜，火锅料我们回去再品尝。

严颜：非常开心，今天可以和陈叔叔一起来分享快乐，对，今天希望您可以带着我的这份荣耀，跟大家一起来分享麻辣生活，每天快快乐乐，一站到底。

陈平：好的。

李好：严颜，再见。

晓敏：好，恭喜你陈平大哥，首先来看一下你第一轮收获的奖品，空气净化器。

李好：挑选本场你的第二位对手。

陈平：小妹妹太甜了，选7号小妹妹。

晓敏：小雪，穿得超级可爱。来，介绍自己。

小雪：大家好，我叫小雪，来自湖南长沙，是一个地道的湘妹子。

晓敏：小雪，你今天穿这个服装，有什么特别的讲究吗？是在角色扮演吗？

小雪：其实不是的，我这是一种穿衣风格，叫洛丽塔，尽管就是经常被别人误解为角色扮演，但其实不是这样的，我平时就是这样穿的。

晓敏：平时生活中？

李好：你除了上《一站到底》，平时也打扮成这样吗？

小雪：对啊，平时都这样的。

晓敏：那你是上学还是做什么工作？

小雪：其实我是来自北京大学生命科学学院一名二年级的在读博士生。

李好：你在北大里每天就穿这个样子行走啊？

小雪：对啊，而且在我们实验室接触到的都是病毒、细菌、肿瘤什么这种可怕的东西。

晓敏：你在北大校园走路时，回头率高不高？

小雪：挺高的，但是北大也是一座包容性很强的大学，而且大家也都习惯了，我今天来也就是想为女博士证明，就是不要让大家认为我们是冷冰冰的第三类人，其实我们同样可以萌萌哒。

陈平：刚才小雪妹说这么一句话我非常有体会，你每件衣服都有这种感觉吧，觉得不被人理解，我除了工作，15年来的业余时间，跟我的家人收养132条流浪狗，网上大家都管我叫"狗爸爸"，很多人都说你弄它干吗啊。我没有听别人的，因为这是我对动物的爱，这是我心甘情愿这么干的，不管别人讲什么。

李好：我觉得陈平大哥说的很好，我们每个人要做一件事，其实并没有那么难，能够连续这么多年坚持做一件事其实很难，而且很多的事情要听从我们内心的召唤啊，你觉得快乐，你自在，你舒服怎么样都好，也希望小雪——站在场上我压根没看出来这位姑娘是位女博士，希望你装扮萌萌哒，答题猛猛哒！

小雪：一定的！

李好：两位请准备，开始！著名小说《追风筝的人》中，主人公的童年是在哪个国家度过的？

陈平：阿富汗。

李好：对。哪一个品牌成为中国炊具行业的首家上市公司？

陈平：苏泊尔。

李好：哪位著名的球星在其经纪人生日之际以一座希腊小岛作为礼物相赠？

小雪：C罗。

李好：小雪答对。美国哪所大学的建立初衷是为了纪念一位因伤寒去世的少年？

小雪：斯坦福大学。

李好：哪位企业家把茅盾文学奖奖金提升至50万，使之成为中国奖金最高的文学奖？

小雪：李嘉诚。

李好：这个小女孩的帽子是哪个动漫人物的同款？

小雪：阿拉蕾。

李好：四连击。意大利统一后第一个首都是哪座城市？

陈平：悉尼。

李好：答错。小雪加10分。五连击。中国最早的相马著作《相马经》的作者是谁？

陈平：伯乐。

李好：答对。我国战国以前将锦、绣、绫、罗等丝织物称为什么？

陈平：帛。

李好：漂亮！哪部电影与《地道战》和《地雷战》并称"老三战"？

陈平：《南征北战》。

李好：答对。为了对抗拿破仑，德国、俄国和哪个国家的君主结成了"三皇同盟"？

陈平：匈牙利，哦不，奥地利。

李好：对方加分。江汉平原和洞庭湖平原合称什么平原？

陈平：两湖平原。

李好：打平。

晓敏：6平。

李好：新中国设立最早的奖学金是以哪位文学家命名的？

陈平：郭沫若，奖学金。

主持人：答对。被誉为"金陵明珠"，中国最大的皇家园林湖泊是什么？

陈平：玄武湖。

李好：恭喜陈平，造型摆得真好。

陈平：我是三学士战胜了博士，容易吗！

小雪：如果到叔叔的年纪，我说不定是三个博士呢。

晓敏：恭喜小雪，因为你成功答对五道题，可以获得苹果5S手机一部。

小雪：那叔叔这么可爱我决定把我这萌萌的兔耳朵送给叔叔。

晓敏：真的吗？

陈平：给我这个叔叔吗？哎哟！

晓敏：哇好可爱，哈哈哈。来大哥，您先回来。

陈平：我跟你说，这个礼物也是代表了一种文化，她喜欢上我了。

李好：喜欢大哥的爽朗。

陈平：喜欢是种哥妹的感情啊，不是别的。

陈平：慢点小雪。

李好：再见！随着小雪的离开，我们来看陈平大哥这轮过后收获到全新的奖品是什么？

晓敏：无油烟空气炸锅，恭喜你！陈平大哥恭喜你。

陈平：谢谢。

晓敏：那么接下来你要面对的是关键第三号，关键第三号要看准了挑，不要又挑一个让你心脏怦怦跳的人好不好。

李好：挑人。

陈平：8号！

李好：8号！

王天博：大家好，我叫王天博，我本科学习了四年的林学专业，硕士学了三年的森林经理学专业，我是一个和森林打了7年交道的人。

李好：什么叫森林经营学？经理学？

王天博：我们国家的孟子说过一句话：斧斤以时入山林，材木不可胜用也。这个说的就是我们专业。规划什么时候该砍伐了，什么时候该种树了。

李好：那今天来到我们《一站到底》的舞台上遇到了这位啊，一直在不停地学习、不断进步的陈平大哥。你觉得你自己有哪些底气能够帮助你一站到底？

王天博：啊……郑板桥有一句诗叫：新竹高于旧竹枝，全凭老干为扶持。（嗯）我这新竹要想高于旧竹枝那就承让了。

李好：跟高手之间过招酣畅淋漓。两位请准备。答题开始。古代甲胄中，甲指盔甲，胄指哪种护具？胄指……

陈平：胄。

李好：答错，对方得计一分。罗隐的诗句"任是无情也动人"说的是哪种？

陈平：牡丹花。

李好：答对。台湾女星胡因梦的前夫是哪位文人？

陈平：李敖。

李好：答对。因工业发达有"东方鲁尔"之称的是我国东北哪座城市？

王天博：沈阳。

李好：是。甘肃人民出版社出版……

陈平：《读者》。

晓敏：哇哦……

李好：韩国他们有个组合 SJ 当中的哪位成员参演了电影《赤道》？

王天博：崔始源。

李好：漂亮。三题！拥有中国热带雨林保护区的云南省自治区……

王天博：西双版纳。

李好：电影《英雄本色》是在哪位导演的监制下完成？

王天博：吴宇森。

李好：徐克。对方加分，打平。古筝曲《渔舟唱晚》取自唐代诗人王勃的哪首诗？

王天博：《滕王阁序》。

李好：是。从 1782 年起延续至今的泰国皇室却克里王朝又被称为什么王朝？

王天博、陈平：曼谷王朝。

李好：回看。

王天博：曼谷王朝。

李好：王天博快，计分。以冰雪文化闻名风景区……

陈平：哈尔滨，啊不不不，太阳岛，太阳岛。哦哈尔滨对了。

李好：陈平大哥答对。1937 年老电影《马路天使》插曲《四季歌》的作词家是谁？

陈平：田汉。

李好：漂亮，打平。在 2015 年世界游戏公司收入排行榜单中……

陈平：腾讯公司。

李好：哇哦，赛点。"沙丘之变"发生在我国哪位皇帝统治时期？

王天博、陈平：秦始皇。

李好：回看。

陈平：秦始皇。

李好：经过回看，陈平大哥快。恭喜陈大哥。

晓敏：别摔倒了。

李好：就像我们的森林需要规划一样，我们的人生也需要好好地规划。希望有朝一日，你能成长为栋梁。

王天博：谢谢好哥！

李好：天博再见。

晓敏：好，恭喜你。陈平大哥来看一下第三轮的奖品。哇哦，Macbook 的笔记本。恭喜你。

李好：祝贺陈平大哥，你已经完成了第一个阶段的比赛，到目前为止所累积的三件奖品分别是什么？我们来看一下。

晓敏：空气净化器、无油烟空气炸锅、Macbook 笔记本电脑。

李好：是，一共收获了这三件。接下来你将有一个非常好的选择。第一，带着这些奖品直接可以选择离开我们的现场。因为你已经完成了第一个阶段的比赛了。第二个选择继续往前冲。如果在后面发生被对方击败的情况的话，我们也会送出相对应的勇气大奖。本节目的特约合作伙伴，红牛维生素功能饮料提醒你，你的能量超乎你想象！陈平大哥，你的选择是？

陈平：晓敏握一下手。

李好：往前继续冲？

陈平：握一下她手。

李好：还是选择带奖走？

陈平：刚才大家已经知道了，我是一个狗爸爸，我承担着我收养的这些狗狗的开销、治病这些东西啊。所以刚才我看见这些东西了。我自己真的想把这些东西兑换成狗粮。我那些狗孩子们还等着我这个狗爸爸。所以为了实实在在的生活，我还是选择暂时就到这儿，过些日子我再重新杀回来，再重新回来。希望大家能理解我！我承担着这些狗狗们平时的生活，所以我就谢谢大家了！

李好：那接下来陈平大哥选择带着刚刚已经收获的三件奖品离开。那是这样，中间的位置会空下来。你在在场的几位当中，选择一位，他（她）将会继任你的位置，变成挑战者，来到舞台的中央，来开始属于他（她）的挑战之旅。您看一下，你要选择谁走到舞台的中央？

陈平：好吧，好，我选择二号。

李好：好，陈平大哥，你选择二号。二号，裴蓉，有什么原因么？

陈平：我觉得她是一个外表看上去非常自信的人。我希望能把我的自信和

你自己的自信带到《一站到底》大家庭来。好吧。

裴蓉：Thank you！

李好：好陈平大哥，再次感谢你，带着你已经收获的三件奖品离开《一站到底》的现场。好，我们期待你卷土重来。

晓敏：好，拜拜。

李好：再见，请往前走。我觉得对陈平大哥来讲也是一个挺好的结果。

晓敏：对，而且我觉得他每一轮答题都特别的激动。应该已经没什么体力了。好，其实要恭喜你，裴蓉。因为站在这个位置也挺不容易。我们先来看一下在你上来之前你自身所带的那样奖品是什么？请看。双开门冰箱，同时有请你走上挑战位。

裴蓉：女王上位，掌声在哪里？

李好：好，那裴蓉你把你的身份，可以接下来向大家好好揭示一下吗？

裴蓉：A hundred percent，百分之一百中国血统。我是上海人，因为旅居美国很多年。所以呢，习惯了用我的英文名字叫 Rebecca，很高兴认识大家。

李好：可以为大家简单地介绍一下裴蓉。裴蓉呢，在美国的时候，在美国工作的时候，曾经是美国纽约银行的高管，获得了美国 MBA 工商管理硕士的学位，然后辞职回到了国内开始来开自己的公司。

裴蓉：对。为什么做出这样的一个选择，关在办公室里的日子不是我想要的。最主要的是我爸妈把我生成了一个"虎女"，又是一个狮子座的森林女王。所以你说我怎么能让我的青春枯萎在办公室里呢？我刚刚也说了，我其实是一个非常不传统的女性，不传统的中国女性。我其实在前阵子在一个慈善晚会上还挑战担当了一场，做了一次维密天使。

晓敏：啊？哇哦，身材很好呀。那我心里一直有一个疑问。因为看你身材很好。现在您的年龄方便透露吗？

裴蓉：没问题啊。I am proud of my age. 其实我对我的年龄非常非常的骄傲。我今年42岁。

晓敏：哇，保养得真好。尤其是身材真的很棒。应该有做健身是吧？

裴蓉：对，我比较爱运动，最主要是因为我有一位小我四岁的帅哥法国男友。

晓敏：好劲爆。

裴蓉：其实他会觉得很自豪。所以他就会拿我的照片给他的家人看啊，怎么样怎么样。啊，你看 Rebecca 她走 T 台秀，维密啊。所以我觉得女人真的是不论什么年龄，经历过什么，只要你有自信，你给人散发的那种光彩都是非常非常让人觉得敬佩的。

李好：接下来你需要沿着陈平大哥刚刚挑战的路一样，先率先完成今天晚上你第一阶段的比赛。那就是你至少赢三个人。

裴蓉：Okay.

李好：祝你好运！

裴蓉：Thank you.

李好：开始选择。喔喔，瞧这眼神，裴蓉看到张晓晨时候的这眼神完全不一样。

裴蓉：我选五号。

晓敏：五号，商晓昳。

商晓昳：大家好，我叫商晓昳，是英国东英吉利大学的硕士研究生，我自认呢也是一个不太安分的女孩子，因为我在毕业前，可以说是去了非常非常多的地方实习。都去过哪些地方？像是我在国外的时候，去过 BBC，并且为 BBC 制作了我所在的城市——世界文学之都 Norwich 的专题片。然后我还去了在法国 Strasbourg 的欧盟议会总部。我回国以后又去了像是 Bzaar China、Tencent China，还有凤凰卫视。我之所以选择在这么多不同类型的实习岗位，就是因为我在不断的实习经历中，想找到自己以后奋斗的方向。

裴蓉：姐姐以一个过来人的身份告诉你，其实一直实习实习，其实一直都是在为别人打工。就像当我在纽约银行的时候，很多人都觉得这个很棒，可是那不是我要的。所以我选择回国创业。只有在这种当你碰到低谷的时候，碰到很多挑战的时候，你才能找到你真正的自己。

李好：今天呢来到《一站到底》的现场，也都是对于两位女性一种全新的体验。不管你们现在面临人生的哪一个阶段。祝二位好运，请准备。答题开始。我国 1992 年发行的 5 角硬币正面是哪种花卉？

裴蓉：梅花。

李好：答对了。古代文人所称的怀袖雅物……

商晓昳：扇子。

李好：是。哪家计算机公司曾被称作"蓝色巨人"？

商晓昳：IBM。

李好：西藏三大圣湖分别是羊卓雍错、玛旁雍措和哪个湖泊？

裴蓉：纳木错。

晓敏：答对了。

李好：今日哪位著名田径运动员以230万英镑的价格……

裴蓉：博尔特。

李好：好。这是哪个品牌最早的形象人物？请看。

商晓昳：麦当劳。

主持人：好。喜来登、威斯汀都是隶属于……

裴蓉：喜达屋。

李好：正确。浙江绍兴的风雨亭是……

裴蓉：秋瑾。

李好：漂亮。美国足球大联盟2015年全明星队队长……

商晓昳：卡卡。

李好：我国哪位作家提出了"读书好"。

裴蓉：谢婉莹。

李好：1917年哪艘巡洋舰的炮声……

裴蓉：阿芙乐尔号。

李好：现代广告教皇，奥美……

裴蓉：奥格威。

晓敏：哇，答题能力好强啊。

商晓昳：本来呢我来《一站到底》还是想赢取那个守擂三期就可以得到那个20万工作的机会。但是虽然今天非常的遗憾我没有挑战成功，我仍然很感激，很感谢能遇到这样一位对手。因为我很欣赏Rebecca姐姐。

晓敏：好，Rebecca，我们来看一看这一轮你所收获的奖品。佳能单反相机！恭喜你，祝贺你。

李好：这是你成功挑战的第一位。你的第一阶段还差两位。接下来请挑选你的下一位对手。

裴蓉：我相信这位小妹妹已经站得很累了，好，就选她了。

李好：好，4号张锦雯。

张锦雯：Hello 大家好，我是来自西安的张锦雯。我是来自西安西北大学学习美术鉴赏与修复的一名大三学生。在我的生活中经常是会修一些破碎的罐子呀、破碎的画这些。像这些在屏幕中看到的这个都是我们专业课学习的时候所拍摄的一些照片。我们会根据它破损的不同情况选用不同的修复方法将它恢复原状。

李好：可是你为什么会选择这个专业？

张锦雯：我觉得凡是能在历史中沉淀下来的东西都是最美好的。所以呢我希望自己也能当一个能够沉淀下来的女孩。今天来到《一站到底》的舞台上，当然也是为了这个目的而来的。所以希望姐姐对我手下留情。

裴蓉：今天虽然跟你这样的小妹妹站在这边我虽然有点怜香惜玉。可是不好意思我要"一站到底"。

李好：两位，请准备答题开始。成语"玩物丧志"中的物是指……

张锦雯：仙鹤。

李好：哇正确。中国大陆首个票房破亿的女导演是？

张锦雯：徐静蕾。

李好：哇正确。以旗统人，以旗统兵是指清朝……

裴蓉：八旗制度。

李好：是。以237周网球ATP单打世界第一……

裴蓉：费德勒。

李好：是。王维诗中"何异临川郡，还劳康乐侯"中的康乐侯是指哪位文学家？

裴蓉：谢玲元。

李好：答错，对方加分。我国首个同赛季包揽场地赛和拉力赛冠军的车手是谁？

裴蓉：韩寒。

李好：好。"龟兔赛跑"的寓言出自哪个寓言集？

张锦雯：《伊索寓言》。

李好：是。沙特阿拉伯王国的首都是哪座？

张锦雯：利雅得。

李好：是。由吉姆·罗杰斯和索罗斯创立的对冲基金叫……

裴蓉：量子基金。

李好：是。冬奥会上获得金牌最多的北欧国家是……

裴蓉：挪威。

李好：漂亮，打平。被西方人称作夏宫的是我国哪座皇家园林？

裴蓉：颐和宫。颐和园。

李好：前面答错，对方积分。"谈笑有鸿儒，往来无白丁"出自哪篇文章？

裴蓉：《陋室铭》。

李好：是，打平。我国四大避暑胜地是河北北戴河、河南鸡公山、江西庐山和浙江……

裴蓉：莫干山。

李好：对，赛点。前任联合国秘书长科菲·安南是……

张锦雯：加纳。

李好：打平，有人需要连赢两题，赛点。前美联储主席，被称作全球的"经济沙皇"、美元总统的是……

裴蓉：格里斯潘。

李好：是。西汉政府在河西走廊设置的四郡包括武威郡……

裴蓉：敦煌郡。

李好：是。谢谢锦文，实力不错。

张锦雯：谢谢。好哥、好嫂再见。

裴蓉：Good luck！

张锦雯：拜拜。

裴蓉：Bye！

李好：锦文，再见。

晓敏：好，恭喜Rebecca，来看一下这一轮的奖品。五十分纯净裸钻。哇！

李好：现在场上只剩下两位，男士1号、6号。看看你要挑选的是谁？挑人！好，你的选择是……

裴蓉：6号，Superman。

李好：张晓晨。

张晓晨：行，我先给大家上一段小话剧吧。大家都坐累了。（选手表演）谢谢大家。

裴蓉：哇！Amazing！

晓敏：这是莎士比亚的《哈姆雷特》当中的经典选段。

张晓晨：好听力，好听力。

李好：那你也是有海外留学的背景吗？

张晓晨：很可惜，很多人也是这么猜的。我从来没有去过欧美国家。我只是有八年时间坚持刻意不看中文书。

李好：所以你英文那么好，是因为这是你的爱好。

张晓晨：已经远远超过了爱好。早上我会提前到公司，我别的什么事都不干，因为那个时候还没上班，我会大声朗读一些我很喜欢的桥段。然后我在公交车上面，我会看一些我自己觉得就是有一点难度的书。

裴蓉：他跟我小时候很像。我也是从来不爱听中文歌，特别喜欢听英文歌。但是姐姐告诉你，如果真的想把英文练好，我告诉你，你一定要去美国。因为你如果没有到纽约的 Broadway 你永远不会知道什么是真正的百老汇歌剧。你没有到哈佛大学，你其实永远都不能够感受到常青藤名校到底有名在什么地方。所以我希望你有朝一日可以真正地走出中国，去到华尔街，像我一样，成为一个真正的财务规划师。

张晓晨：谢谢。

裴蓉：但今天那我们都得先在这边比一比高下。

李好：两位，请准备。答题开始。环法自行车的终点设在巴黎的哪条著名大街？

张晓晨：香榭丽舍大街。

李好：大动干戈中，戈是指类似矛的武器，干指的是？

张晓晨：盾。

李好：答对。这张剧照来自哪一部 HBO 的剧集？来看一下。

张晓晨：《兄弟连》。

李好：哇，三连击。"二战"后成立法兰西第五共和国并担任第一任总统……

裴蓉、张晓晨：戴高乐。

李好：回看。裴蓉快。打碎连击。世界著名的巴拿马帽是……

裴蓉：厄瓜多尔。

李好：哪位当红青春作家透露，自己在28岁就立下了第一份……

张晓晨：郭敬明。南宋数学家秦九韶在……

裴蓉：《数学九章》。

李好：答对。古稀之年的说法最早出自唐朝……

张晓晨：杜甫。

李好：答对。挑战者杯和玫瑰露水盘……

裴蓉、张晓晨：温网，温网。

李好：好快呀两位，打平。改变了肥皂洗发的习惯，被誉为现在洗发水雏形的……

裴蓉：施华蔻。

李好：陈独秀、李大钊都曾在日本哪所……

张晓晨：早稻田。

李好：漂亮，打平。中国国内制造的第一架飞机是由……

裴蓉：冯如。

李好：漂亮，赛点。我国发射的第一颗人造气象……

张晓晨：风云一号。

李好：赛点打平，有人需要连赢两道题。拉丁美洲第一个独立的是……

裴蓉：海地。

李好："工欲善其事，必先利其器"最早讲的是哪个职业的工作技巧？

张晓晨：木匠，木匠。

晓敏：漂亮。再次追平，8平。黄飞鸿在广州开设的医药馆……

裴蓉：宝芝林。

晓敏：漂亮漂亮。9∶8。

李好：欧洲第一部由童话构成的文学集是哪部作品？

裴蓉：《五日谈》。

李好：恭喜，差一点点啊。谢谢晓晨，答题非常精彩。

晓敏：而且晓晨恭喜你，因为你连续答对三道题，所以可以获得我们的连击奖品——三星Note3手机一部。

张晓晨：我非常喜欢一句话，I never lose，I win or I learn. 我要么学到，

要么赢。今天我学到了。

裴蓉：谢谢。See you in America！

李好：张晓晨，再见。来我们来看一下，拿下关键第三号之后你要收获到的奖品，魔音便携音箱。祝贺你，谢谢。完成了第一阶段的挑战。虽然现在场上只剩下本场的最后一位应战者。需要特别强调，接下来你可以选择带着已经赢得三件奖品直接离开我们的现场，当然，也可以直接向最后一位挑战者发起冲击和挑战。赢了他之后，你将直接面对已经完成了三连庄，坐在擂主之位的彭雪茹，跟她进行正面交锋。裴蓉，你的选择是拿奖走还是选择挑战最后一位。

裴蓉：在我的人生字典里面永远没有退缩，所以必须的，挑战我们的小鲜肉帅弟。

李好：好的，本场的最后一位，祈天逸，介绍你自己。

祈天逸：大家好，我叫祈天逸，来自苏州，目前我是一名大学生。就读于中南大学。我经历了无数次的《一站到底》的报名和面试。今天我终于站在了这个我梦寐以求的地方。承载着多年的心愿和梦想。立马横刀向天问，正是天逸欲称王。

李好：接下来需要再次强调一下。目前你们在场上是本场节目选手之间的最后一局答题。二位，最后一战，请准备。答题开始。特色食物"叫花鸡"采用泥土和哪种植物……

裴蓉：荷花。

李好：是。反法西斯防卫墙就是我们所说的……

祈天逸：柏林墙。

李好：好，答对。蜂蜜中的甜味主要来自于果糖和哪种物质？

祈天逸：麦芽糖。

李好：答错，对方加分。同时拥有NBA和CBA总冠军戒指的是……

祈天逸：孙悦。

李好：答对。新中国成立后出版的第一部以白话释义的是哪部字典？

祈天逸：《新华字典》。

李好：是。2015年3月，也门总统宣布将哪个城市定位……

裴蓉：亚丁。

李好：是。三平。太阳历的前身儒略历是哪位……

裴蓉：凯撒大帝。被称作奥林匹克首都的是瑞士的哪座城市？

裴蓉：洛桑。

李好：是。民国第一外交家顾维钧在"一战"后哪场会议……

祈天逸：巴黎和会。

李好：是，答对。金庸小说的《笑傲江湖曲》改编自哪首著名古琴曲？

祈天逸：《广陵散》。

李好：好，五平。美国歌手唐·麦克莱恩的 Vincent 是为了纪念哪位著名的画家？

裴蓉：梵高。

李好：答对。北京文丞相祠是哪位……

祈天逸：文天祥。

李好：好，打平。"走马观碑，目识群羊"说的是哪位战国时期的谋略家？

祈天逸：苏秦。

李好：赛点。因拜伦出现转行写作历史小说……

裴蓉：司各特。

李好：是，打平。再次到赛点打平。马季这个艺名是哪个相声大师所取？

裴蓉：侯宝林。

李好：英国革命时期国会组织的"新模范军"是由谁负责指挥？

裴蓉：克伦威尔。

晓敏：裴蓉胜。恭喜裴蓉，成为本场冠军。

李好：我们的舞台欢迎所有有热情的朋友到来，谢谢祈天逸。祈天逸再见！

晓敏：祝贺裴蓉获胜。恭喜你，同时我们也来看一看你今天在本场收获哪些奖品呢？魔音便携音箱、双开门冰箱、五十分纯净裸钻、佳能单反相机、智能电动按摩椅。

裴蓉：哇！I love it 一共是五件奖品。

李好：好的，你已经成为了本场的冠军。那么接下来，更大的挑战在等待着你。擂主彭雪茹就在大屏幕之后。让我们有请彭雪茹登场。欢迎雪茹！

第四章 综艺益智类节目主持实训

彭雪茹：好哥好，Rebecca 姐姐好棒。

裴蓉：Thank you！

彭雪茹：晓敏姐姐好。

李好：雪茹今年只有 19 岁，她已经连续的三期连庄。所以成为了一站到底智库的一名成员。今天是她的第四场守擂了。刚刚已经在舞台之下观看了整场的节目，观看过后你对她有什么评价？

彭雪茹：对，看了全场的比赛，我真的非常喜欢 Rebecca 姐姐。因为从她身上我看到一个不一样的成功女性。我觉得今天我们俩站在这里，Rebecca 姐姐特别像 Prada 女王。那我呢可能就像 Anne Hathaway 演的打工妹。但是我觉得打工妹通过自己的努力，有一天也可以成为一个女王。那我今天站在这里，我觉得，不为别的，我只想看看我的极限在哪里。

裴蓉：我呢其实正好跟她有点相反。虽然我一直都在达成我的目标，可我从来没有好好地自己制定一个目标。因为我觉得计划赶不上变化。所以我不知道今天的最终的结果会不会出乎自己的目标，你的计划之外。但是我希望你拥有一颗平常心。

李好：裴蓉，你可以直接走向擂台，向彭雪茹发出冲击和挑战。如果成功的话，除了你所看到的奖品，还将会收获本节目送出的一年的免费的汽车使用权。你将会成为全新的擂主。而如果不选择向她发起挑战。你直接可以选择离开我们的舞台。而挑战如果失败的话，刚刚的 5 件奖品将会随机减少掉 2 件。所以下面你思考一下。你的选择是：

裴蓉：不用思考了。I am ready！冲击！

李好：擂主之争。两位女士，请准备。答题开始。中国古代规模最大的科举考场是位于夫子庙的哪个考点？

彭雪茹：江南贡院。

李好：是。以险著称，天下九塞中位列第一的是……

裴蓉：雁门关。

李好：是。诗句"春风十里，不如你"出自哪位当代作家笔下？

裴蓉：冯唐。

李好：历史上唯一一位连续五年当选"世界足球小姐"的运动员是……

彭雪茹：玛塔。

· 215 ·

李好：正确。《三国演义》中，诸葛亮擒孟获时，将士们喝了哑泉的水全都变哑了，是哪一种化学物质……

彭雪茹：硫酸铜。

李好：由孟京辉、黄磊、赖声川共同发起的戏剧节在哪个古镇……

裴蓉：乌镇。

李好：辛弃疾名句"明月别枝惊鹊，清风半夜鸣蝉"的词牌名……

彭雪茹：西江月。

李好：荷马史诗《奥德赛》讲的是奥德修斯在哪场战争后历尽千辛万苦回家……

彭雪茹：特洛伊。

李好：正确。歌词"天青色等烟雨"中天青色是指……

裴蓉：汝窑。

李好：答对。"乱花渐欲迷人眼，浅草才能没马蹄。"这首诗描绘的是……

裴蓉：西湖。

李好：答对。小说《圆月弯刀》中，丁鹏的弯刀上刻的诗句是什么？

彭雪茹：小楼昨夜听春雨。

李好：小楼一夜听春雨。不得分。外号小胖，获得伦敦奥运会……

彭雪茹：冯喆。

李好：六平。中国历史上最后一位皇后，溥仪的妻子叫什么名字。

彭雪茹：婉容。

李好：是，婉容。赛点。第二次世界大战中，盟军在诺曼底实施登陆作战的行动代号是？

彭雪茹：霸王计划。

李好：漂亮。

晓敏：恭喜彭雪茹。

裴蓉：很棒很棒，很佩服你。

李好：那裴蓉，你今天本场比赛的表现也同样精彩。你完全体现了你自己独立的女性的气质。那刚已经收获的奖品按照我们的游戏规则将会随机少掉两件。

晓敏：来，我们转身看一下后面的大屏幕。5个号码，我们来看一下，告诉我们两个。翻开之后，这两件东西就不属于你了。

裴蓉：1、4。

晓敏：一号佳能单反相机，四号智能电动按摩椅。剩下能带走的是，双开门冰箱、魔音便携音箱、五十分纯净裸钻。还不错。

李好：OK。这是属于你的礼物。今天来参加《一站到底》，你的感受可以跟我们分享一下。

晓敏：对，觉得有什么样的收获？

裴蓉：突然觉得人生就像一场马拉松，并不是一场短暂的冲刺。所以我的人生路还很长，所以我还有很多很多挑战。我可以去一一克服，我要永远挑战下去，成为永远的森林女王，永远在那个宝座上。我一定会再回来的！

李好：好，非常谢谢你。因为你的确是在这个舞台上面，女生当中一种不可多得的气质。让我们看到了你的干练和洒脱。好，非常感谢！

裴蓉：谢谢。

李好：下面有请裴蓉离开《一站到底》的舞台。请往前。

裴蓉：拜拜！

李好：掌声送给裴蓉。

晓敏：拜拜。

裴蓉：See you!

晓敏：好，再次恭喜彭雪茹。雪茹已经连庄四场了。

彭雪茹：其实我觉得多读书，积累知识，一般人运气都不会差。因为世界上有一种东西永远不会亏待你，它的名字叫作知识。

李好：同样把掌声送给彭雪茹。彭雪茹请转身，去往胜利之门。下场再见。各位亲爱的现场还有电视机前的朋友们你们是不是也充分地感受到了来到《一站到底》舞台的每一位选手他们的答题的状态和激情了呢？如果你们也想身临其境，也想感受这样一个很奇妙的舞台的话，不要再犹豫了。报名方式就在屏幕的下方。

晓敏：是的，如果电视机前的朋友也想来挑战一下彭雪茹的话，那就赶紧报名来到我们的舞台吧。除了通过官网报名，你也可以通过《一站到底》的地面招募活动来到我们的现场。那在这里提醒大家在观看我们节目的同时你

也可以拿出你的手机打开微信，扫一扫屏幕下方的二维码，或者是摇一摇进入我们的官方报名通道，填写简单的资料，就可以直通现场了。

李好：下周同一时间，我们继续等待所有热爱答题的你们，来征服我们这个现场。谢谢各位，再见。

晓敏：拜拜。

3. 关于《最强大脑》的一些实例分析与思考

《最强大脑》这个节目，虽然每个选手参赛的环节都是一样的：选手出场、介绍挑战规则、评审打预判分、选手挑战、科学评审根据挑战结果给系数分，挑战结束，但是，每个选手挑战的内容和项目都不一样，道具都大相径庭，甚至有些挑战的规则都很复杂，主持这样的节目需要付出大量的精力，前期需要充分了解选手以及挑战内容，并且要掌握一些拓展的知识，这样才能够精准把握每个项目的进程，根据内容反馈评审和嘉宾的疑问，与他们充分交流，同时把握好整个节目的节奏。

先来看《最强大脑》一期挑战赛中的一位选手挑战过程，这位来自宝岛的选手，他的挑战内容道具特殊而庞大，嘉宾对于挑战项目的难度也是各持己见，而且最终选手对嘉宾和科学评审等给出的分数也有不同意见，如果你是主持人，你如果来调控这样的场面？我们来看主持人蒋昌建是如何在其中周旋衔接的。

蒋昌建：有请挑战者。你好，自我介绍一下。

张富源：我叫张富源，来自宝岛台湾。

蒋昌建：看你这身打扮，好像是从事一些……

张富源：很多女性喜欢我这双手，因为我的手可以读懂她们的需要，可以给她们带来美丽。你看看我的手。

蒋昌建：我们俩的手好像也没太大差别，凭什么就喜欢你的呢？

张富源：经过我的手摸过之后，她想要改变的形状就会改变了。

蒋昌建：我问一下，男性喜欢吗？

张富源：男性，羡慕、嫉妒、恨。

李永波：我想今天瘦50斤，你能给我瘦个50斤吗？

· 218 ·

第四章 综艺益智类节目主持实训

蒋昌建：今天？

张富源：体重的改变不是那么重要，任何人看不出来你多重，但是看得出来你胖在哪里。我的理论就是，你哪里不好看，让不好看的变好看。让该凹的凹，该凸的地方凸出来。

梁　冬：你说你能把肉乾坤大挪移对不对？

张富源：把多的地方让它消掉，把应该出来的地方让它长出来。

蒋昌建：我告诉大家，他今天的挑战项目非常的震撼，首先就从道具震撼开始，请上道具。

蒋昌建：我在观察子怡，我想问一下看到这样一个壮观的场面，你有什么想法？

章子怡：这挺棒的。看到这么漂亮肌肉的男生们，我又回头看了一下永波老师和梁冬，我觉得我回去要开始努力地做运动了。

蒋昌建：你看到他们，你要做运动？

章子怡：因为我觉得总是一个动力。其实每一个人的身体都有那种可能性塑造出一个完美的线条。

蒋昌建：我们来看一下挑战规则。

（短片）

章子怡：是摸背吗？

蒋昌建：前后都摸。

梁　冬：头发可以摸吗？

蒋昌建：不摸头发。好，永波有问题吗？

李永波：我没什么问题，我觉得可能他们还需要再好好地练一练力量。

蒋昌建：啊？还不够啊？

李永波：那跟林丹比还差很多。

蒋昌建：我以为讲跟您比还差很多。好，接下来我们请三位评审打出你们的预判分。梁冬，4分。

梁　冬：我们的这个医师呢，他平常啊就有很多机会去接触骨骼。他的职业已经是很长期的训练了，所以呢我觉得我有理由因此扣一点点分。

蒋昌建：好，永波老师。

李永波：对，我也是4分。其实按我的本意4分高了一点，我本来想打3

219

分。因为我觉得有一定的难度，但并不是说我想象的那么难。中国羽毛球队我有六名队医，我回去让我的队医也试试看，我的队医也许比你还强。

蒋昌建：哦，那么这是永波老师的观点。子怡，4分。

章子怡：我觉得张医师这个更多的可能是技巧和熟练性，可能对您来说难度并不是那么大，我打了4分。

蒋昌建：好，那么总共你拿到的预判分是12分，你挑战成功的话就可以拿到所有的预判分。当然你是否能晋级取决于魏教授给你打出的难度系数分，如果乘上去超过80分你就能够成功晋级。好，但不管怎么样，我想问一下张先生，你准备好了吗？

张富源：准备好了！

（挑战进行）

张富源：100个人全部看完了。

蒋昌建：好，我们请张先生站到我们身边，我们也请刚才被张先生所挑选出来的几位型男站到舞台中间。好，你可以再去感觉一下。

蒋昌建：好，我们的张医师最后已经确定了两个，最有可能是他要找的，由子怡挑选的那位型男。那么张医师，关键的时候到了，你的答案是？3、2、1……

（张富源举起21号）

蒋昌建：号码是21号，恭喜你！我想问一下评审你们的想法。

梁　冬：因为刚才打分的时候，我3分4分之间，3.5或者四舍五入打了4分。但是看完之后我觉得3分。有很多的医生在触摸的过程当中他其实是有比例关系的。也许我们不是那么清楚，但是对他来说都是一些现成的记忆体，所以他只用很快地代入进来。张医生无疑是我见过的非常优秀的整骨医生。但是我认为，在《最强大脑》这个节目上，我相信可能不是最合适您的舞台。

蒋昌建：哦，讲得也非常的坦诚。没关系，每个评审他都有他独到的观点，子怡。

章子怡：我想最终张医生是不是在代表中国的最强大脑出征，我觉得这个可能并不是最重要的。我觉得今天给我最大的启示是人追梦的这个动力有时候是主动性的有时候是被动性的，只要你是自己有这一份热情和有这一份积极性的话，就把它坚持下去。

蒋昌建：好，你挑战成功了。那么你可以把刚才评审给你打的预判分12分收入自己的囊中。但是你能不能晋级呢？取决于魏教授给你打出的难度系数分，让我们拭目以待。结果会是怎样呢？

蒋昌建：啊，最后的结果是36分，根据我们的比赛规则没有晋级。但是呢我们要了解一下，魏教授打出的难度分是3分，为什么？

魏教授：当时他蒙上眼睛的时候完全靠触压觉去识别人体表面的特征，然后他眼罩挪开以后，他开始有视觉，这两部分信息要进行一下匹配和对比。我们的术语叫作"多通道感知信息的整合"。在这方面他有非常多的工作经验造成了他的这种能力也是非常超群的。应该说常年的这种多种信息联合学习造成他这种能力。所以从最强脑力的角度来讲的话，它的确不能得到比较高的分。

张富源：这一点我非常的不认同，因为你们不是这行业的人，不知道这个难度非常高。我们平常太过依赖眼睛，对一个可以用眼睛判断的人是非常难的。而且不管我的工作经验有多久，我从来没有蒙着眼睛摸过任何东西。

魏教授：我知道你从来没有蒙着眼睛去学习过，但是人的神经系统有一种学习叫作implicit learning，这翻译成中文是"内引学习"。你不需要有意识地去学，你大脑如果同时有两种不同的信息的话，你若把两种信息综合在一起，这个学习是自动的。所以还是你常年的工作经验造就你这种能力。

蒋昌建：很遗憾，没有晋级，谢谢你。

在《最强大脑》中，嘉宾评审根据他们的理解和认知给出的预判分与科学评审魏教授给出的难度系数分有差别，甚至有时差别很大，这经常使得评审间产生争议，而上文提到的选手赵淑芳的第二次到场，也使得这种争论到达了最白热化的一次，更被章子怡称为"火药味太浓"，如果是你面对这样的时刻，你怎样掌控现场？我们看一下主持人蒋昌建是如何把握节奏并最终用高度的总结来为这一段争论画上圆满句号的：

蒋昌建：她就是在第四期《最强大脑》中有着精彩表现的赵淑芳。
（挑战者体检排除争议视频资料）
蒋昌建：看完有什么感觉？

梁　冬：我想问一个检测的，因为没有听得很懂，你说什么来着？

魏教授："艾斯伯格症"是泛自闭症的一种。自闭症都是有社交障碍的，或者有那种重复的行为。他不喜欢和人交往，不喜欢看人的脸，就是社会交往能力比较低的一种。但是其中有一种叫天才症候群，有很多天才属于这个症候群，赵大姐她不属于这个症候群。

蒋昌建：好，我相信魏教授对她脑部什么样的一种机理会产生什么样的特殊功能，你有你自己的判断。我们还要在这个舞台上完成你的难度系数分的这样一个最后结论。你原来的预判分是12分，如果加上魏教授今天给你打出的预判分，超过81分你成功晋级，你是否能晋级成功呢？从而成为《最强大脑》中国战队的一员呢？我们拭目以待。

（魏教授打分）

蒋昌建：啊？12分？没有技术上的故障吧？好，整个现场导播告诉我没有任何技术故障。你实际上只有12分，为什么呢？你问我我没办法回答你，魏教授，为什么呢？

魏教授：最强大脑，我们说是选脑力的。脑里对应的是智力，如果我们把人的智力分成很多范畴的话就包括推理、逻辑、记忆，你的视觉能力，包括你的阅读能力，您的这种给出字算出笔画的能力，不能算是其中的任何一种范畴。所以我们给的分肯定是很低的；第二点，其实我们平时理解文字的时候用的是叫作自动的语义加工。看到的文字我们知道文字的意思对我们是有意义的，您看到的文字对你来说是笔画，就笔画成了你的自动加工，有时候你的能力会损坏你的阅读能力，所以从这种角度来说它是一种能力，但不是一种才能，我甚至可以给负分；第三点，就是说我有这种能力，但能不能用到其他方面，很显然不能用到其他方面，你也不适合代表我们中国战队去跟老外PK。由于我上面给的理由所以我只能给你难度分1分。

李永波：但是她如果已经超出了常人，她也应该算天才的一部分。

魏教授：看你怎么定义天才。能力有用的话，那可以说是天才。我特别想问一下大家，你们觉得这种能力在什么地方能用？

梁　冬：我补充一下，关于什么地方有用这个事情呢。我觉得这恰巧是科学精神需要去探讨的。很多年前我们也不知道石油有什么用，很多人也去问你去发现这个电磁学原理有什么用，结果电磁学原理把电灯泡给制造出来了。也许今天她表现为一看见字马上知道笔画没什么用，但是后面这个导致她产生这个能力的机理，我们研究好了之后是有用的，也许为我们的研究……

魏教授：不不不！

梁　冬：带来了新的可能性！

魏教授：科学永远都是开放的心态。我绝对对她的数笔画这种能力特别好奇。这也是我们下面可以研究的东西，这是开放的。但是你用到的类比是错的，发现电磁波是科学发现的。那对人的能力的衡量，我们是有体系的。我们不是说突然发现这种能力然后我们不知道有什么用。我要强调一下，在这个舞台上来过的所有人他们的能力都有用。举个例子，魔方墙。他的视觉辨析力非常好，他的观察力是超过常人的。你想象一下，他如果是个侦探的话，他可以看到你看不到的蛛丝马迹。所有记忆高手、所有的逻辑推理高手，他们的能力在很多领域都用得上。

梁　冬：所以你的结论就是：我看不到她现在有什么用，所以我认为她没有用？！

魏教授：我觉得你是歪曲了我的结论。

梁　冬：不是吗？

魏教授：我现在还可以再说一遍：第一，能力不等于才能；第二，这个能力有可能损害有用的阅读能力；第三，它没有迁移性。没有用的话，我们也不能够用来跟老外PK。OK？

梁　冬：比如说以前我们认为麻雀没有用，所以除"四害"。后来发现把麻雀全部都消灭之后导致了生态的失衡。

魏教授：我说了，这是不恰当的类比。

梁　冬：我们以前说在草原上的狼是没有用的……

魏教授：这是不恰当的类比。

梁　冬：很多人把狼给消灭了……

魏教授：这是不恰当的类比。

梁　冬：最后发现……

魏教授：（站起来）我就想看看有多少人鼓掌。梁冬讲得好，对不对？但是我就讲一句话，很多时候真理掌握在少数人手中！

梁　冬：我们今天这是个节目，我们要选择符合可以去PK的选手，魏教授被赋予了这个的权利，我们会尊重他打分的这个权力，我们只是开放地去了解。我的结论是，这一些现在我们看不出来有什么用甚至可能有坏用的东西，到底有没有用。我们应不应该花一种开放的心态去研究它可能有用的部分。

魏教授：科学家碰到了诡辩家有时候就出了问题了，这些类比全都是不恰当的。

梁　冬：不要贴标签，我反对贴标签。我们讨论问题，结论就是，我认为没有用的东西是不是没有用。

蒋昌建：魏教授，这时该你最后做结论了。

魏教授：我觉得我的结论就在我的打分里面。

蒋昌建：就在你的打分里面？

魏教授：对。

蒋昌建：你非常坚定？

魏教授：我非常坚定。

蒋昌建：好。

魏教授：在现有的智力和脑力的测量里面这个能力不等于才能。

蒋昌建：好。

魏教授：所以只给了她1分，她不能够晋级。

章子怡：《最强大脑》的舞台火药味怎么这么浓。

李永波：男人很奇怪是吗？

蒋昌建：那么对他们这些观点，你的想法是什么？

赵淑芳：我的文化水平太低了，有些科学术语我也听不明白。我就一开始上节目的时候就奔着一个目标，文科生解决不了的问题我感觉科学家能给我一个正确的答案。

李永波：科学家如果不能够真正给出非常明确有说服力的答案，还不如继续保持不打分（魏教授第四期没有给该选手打分）。

赵淑芳：我觉得也是。

魏教授：不是这样的，我们应该分成两部分：一方面是打分体系，选最强大脑的体系，这方面我们是绝对有把握的；第二部分是这些能力的机理是什

· 224 ·

么，它的认知机理是什么，神经机理是什么，具体回路是哪个回路，负责你这个超能力。这个方面来说，科学当然都没法回答，很多都没法回答。

李永波：我还是那句话：魏教授的权力太大。当然我尊重科学，也尊重魏教授打出来的分数。因为我很难理解，我只能觉得非常遗憾。今天尽管说在这里因为魏教授没有给你分，其实他的科学水平也不是很高，所以你没有过关。但是，今天你的表现，我觉得我还是愿意代表中国羽毛球队的冠军们祝福你。然后这只球拍我想亲自送给你，我也带到了现场，这是所有冠军的签名，包括我的签名。

赵淑芳：谢谢，李教练。

蒋昌建：谢谢，永波老师。

章子怡：很无奈。

李永波：最后这声"哎呀"是对你来的，这声"哎呀"是送给你的。

蒋昌建：观众朋友们，你们非常幸运能够看到四个评审为了一个科学议题据理力争，这个科学的精神是难能可贵的，所以掌声给到四位评审，谢谢你们。

（本章的综艺节目文字实录整理自爱奇艺网站的综艺节目视频）

第五章
综艺服务类节目主持实训

【本章导读】综艺节目除了娱乐大众的功能，也在寻求节目内核和内涵的突破，寻求更多功能的体现。于是，借助综艺形式的服务类节目也应运而生了。既能欢乐开怀，又能对生活有所帮助，这是受众们所乐于接受的，而综艺的形式加服务的内容，也是综艺服务类的节目吸引了更多层面的观众群体。

第一节　综艺服务类节目的特点

综艺服务类节目在形式上出新出彩，在功能上突出服务的实用功能，给受众的生活带来了实用性的欢乐，它的以下三个特点非常突出。

1. 节目形式新颖灵活

既然要借助综艺的节目形式，综艺服务类的节目就在整体打造上都进行了改造和突破。最初的服务类节目基本都是小演播室，一个或者两个主持人，向大家讲解和介绍各种生活服务的信息、常识或者技能。后来拓展到把一些道具拿到演播室当中来，或者以请一些嘉宾的方法来丰富形式和内容。再后来，演播室里搬进来锅碗瓢盆和炉具、灶具，比如兴盛一时的各种美食制作的节目；或者是用情景剧的形式，比如北京电视台的《快乐生活一点通》等。但是这些都没有突破小演播室、单一传播、没有现场互动等框框。

综艺服务类节目已经发展到新的阶段，很多服务类的节目都开始了大制作时代。来到了大演播室，众多的主持人，精美的舞台设计，丰富的环节设置，多种的表现手段，以及被引进演播室的观众群体，都给综艺服务类节目增添了新的色彩。

2. 承担生活服务功能

综艺服务类节目的生活服务功能没有因为综艺的形式受到影响，反而以更加轻松活泼的氛围实现出来。为受众提供的服务类型也是多种多样，除了比较典型的教给大家做美食、告诉大家生活的小窍门等内容，还延伸到了婚恋家庭、求职应聘、家居装修等生活的方方面面。而这种服务功能又以丰富的节目形式表现出来，实用性、可看性都大大增强。

3. 受众群体非常广泛

综艺的节目形式吸引了相对年轻的受众群体，实用性的内容又抓住了传统意义上的受众人群，所以综艺服务类的节目受众范围非常广泛。比如《非诚勿扰》，收看节目的既有那些有婚恋需求的适龄青年，又有适龄青年的各个年龄段的亲朋好友，还有那些因为觉得节目生动有趣而当作娱乐节目来看的收视人群，所以《非诚勿扰》才能在播出后的一个时期成为除《新闻联播》以外全国收视第二的节目。

第二节　综艺服务类节目的主持技能要求

综艺服务类的节目既要凸显服务功能，又要运用综艺的手段让节目轻松好看，所以在主持这类节目的时候要多侧重以下几个方面。

1. 风格清新自然

服务功能的体现既要表现在内容上，又要表现在主持人对节目的把握上。服务类的节目，主持上要注意侧重清新自然的风格，这样才能让受众觉得亲切，乐于收看。

2. 贴近受众生活

服务类的节目就是要为大众的生活服务的，主题和内容的设置要贴近观众，主持人在驾驭节目时也要注意贴近受众的实际生活，从受众的喜闻乐见的角度出发。

3. 体现人文关怀

与受众贴近的重要一点就是要真心服务于受众，让服务类的节目真正服务于受众，并且在人生百态中真正关怀受众，这样才能让受众对节目有发自内心的认可和喜爱。

第三节　综艺服务类节目典型栏目分析与实践

1. 《天天向上》

《天天向上》2008年开播，几年来已经成长为湖南卫视的一档王牌节目，收视率很高、各方评价很好。这档用丰富的表现形式来传播中国千年礼仪文化的节目，形式是综艺的，但是功能是服务的。节目的主题固定为传播礼仪

公德知识。节目内容一般由风格各样的嘉宾秀为主体,融合中国大陆及港澳台以及跨国界的嘉宾访谈互动环节,又会用栏目剧的形式来演绎和诠释生活中常见的礼仪知识,使国人更加掌握文明礼仪,让世人更加了解中华礼仪。节目进行过程中除了访谈之外,穿插进行歌唱、舞蹈、情境表演与场内观众互动等环节,在一种节目形态中,融合了多种节目的类型与元素,集多种特点于一身。节目本身包含了公益性、教育性、知识性,凸显出它综艺外表下的服务功能。

《天天向上》的主持人团队也是独具特色。在《快乐大本营》推出的主持团形式的基础上,更进一步,组成了一支由汪涵、欧弟(欧汉声)、田源、俞灏明、矢野浩二、小五(金恩圣)等来自不同国家和地区且各具特色的主持人组成。他们在节目中组成相亲相爱的"天天兄弟",被称为"天家兄弟七人行"。从成员和人数上看,堪称内地主持超强超豪华阵容。同时外籍演员的加入使得节目更具国际化。

《天天向上》主持团的领衔人物汪涵,是湖南卫视当家男主持,也是国内非常出色的娱乐节目主持人。汪涵主持节目风格风趣、幽默、睿智,反应快,擅长脱口秀。他在语言上也非常有天分和优势,精通长沙话、常德话、衡阳话、邵阳话、四川话、上海话、武汉话、粤语等多种方言。汪涵能够成为优秀的主持人,不止因为他具备这样出色的个人能力,也因为他在团队主持中起到的核心作用,他能够带领整个主持团队形成对节目的控制,与团队中的成员都能够灵活互动,带领团队成功实现了不只是人数相加的效果。也正是因为有这样一位主持核心,天天兄弟主持团才有现在的成就。

天天兄弟主持团中的另一个主要成员是欧弟,他原名欧汉声,"欧弟"是艺名,他是中国台湾著名歌手、节目主持人,台湾影视歌三栖明星。年仅16岁以偶像团体歌手身份出道,擅长模仿、跆拳道、舞蹈、太空步、B-box,曾经是偶像团体"四大天王"、"罗密欧"的一员。欧弟在2008年8月加盟《天天向上》节目之后,与汪涵配合得十分默契。欧弟的演艺才能非常全面,能说、能唱、能跳、善于调侃,异常活跃的主持风格令他在一众主持人中很是耀眼,受到了内地观众的欢迎与好评。欧弟丰富了天天兄弟主持团的主持人来源,带来了台湾综艺节目主持的多变风格,成为主持团中的重要元素。

《天天向上》是一档非常好的主持团队主持模板,尤其是在综艺节目中是非常好的学习典范。这个主持团队的成员风格多样,各有专长,在节目中的分工明确、配合默契。

下面我们来看一期节目的开场,这期节目的嘉宾是杨丽萍,汪涵以及主持团队没有像常规的介绍一样,把杨丽萍的名头和成就念上一遍然后请出嘉宾,而是用非常轻松的方式、贴近观众感受的思路去引出嘉宾:

汪涵:观众朋友们大家好,您现在收看的是特步《天天向上》,今天我在台上的心情跟现场的观众往台上看的心情居然是一样的。

田源:为什么呢?

汪涵:难以抑制的兴奋,今天来的这位绝对是我本人的女神。

田源:哎哟,乐乐姐来了?

汪涵:不不不,也姓杨。凡是姓杨的在我心目中都可以在女神这个位置。

田源:有姓杨的吗,现场的观众朋友们?

观众:有!有!有!

田源:都是女神,都是女神。

汪涵:那个男的姓杨的你也是女神。我觉得她是一个民族的文化符号,她酷爱舞蹈,到了痴迷的程度。汉声兄也是很爱舞蹈,但应该还没到痴迷。

田源:汉声兄跳完舞不是痴迷,他是要吃饭。

汪涵:因为跳得太饿了。

田源:累了。

汪涵:对。接下来这一位呢就是民族舞蹈的一位非常伟大的舞者,我只要提一种非常美丽的、神奇的而且特别吉祥的动物大家就知道她是谁了。

汪涵:孔雀!她是……

观众:杨丽萍。

汪涵:接下来我们就有请现场所有的观众用最真诚的掌声有请我们最爱的杨丽萍老师,还有她的爱徒们。

很自然地引出主要嘉宾之后,又要介绍嘉宾带来的嘉宾团队成员,介绍的过程中非常注意发现每个成员的特点,并用诙谐的语言加以突出,增加节目趣味性的同时,也帮助观众记住对应的主要成员。

（一段杨丽萍带领的舞团《云南映象》的精彩片段展示以及杨丽萍爱徒们每个人的一段展示。）

汪涵：好有气场啊！我都不敢上场了啊。

杨丽萍：大家好，我非常高兴又一次站在这个舞台上。

汪涵：杨老师出来永远是这种衣服。

田源：太好看了。

汪涵：对啊。而且特有范儿，一股子仙气。

杨丽萍：今天非常高兴带着这么多的后生们，最小的大家都知道是彩旗，14岁。

汪涵：4岁半就开始跳舞，跳10年了。

杨丽萍：所以他们都是我们这个团队的主力的演员。

汪涵：彩旗你在这里扮演什么角色，今年多大了，喜不喜欢我？

田源：最后一个是什么问题？

汪涵：那是个人问题！

杨彩旗：大家好，我叫小彩旗，我在《孔雀》里面饰演时间，今年14岁了。

汪涵：最后一个关键的问题。

杨彩旗：哦，非常喜欢汪涵老师。

田源：涵哥刚才跟我们说你平常不管他叫汪涵老师的。

汪涵：小时候管我叫什么？

杨彩旗：干爹。

汪涵：第二位，像个王子一样，刚才一下就跑出来了。

包雄伟：大家好，我叫包雄伟，然后是刚加入《孔雀》的，我的角色定位男孔雀，就是男一号。

汪涵：哦哦。

田源：包宏伟，包你宏伟！

包雄伟：包雄伟。

汪涵：包雄伟，包你雄伟。好，来，这一位。

虾嘎：大家好，我叫虾嘎，我在《孔雀》里面饰演的是神灵。

汪涵：神灵！虾嘎，很厉害。

杨舞：大家好，我叫杨舞。我是《云南映象》雀之灵的扮演者。

田源：你看人家这名，"养我"。

杨丽萍：杨舞特别热爱舞蹈。在我们《云南映象》已经跳了8年了。

汪涵：8年没有间断，每天都跳！每天一场，算一下360乘以10乘以8，快点欧弟！

欧弟：很多天欸。

汪涵：两千多天，那你会不会面对观众时，然后一转过身，就已经跳习惯了。

杨舞：不会不会，每一次跳《云南映象》都是对自己心灵的一个洗涤。

汪涵：专业素养，女神。小伙子你呢？

岩金：我叫岩金，来自云南普洱孟连。

汪涵：普洱，你在里面演什么？

岩金：演孔雀。

汪涵：你这只孔雀。

田源：有点黑，有点壮。

汪涵：壮的，挺壮的啊。

杨丽萍：岩金是佤族人。

汪涵：佤族，有点像印第安的那个，可以带刀，他们有佤刀，因为要在山寨里面生活。

汪涵：接下来下一位。

陈谢维：大家好，我叫陈谢维，在孔雀这个剧里面演一只乌鸦。

汪涵：乌鸦其实最开始是一种圣鸟，白色的，它在古希腊神话当中是因为阿波罗特别喜欢一个女孩叫格蕾丝。然后他就派这个圣鸟去监视格蕾丝，看有没有跟其他的男生交往。有一天这个圣鸟就飞过去一看，看见有男孩子到格蕾丝那里去跟她聊天，它就误以为有可能他们两个在交往。于是乎回去就报告了这个阿波罗，阿波罗就惩罚了格蕾丝跟那个男孩，后来调查完了之后发现其实没有，是一个顺丰快递。

田源：啊？那时候没有快递好不好？

汪涵：其实是乌鸦弄错了。然后就惩罚乌鸦，把它一身白色的羽毛变成了黑色，于是乎它就变成了一只黑色的鸟，乌鸦！你好。

罗罗拔四：大家好，我叫罗罗拔四，彝族人，来自美丽的大理，跳菜之乡，南涧。

汪涵：那你在家里排行？

罗罗拔四：老四。

汪涵：老大叫什么？

罗罗拔四：拔一。

汪涵：罗罗拔一，拔二。老三叫什么？

罗罗拔四：拔三。

田源：你们家拔几个啊？

罗罗拔四：五个。

田源：拔五。

欧弟：不行。要是生到第八个那就乱了。罗罗拔八（爸爸）。

汪涵：你在里面演的是？

罗罗拔四：乐器这一块。

汪涵：你演乐器？还是你演奏乐器？

罗罗拔四：演奏乐器。

汪涵：哦，吓我一跳，我以为你要演钢琴，要演个葫芦丝什么的啊。好，我身边这位帅小伙。

潘宇：大家好，我是描声爱好舞者，我叫潘宇，然后我在《孔雀》舞剧里面扮演的是神灵的角色。

欧弟：你讲话跟那个周杰伦有点像，感觉就是讲话就是蛮酷的。艺术家都是这样好不好。

汪涵：我其实一直都想问欧弟，周杰伦是不是被蚊子在这里咬了一口啊？

田源：老挠，一直在挠。

汪涵：《孔雀》，好像这次跟你合作的都是特别了不起的这种大咖啊，三宝是负责音乐这一个部分。

杨丽萍：叶（锦添）老师是帮我们设计视觉和整个美术的总监。

汪涵：我们请叶老师来做过节目。

田源：叶老师讲了一个问题到现在都没有明白，留白。

汪涵：你跟他沟通的时候有没有这样的问题。

杨丽萍：这个是我们艺术门类里面最特别的一种，包括我们的舞蹈。

汪涵：舞蹈。

杨丽萍：都有这种留白的线条。

汪涵：留白，梦渡间。这都是叶老师跟我们说的，让我们想破头的。

杨丽萍：最早的时候我的那个作品是大型的《云南映象》，还有这个《藏迷》，它都是属于这种濒临失传的，有文化属性的这种民族的东西，很多东西都是抢救出来然后呈现在舞台上，它属于非常质朴的，那么《孔雀》这部舞剧又不同于这几部，《孔雀》完全是我们这些少数民族的后裔想象和创作的。

汪涵：我们认识杨老师应该最早是在春晚，89年，印象最深的《孔雀》。

汪涵对每个人的介绍都很不同，能够抓住每个人的特点，让同是一个团队的成员们展示出不同的特色。在说到乌鸦的时候汪涵能够结合古希腊的神话故事，可见其深厚的文化功底以及现场联系运用的功力。

在节目中也注重请嘉宾解读相关的专业知识，达到向更多的观众普及的目的。比如节目中就请杨丽萍介绍了传统的孔雀舞与杨丽萍的创新都分别有什么样的特点。

（历年春晚，杨丽萍扮演孔雀的视频展示。）

田源：好美啊。

欧弟：太棒了。

汪涵：孔雀翎毛竖起来的时候，我汗毛……

田源：鸡皮疙瘩掉了一地吧？

汪涵：太美了。杨老师开创了这个杨氏孔雀舞，其实之前还有刀美兰

· 235 ·

老师。

杨丽萍：很多，包括毛相爷爷，其实在民间大家都知道，孔雀舞是属于男性来跳的。

汪涵：对啊，我们节目里来过架子孔雀，有一个架子。

杨丽萍：那是比较传统的。

汪涵：那您的孔雀舞和传统的有什么区别呢？

（杨丽萍老师展示了很多她的孔雀舞的手语，她采风的照片，并且讲出如何遇见她的徒弟们，每个徒弟进行自己的个人展示。）

汪涵：我们今天特别高兴把这么多艺术家请来哦。掌声有请杨老师，《孔雀》这个舞剧演完了之后还有什么打算呢？

杨丽萍：今年我们不是十周年嘛，《云南映象》十周年，你看，来自山村的少数民族，他们把他们传统的这些歌舞呈现在舞台上，我们已经，在全国已经演了四千多场了，就是《云南映象》这个作品，我们这样一个活的"舞台的博物馆"能够把这些传统的舞蹈继续演出，然后今年十周年，我们会在昆明做一个云南"杨丽萍舞蹈艺术季"，然后再把这些经典的、传统的东西继续在舞台上能够演十年、二十年、三十年。

汪涵：等于这个演出季不单单是你们，会有很多国外的，国外的一些优秀团队会来，还有给一些年轻的新的舞者给他们一个展示的机会。

汪涵：我们有一个小小的约定，就是我们"天天兄弟"，改天有时间，一起去一趟昆明，我们好好地完完整整地看一下这个让我们内心震撼的节目，只要生命还在，只要我们的呼吸还在，舞蹈就会永远地陪伴我们。所以我们希望我们现场的所有朋友，让你们的掌声回荡在这个艺术的舞台，回荡在杨老师十年、二十年、三十年这样一个绝美的演出当中，再次用掌声谢谢杨老师，谢谢您的舞蹈团，谢谢我们场上的每一位艺术家，谢谢。

在与艺术家的交流中，比如"只要生命还在，只要我们的呼吸还在，舞蹈就会永远地陪伴我们"等语句，表示出艺术深深的尊重，并且非常注重对艺术传承。对艺术家的祝福中也体现出对艺术家本人的尊重，这些语言的表述非常流畅而自然，可见是一种真情流露，这也正是人文关怀的体现。

汪涵作为整个主持团队的核心,思维特别敏捷,在很多关键时刻能够掌握住全场,并有很多精彩的表述。连台湾的综艺主持天王吴宗宪作为嘉宾时,汪涵也是从容应对,并且妙语连连。在这一期节目里,欧弟因为跟吴宗宪早就熟识,既跟汪涵配合默契,又与吴宗宪言来语往,真是好不热闹,呈现给观众一台精彩异常的节目。

开场语:Ladies and gentleman,欢迎来自宝岛台湾的吴宗宪,掌声鼓励。

吴宗宪:大家好,感谢你们来收看最好看的综艺节目《天天向上》。《天天向上》跟大家在一起有四年的时间了。人家说了,节目久了就有老态!老了就有疲态!疲了就会淘汰!所以我们非常感谢过去"天天兄弟"们为我们大家抛头颅洒热血,总算是功成身退。今天这一集也就是参加他们五位的告别式,一起来欢迎"天天兄弟"出场!

("天天兄弟"出场)

欧弟:宪哥好,宪哥好!主持人好,各位观众大家好。我们是——

天天兄弟:天天兄弟!

汪涵:终于喊齐了。

田源:宪哥好。

吴宗宪:谢谢啊,过去这个节目……

(欧弟扑在吴宗宪怀里)

汪涵:哎,怎么一上来就摔跤呢?

吴宗宪:谢谢,谢谢。离开这个节目以后你们有什么打算吗?

汪涵:首先就穿上黑色的衣服来看一下宪哥,我们给宪哥鞠个躬吧。

吴宗宪:不要不要,先不要。呸呸呸。

欧弟:我们上台之前好慌。

吴宗宪:慌什么?

欧弟:因为我不知道你黑白照片放在哪里?

汪涵:今天真的特别特别的开心,能够把宪哥请到我们节目中来。

欧弟:是的,我是宪哥拉扯长大的。

吴宗宪:哪有。

欧弟：我是他一把屎一把尿喂我长大的。

吴宗宪：难怪这手还有一点屎的味道耶。

汪涵：如果到内地来做活动的话，有没有也看一下我们的节目。

吴宗宪：当然要看啊。而且你们这个主持人里面还经常换来换去的。有一个我最喜欢的，那个蛮可爱的。

汪涵：谁？

吴宗宪：海涛嘛。

欧弟：忘了介绍这位是何炅老师。

吴宗宪：谢娜你就是会乱讲话。

汪涵：你觉得我们这个节目当中主持人彼此之间的搭档怎么样？

吴宗宪：在内地来讲已经再也没有对手了，我心里面真正的第一名。

汪涵：哪里，谢谢。

吴宗宪：我上本台另外一个跟你们一直有瑜亮情节的节目的时候我也没讲过这句话。

欧弟：哪一个？

吴宗宪：这个不方便讲啊，都是好朋友嘛。不过我今天一来的时候，我先到台长那边去走了一下，台长一直在，希望这个宗宪可以到本台来开个节目，连名字都定好了。

汪涵：叫什么？

吴宗宪：《快乐向上》。

汪涵：您这是集结的。

吴宗宪：我都不肯的啊，后来我们改名字了，《向上大本营》。

汪涵：您评论一下我们这些年轻的主持人。

吴宗宪：你当然不用讲了，你算是里面学养最好的。

田源：他是放养的，放养长大的。

汪涵：你是圈养。

吴宗宪：田源，田源很有味道的一个男生。

小五：刚刚一直，他在后台一直放屁。

欧弟：土味。

田源：哪有？

吴宗宪：小五，韩国小朋友。你会讲韩国话吗？

田源：他忘记了，我都教他好久了。

吴宗宪：真的是韩国人吗？钓鱼岛是我们的！

汪涵：他们没有要，他们没有要。

吴宗宪：那欧弟不用讲了对不对，说学逗唱。

欧弟：我是宪哥带进内地的，宪哥是我的恩人。

吴宗宪：哪有哪有，要是没有他的话我现在应该会过得更好。

吴宗宪：你看吧你这个人，我讲真心话啊，我带过的人中啊，最喜欢的就是周杰伦。

欧弟：哎哟不是，哎哟不是，宪哥说话最实在。

吴宗宪：（唱）岩烧店烟味弥漫，隔壁是国术馆，里面的妈妈桑茶道有三段，呼呼哈嘿。

欧弟：哎哟不错，哎哟不错。

吴宗宪：蔡依林。

欧弟：蔡依林永远是我的最爱。

吴宗宪：Jolin520！

欧弟：周杰伦进宪哥公司的时候只是一个打杂的而已。

汪涵：有一次宪哥在接受访问的时候，我觉得那一段说得特别好，太空船飞上去的时候，他要飞得更高，要把那个副油箱扔下来，他现在就是被扔下来的那个副油箱，躺在太平洋当中看着那样的一个飞船飞得很远，越飞越远。

欧弟：这也是一种享受。

吴宗宪：当年呐，小猪跟欧弟，他们两个人的那个经纪人也是我的好朋友。他形容得就更卑微了，经纪人跟艺人的关系就像在放风筝，一开始我们要用力地拉着，跑啊跑啊跑啊，等待风起，风一来，你这时候飞得很高，到最后才发现，我们跟他之间的连线就是一条线而已。

汪涵：无踪线而已。

吴宗宪：对对对，有宗宪，最后绳子断了你都是最后一个知道的人。

欧弟：讲得多好。

吴宗宪：这个是你的前经纪人希望我带给你的话。

欧弟：没问题没问题，我现在一定把它听进心里，隔一秒就忘掉。

汪涵、欧弟和吴宗宪三个人在这一段中的表现都非常精彩，汪涵把握着整体的节目节奏，哪怕吴宗宪是一个表达愿望非常强的嘉宾，汪涵依然把节目进程控制得有条不紊；欧弟在吴宗宪的谈话中承担着起承转合的作用，又实现了很多笑点，提升了节目的可看性。尤其是汪涵说到与"吴宗宪"谐音的"无踪线"，既对应话题又紧扣嘉宾，堪称精彩。好节目正是很多细节累积起来的，而想要实现在节目中得心应手、游刃有余，是需要长期大量的积累才能实现的。

2.《非诚勿扰》

《非诚勿扰》是江苏卫视制作的一档大型综艺生活服务类节目，由孟非担任主持，2010年1月15日首播之后迅速成为全国观众都非常喜爱的收视先锋，也成为国内第一档入选哈佛商学院课程的综艺节目。这档节目是以婚恋为主题，节目制作精良，既服务了有婚恋需求的男女，又以新颖时尚的节目形式和内容吸引了非常广泛的受众群体。而且非常难能可贵的是，在实现婚礼交友功能的同时，节目中男女嘉宾的一些思想观念的交流和碰撞，以及点评老师们的观点的表达，还实现了大家对现在婚恋观念，甚至是世界观、人生观、价值观的有益探讨。

一档好的节目是与优秀的主持人分不开的。《非诚勿扰》的主持人孟非最早成名于新闻节目《南京零距离》。他有着丰富的人生经历、深厚的文学素养以及出色的行业积淀。在主持《非诚勿扰》中，孟非体现出良好的控场、交流、表达等各方面的能力，尤其是在综艺形式之下，孟非依然能够把握节目娱乐的度，使节目既活泼又不失格调。同时，孟非作为新闻主播出身的优秀的语言能力，使他在节目中能够准确捕捉男女嘉宾、点评老师所表述的信息，并且在需要把握舆论导向的时候能够出色地进行继续评述。而且孟非比较突出的语言特点是幽默，"孟氏幽默"让他在主持中能够很好地调节气氛，制造很多的亮点。

比如下面这段开场，就能看到孟非对信息的梳理、关联以及幽默的功底：

孟非：我们节目在去年有一期节目当中，收到过一个求助的电话，是南京红山动物园，有一只非常有名的大猩猩——听上去很像乐嘉的弟弟，叫乐申，向我们求助，那个乐申到了这个婚配的岁数了，找不着母猩猩，然后向我们求助，现在想告诉大家有好消息，今年的 5 月 27 号，红山动物园组织了浩浩荡荡的相亲，向社会征集了 12 辆车去迎亲，找的这媳妇呢是杭州动物园的一只母猩猩，叫红宝，这红宝还比乐申大三岁，应该叫姐弟恋是吧，而且认识的这个方式也特别地洋气，视频相亲……我们祝福它们。

跟嘉宾的即兴交流当中也是妙语连珠：

孟非：你刚才这段英文说得特别好。
选手：谢谢！
孟非：因为我听懂了，你把那个中文的意思说一遍，我看你说得对不对……

跟节目的点评嘉宾也是交流得相得益彰：

孟非：××好像刚才有什么关于人生遗憾的事要发表。
嘉宾：有，我以前讲过就是想起来，我在地铁里面见到的那个长腿姑娘，我真的太怀念她了，我后悔当初不上去跟她说话。
孟非：你担不担心这个说完这话之后，有一群跟你年纪相仿的长腿中年妇女都来找你，说我就是当初那个长腿姑娘。

对嘉宾的一些不够客观、容易引起歧义的或者引起不良舆论导向的话，都会及时发现而且予以正确的引导。

女嘉宾：车子、房子都是你自己赚的吧，那就证明了你会一步一步不断地往上爬，这些物质都是你努力的证明。
男选手：我非常反感啃老族，就是说利用家里，利用父母，花父母的钱，然后在外面去消费。我认为自己有本事自己挣，如果没有本事就过自己的生活。
孟非：23 号女嘉宾，你刚才说那个"往上爬"大家底下包括两位老师都

有一些反应。我是这样想的，我觉得一个人，无论是男人还是女人，都应该有上进心，都知道要为事业奋斗打拼，但是他如果能做一个自食其力能够养家糊口、照顾家庭并且享受人生快乐对周围的人都负责任的一个人，不往上爬也挺好的呀。

孟非在节目中也体现出人文关怀的一面，下面这个例子就很典型：

孟非：今天大家都注意到，我们开场有点特别，一定是有点原因的，现在我站的16号女嘉宾的这个位置，是要告诉大家，今天我们这期节目的16号女生非常特别，到底什么地方特别，和其他的女嘉宾有什么不同，我们先来看一条短片……

孟非：16号我们已经看到了，已经站在舞台上了，能不能给我们做一个你自己的开场介绍。

女嘉宾：大家好，我叫雷庆瑶，目前就职于成都的一家文化公司，我三岁的时候失去了双臂，但是从三岁之后，在我的家人的关爱下，在全社会的帮助下我很健康地成长，我也有勇敢追求爱与幸福的权利，我希望我能够找到一个我所喜欢的，也一样去欣赏和会包容我的男生，用他的双手永远保护我，温暖我。

孟非：我想说的是，生活从来不是完美的，就像我们每个人从来都不是完美的一样，有的人可能肢体上有些问题，有的人心智上有一些问题，所以我们每个人都面临着不同的问题。欢迎你来到我们的现场，也感谢你的勇气。我要说两个细节，跟我们节目有关的：第一，如果在灭灯这件事情上有一些问题的话，提醒15号和17号，可以帮助一下16号。同样的，你要说话的时候，要举手的时候，可能有问题的话，提醒我们的音响老师，16号的话筒是永远开着的，你只要说话，你就对着话筒开始说，我会注意你的……

第四节　综艺服务类节目主持能力拓展训练

1. 《天天向上》

《天天向上》节目邀请吴宗宪担任嘉宾的一期非常精彩，在这期节目里我们看到了大陆和台湾优秀的综艺节目主持人同台辉映，他们妙语连珠，观众欢乐开怀，在非常自然舒适的状态下了解了嘉宾的人生经历以及很多业内的故事。

汪涵：我们其实今天请到宪哥啊，有很多很多问题想请教，我那个时候最开始也是看宪哥的节目。全台上下包括台长都在研究最好的综艺节目应该是怎样的。

吴宗宪：没有没有。

汪涵：那个时候就看宪哥的节目。

吴宗宪：没有没有，大家说真的这个样子吗？

汪涵：这么多年来你访问过很多人嘛，有没有很难访问的？

吴宗宪：没有欸。

田源：有没有那种上台以后不愿意交流的？

吴宗宪：王菲话最少，但她最好玩，我们会逗她。然后你一问她什么，她的回答很简单啊。那我会用脚去踢她的高跟鞋，"那你觉得呢？""啊？"

汪涵：我们现场随便叫一位观众。

欧弟：那个，头发像那个御饭团的那个。

吴宗宪：哎哟，厉害了。你好。

观众：宪哥好，宪哥好。

吴宗宪：你好，叫什么大名啊？

观众：我姓李，李童。

吴宗宪：李先生贵姓？哇，你眼睛真有特色。

观众：小眼睛嘛。

吴宗宪：小眼睛才好啊，你看前面有没有，我告诉你，我们最近在拍一个电影，你就是第一男主角。看着前面，《狸猫换太子》。

欧弟：所以他演的是？

吴宗宪：狸猫。他眼睛看比较中间一点。

欧弟：所以看不开。

吴宗宪：你要看开一点啊。最近有出唱片吗？

观众：有有有。

汪涵：哇，给你竿你就往上爬啊。

吴宗宪：他这一种啊，最标准的不能犯案。是不是你干的？不是不是不是，连讲三次的那一种就是说谎。有没有出唱片？

观众：有。

吴宗宪：新歌叫什么名字啊？

观众：《天天向上》。

汪涵：我以为他主打歌的名字叫作《我看不开》。

欧弟：那如果舒淇出唱片那叫《我看太开》。

天天兄弟：谢谢你。

汪涵：我要告诉大家哦，宪哥是这种……

吴宗宪：你够了吧你，他还每一个握手，他以为开个唱啊。

欧弟：出了唱片嘛。

汪涵：宪哥啊，除了主持人之外，人生经历照样也是非常精彩。为了让我们《天天向上》的朋友更加了解即将接替"天天兄弟"，主持《天天向上》的宪哥啊，我们来讲述一下宪哥漫长的人生曲线图。

欧弟：宪哥的人生有如这个《少年派》的故事啊。

汪涵：你的人生好复杂哦，就像股市一样。

吴宗宪：这是一开始哦。

汪涵：0岁，宪哥正好大我一轮，也是属老虎的。

欧弟：真的假的，看起来同年。

汪涵：这样的马屁拍得他很舒服。

吴宗宪：不是我保养得当，是你疏于保养。

汪涵：0岁。

吴宗宪：9月嘛，我和刘德华刚好差364天。

汪涵：差得挺远的。

吴宗宪：他是9月27，我是9月26。

欧弟：呵呵呵。

吴宗宪：Thank you！艺能界里面啊，长得帅的都是天秤座。刘德华帅不帅？金城武帅不帅？林志颖帅不帅？古天乐帅不帅？全世界最有名的摄影师知道吧？

天天兄弟：谁？

吴宗宪：某某某。

天天兄弟：人家是歌手啦。

吴宗宪：是摄影师吧？

汪涵：他是曾经想过往这方面发展。

吴宗宪：所以涵哥是什么星座？

汪涵：我改改吧。我改改吧，我改到你们天秤座吧，我白羊座。

吴宗宪：有没有看到，对不对？

汪涵：我跟成龙同月同日，跟阿童木同年同日。

欧弟：开玩笑。

汪涵：知道不惹我们了吧。

吴宗宪：你什么星座？

欧弟：巨蟹。

吴宗宪：你看有没有猜到？

欧弟：梁朝伟。

吴宗宪：天秤。

欧弟：梁朝伟是巨蟹。

吴宗宪：天秤，他报错户口。梁朝伟天秤，你问他。

汪涵：梁朝伟什么星座？

田源：巨蟹。

汪涵：巨蟹的个子都不怎么高。

吴宗宪：这就对了。对了吧！

吴宗宪：我这穿球鞋，你内增高，敢不敢掏出来看看！

汪涵：敢不敢脱？

吴宗宪：待会没脱的话好不好？就是没有这个桥段说明。

汪涵：十六岁的时候独自一人在台北闯荡。

吴宗宪：我一开始唱民歌，我那个时候就独立了，自己靠一把吉他赚钱。

汪涵：驻唱。

吴宗宪：全家人都我一个人在养。

欧弟：哇。

汪涵：全家多少人？

吴宗宪：就一人。

汪涵：你看嘛。

田源：一人吃饱全家不饿。

欧弟：你一个人上台北是因为家境不好吗？

吴宗宪：家境还算好，因为男儿志在四方吗？人总是要有一点理想，一点目标啊。我那时候就觉得我好像是灵魂被禁锢在教堂里。

汪涵：那是一个鬼啦。

欧弟：吸血鬼吧。

吴宗宪：然后我就开始唱歌，唱西洋歌曲比较多，我以前头发留到腰，你相信吗？

汪涵：那你应该被禁锢在教堂里了。

吴宗宪：我唱那个重金属摇滚。

欧弟：真的哇？

吴宗宪：老师给一个D调。

汪涵：生意好吗？

吴宗宪：相当不好。唱完你还问我生意好吗？你应该说生意一定很棒！导播不好意思，给他补个镜头，说生意应该很棒。

汪涵：跳一下。生意应该很棒吧。

吴宗宪：不是，汪涵你接太快了你。

汪涵：好吧，酒吧驻唱。那个时候在台湾胡德夫、李双泽，他们就提出应该唱台湾人自己的歌。

吴宗宪：所以就很多年轻的大学生写歌或干嘛就在这个年代。然后我就开始唱了，然后到后来。

汪涵：这个李宗盛出现了。

吴宗宪：我跟你讲啊，我唱九点的，我的后面就是，十点的一个是一个叫做周华健的人。（唱）"爱相随，人分飞，哪怕用一生去追。"那我是当时的红牌。

汪涵：罚下的，怎么会？

吴宗宪：然后我就有一天唱到快要结束的时候你知道谁来了吗？李宗盛啊！他那个时候已经写了很多首红的歌，然后我一看他来，疯掉了。我的机会来了，唱的是全场疯掉了，然后我看远远的地方，周华健走进来了，然后李宗盛说，华健，然后两个人就走出去了，都没有再回来。然后周华健就出了唱片。（唱）"追逐风，追逐太阳，在人生的大道上。"后来我就没有机会。但是过了一年以后，我就发了我的第一张专辑。

欧弟：这是同一个人吗？Oh my God！

吴宗宪：你刚才不是要找黑白照片吗？

汪涵：这个歌，应该到目前为止，应该是华语歌坛当中，歌名最长的。

天天兄弟：《是不是这样的夜晚，你才会这样的想起我》。

汪涵：十七个字，有没有就是上去就是报，接下来我给大家唱一首歌，歌名报完以后，大家就已经都走了。

吴宗宪：记得当时啊，歌写好了，突然间要做企划的时候，然后突然间发觉这首歌没有歌名，干脆叫《是不是这样的夜晚》，还是《夜晚想起我》。感觉像特种行业的，你知道吗？管他呢，就整个，整个就一坨弄上去。

汪涵：就大家的名字全部都弄到一块。

吴宗宪：所有人都反对，后来还是依旧这样上。

汪涵：这首歌管它红不红，起码歌名是最长的。

吴宗宪：老师给个D好了。

汪涵：又给个D。

吴宗宪：《是不是这样的夜晚，你才会这样的想起我》那时候大概是二十来岁，我第一次尝到歌红人不红，在新马，到那边宣传唱片，穿个短裤，穿个拖板，走路开开的。

汪涵：有点像我们长沙满哥。

吴宗宪：就出去了，一看，不得了了，外面拉布条的，举海报的啊，全部是我的粉丝啊，至少五百多人。

汪涵：天呐，新马加起来才多少人，能够出来五百人很不错啦。

欧弟：这个算粉丝接机，那是巨星才有的，然后呢？

吴宗宪：哇，赶快行李箱打开，长裤什么的，整个弄好再出来，然后以王子的姿态跟大家打招呼：大家好，Thank you……

汪涵：我生怕他换完衣服一出来，天呐，人都走了。他在新马一带，现在都很红，有时候去一些餐厅吃饭还会保有一些老板，或者很多朋友跟他一起合的影。

欧弟：黑白照片。

汪涵：因为放时间久了，褪色了。

吴宗宪：你讲得好像我和慈禧太后打过麻将。我很年轻的好不好？然后一路就攀升了。我出了几个唱片以后，结果到这边我拿到一个金曲奖。

欧弟：这首歌我很喜欢哦。老师，来个D调。

吴宗宪：《真心换绝情》。

田源：挺好听的啊。

吴宗宪：那时我内心最纠结的一个年代，我想我是一个歌手，我不要再搞笑了，但是没想到。有心栽花花不开，无心插柳"柳橙汁"。

欧弟：荫啦荫啦。

吴宗宪：后来就变成，我那个时候主持非常多的校园演唱会，对，两千场。

欧弟：校园演唱会，他们就是迎新啊送旧。毕业的时候，校庆的时候会请歌手和主持人来学校热闹，是由宪哥先开始的。

田源：先河。

吴宗宪：对对对，刚好就有很多主持的机会，台湾有所谓的"两张一胡"嘛，那个年代我就突然又插进来了。

欧弟：这个他不好讲，我来帮他讲。

吴宗宪：你要讲嘛，我怎么好意思讲三个都被我干掉了呢？

欧弟：当时收视率的保证就是那"两王一后"，他以黑马之姿，直接以高收视率冲破两个王一个皇后，成为了"三王一后"的代表。

吴宗宪：哎哟，没有没有。

汪涵：当时"三王一后"有多厉害。台湾有任何一家演艺场所濒临倒闭，只要一挂牌，说今晚"三王一后"的一位要来，就救活了。

欧弟：那个时候的两王就好像涵哥和何炅老师，有你们就有收视率，没有你们那一集就完蛋了。

汪涵：那也没有啊，有时候没有我们，收视率也挺好的啊。不要迷信。

吴宗宪：后来呢，就做了个节目，大家最熟悉了，《我猜我猜我猜猜猜》，那一个节目一做做了十五年，但是没想到，十五年之后被一个王八羔子，做了一个节目，叫做《模王大道》，然后就顶替了那个位置。十五年呐，一个节目做了十五年呐。被这个人（欧汉声）给顶走了。江山代有才人出，各领风骚三十年，这个就交给你了。

欧弟：谢谢宪哥。

吴宗宪：十五年呐，那个烂摊子没有他来收拾我也觉得怪怪的。

欧弟：星星之火岂敢和皓月争辉啊。

吴宗宪：没有问题。

汪涵：到了后来就出现了一些小小的问题，人红绯闻多。

吴宗宪：新闻界没有新闻就是好新闻，当艺人的话，没有新闻就是坏新闻。那绯闻都是假的，对不对？台湾的报纸上，只有一个东西是真的。

欧弟：什么？

吴宗宪：日期。

汪涵：但是我要告诉大家，宪哥是一个特别可爱的人，心胸特别宽广，我到宪哥家去做客，吃完饭以后说："我带你们到我家地下室去看一下，对对，我们家地下室养几只兔子，折耳兔。"

吴宗宪：我养了四十只兔子。

汪涵：然后到了地下室去看，没看见兔子，我们说兔子呢？先不要看兔子，看看我新买的这辆劳斯莱斯吧。

吴宗宪：到1999年。

汪涵：绯闻你跳得比较快啊。

吴宗宪：也没什么绯闻，绯闻有田源多吗？

汪涵：你怎么一指就准啊？

吴宗宪：唱片公司叫阿尔法，我LED也叫阿尔法。它是一种声波的意思，

我讲话你听得到的原因就是因为有它。公司最多的时候有八百多人，二十几家公司。

欧弟：唱片加经纪加电影。

吴宗宪：还有录音室餐厅啊什么的。

欧弟：那个时候是不是就开始萌生做生意的念头了。我会觉得说上台总有下台时，我们有时候还是要找找这个副业做做。

汪涵：后来就捧红了周杰伦。

欧弟：宪哥你讲一下你怎么发现那个周杰伦的。

吴宗宪：我这个人喜欢乱承诺，这是我一个很巨大的问题。我还没有拒绝过我任何一个好朋友跟我开口。

欧弟：你拒绝我了，你那个时候开唱片公司，我说拜托宪哥帮我发一张。

吴宗宪：这个，杀头的生意有人做，赔钱的生意没有人做。杰伦那个时候比赛，还不是冠军哦，月冠军的亚军，一看他写这个旋律方面真的很棒，我就把他叫过来，帮我助理打理一下我音乐的东西，待了一年。有一天他说宪哥，我想出哎哟哎哟的唱片。我心里在想，长得跟鬼一样怎么出唱片，如果来一个谢霆锋，汪涵这么帅，OK我就出了，当时看不出来，但是块璞玉，我一看这么认真，打扮起来"人模狗样"的，还不错，我想敷衍他一下，我说写歌，你写五十首，挑十首我就帮你发唱片，然后第一首《可爱女人》什么，我听也听不懂，我又敷衍他，我说编曲要花钱，他说没关系我自己编。整张录起来我心里想找一张听得懂的，就当主打敷衍一下，第一首到第十首全部听不懂。后来终于得到一个答案了，只要越听不懂的越容易走红。

汪涵：因为大家要拼命想去听，听很多遍才能听得懂。

吴宗宪：第一张唱片以后，周杰伦就变成现在的周杰伦了。

欧弟：周天王啊。

吴宗宪：所以我们要不断给别人机会，解决别人的困难，也找到自己问题的答案，所以想办法帮帮你的朋友。你也解决了自己所有的困难。

吴宗宪：因为2003年、2004年我说结束的那一年正好是全世界音乐结束的那一年。开唱片公司没有一家能赚钱的，因为很多人都download，都从网络上去看。

汪涵：所以你就把公司结束。然后开始转做副业。

吴宗宪：我做很多副业，最多开过102家餐厅。现在不做了。

欧弟：为什么？

汪涵：他做事完全凭兴趣。一高兴，一朋友一忽悠，好，弄啊。其实我蛮后面才得到金钟奖，等了二十年。

吴宗宪：接下来LED，Light Emitting Diode，我的生命当中还没有过失败，只要还在努力中的事，都不能叫做失败，所以，永远不要放弃你的梦想，人因为有梦想而伟大。

汪涵：你的很多朋友很担心你是因为投资很大吗？现在状况还可以吗？

吴宗宪：非常好。有组装厂、封装厂。因为大家知道节能减排要靠我们大家来努力嘛。

汪涵：接下来宪哥的人生就一点点未完待续啊，这也是我们将来期许的一个特别恢宏的前景啊。

吴宗宪：我真正要谢谢大家的真心关心啊。

3.《非你莫属》

《非你莫属》是在节目录制之前选取求职者，在录制时现场与12位老板面对面进行交流。这样的节目形式决定了每一个求职者都各有不同，而主持人要随时面对各种各样的求职者，有时的情况可能会很难把握。这对主持人是一种考验，如何能够把握住节目的节奏，正确处理一些意外和突发情况，要求主持人时刻做好准备。而由于每个主持人的风格和个性不同，在一些情况的处理上的确会存在很大的个人因素。下面这期节目中的片段，由于求职者与主持人和嘉宾沟通中出现了一些情况，使得节目的进程和最终的结果都很出人意料，而且对主持人当时的处理也是众说纷纭、争议颇多。

主持人：张绍刚

应聘者：郭杰

主持人：郭杰，32岁，山西人，法国蒙彼利埃大学国际旅游专业硕士。

郭杰：大家好，各位评审好，我来自山西，我叫郭杰，今年32岁，在法国生活10年，专业是电影导演专业。今天想招聘的职位是，跟影视有关或者是视频，或者是艺术创意，舞台表演也可以，谢谢大家，谢谢大家。张老师您好！

主持人：好，你好郭杰，郭杰今年32岁，有10年的法国留学经历。

郭杰：对，去了以后先是学的语言。

主持人：学了多久？

郭杰：学了两年左右。

主持人：现在法语是什么程度？

郭杰：挺好的。

主持人：挺好的，来，文颐帮我们考一下法语，谢谢。

（文颐和郭杰法语对话）

主持人：虽然我听不懂，但是他好像说了4遍了，他是个什么状况啊？

文颐：没有，因为他学的高端旅游嘛，所以我问的是在这个高端旅游的这个市场，中国和法国的市场有什么不同。但是他刚才就跟我讲到一些，自由啊什么，所以我在讲因为是市场，不是文化的东西。

主持人：他的语言怎么样啊？

文颐：我觉得他在法国生活10年的话，我觉得一般。好像我只生活了那么几年，跟我差不多。你一直是在巴黎，还是在南部，还是在什么地方？

郭杰：我是在巴黎大约待了3个月时间，然后又去亚眠，在那边读了3个月时间，然后又去的兰斯那边的语言学校学了一年的时间，我走过很多地方，后来又去的斯特拉斯堡，在那面读了两年，然后又去的蒙彼利埃，很多地方都走遍了。

主持人：你是好好念书来着吗？

郭杰：没有，因为我的专业是有3个的嘛，对吧。

主持人：哪3个专业？

郭杰：一个是国际贸易偏旅游管理，第二个专业是社会学，第三个是导演。

主持人：你这3个专业用了几年？

郭杰：8年时间。

主持人：你这8年都是本科吧？

郭杰：不是，有一个是硕士。

主持人：哪个是硕士？

郭杰：就是国际贸易。

主持人：国际贸易是硕士？

郭杰：第一个，对。

主持人：第一个是硕士？

郭杰：对。

主持人：第二个又学了个社会学的本科，你念了几年？

郭杰：一年。

老板：你一年学了多少门课，就那社会学专业？

郭杰：5门课吧。

老板：5门课就给你一个本科的证书？

郭杰：算是吧，这样子。

老板：还有这么美好的学校。

文颐：恕我直言啊。

郭杰：您说。

文颐：如果你要是读哲学或者这一类，它要求法文的基础是非常非常高的，而且它有很多的东西，你要非常熟知它的这种背景，包括文化，而且很多是很难读的，因为我有朋友读这个，读了很多年都没有毕业，所以我不知道您能够在法语这种情况下，这么快就能轻松毕业。

主持人：一年就拿到了一个社会学的本科。

文颐：这是一个不可思议的事。

郭杰：是这样的，社会学它不是哲学。

Frank：那这样子，郭杰……

主持人：这里谁是学社会学的？

Frank：我是学社会学的。

郭杰：您说。

Frank：法国的社会学是非常好的，很多大家，你跟我说法国最有名的，几位社会学家的名字，几位都可以，就说一个。

郭杰：不知道，我不知道。

Frank：那我就觉得很奇怪了。

郭杰：是这样……

老板：起码教科书提到的。

Frank：对啊！

郭杰：忘记了，当时确实有背过。

Frank：我觉得全世界念社会学的人至少都会学到一个，埃米尔·杜尔凯姆，他是一个法国人，这是大家都知道的。

郭杰：我知道他是那个，对对对，是，没错。

主持人：他是哪个啊？

郭杰：他一个是德国的，我真的忘记名字了，一个是德国的，一个是法国的。

Frank：德国的是韦伯，对不对？

郭杰：对。

Frank：但法国的理论家，你竟然没记得，我觉得蛮奇怪的。

第二现场主持人：目前他的履历的状况就跟他今天的穿着一样，过度的修饰，过度的包装，现在该是他脱掉外套的时刻了。

主持人：是这样啊，郭杰。

郭杰：您说。

主持人：我又说不该说的话，我强调一遍，我不愿意在这个平台上做一个很费劲的工作叫打假和辨真伪，那个过程将使得咱们双方特别不坦诚，处于彼此试探的状态，你也不舒服，我也不舒服。但是现在我愿意把这层窗户纸捅破，原因是：社会学很难念。

郭杰：是，确实很难念。

主持人：你告诉我你一年，拿到了一个社会学本科，你刚说的，一年拿到了社会学的本科，你不知道社会学法国的大家的名字？

Frank：法国的学制有时候，据我所知是这样子的，你念书是归你念书，但是你有一个毕业考试，那考试如果通过了，它是可以给你毕业证的，这个我了解但是问题在于说你也不可能在一年之内……

主持人：把那些学完？

· 254 ·

Frank：完全没有基础之下，你完全学完甚至还通过那个考试，因为据说法国的大学的那个毕业考试非常困难的。

文颐：对，很难，对对对，是很难的。

文颐：他因为有平时（的学分），它是等于入学很简单，但是尤其你要读好的学校的话，你毕业会很难，它要修学分的。

主持人：学了些什么课程？

郭杰：有些法律的课程或者有些那个……

主持人：社会学的课程有什么？

郭杰：比如说是美国的保险制度，日本的保险制度……

主持人：稍等，稍等，稍等……

Frank：美国的保险制度或者日本的保险制度，绝对不会是在社会学的范畴之内。

郭杰：那我就是翻译错了，我自己翻译错了，那可能不是社会学。

主持人：我们先看一下他的证吧，这个证是三个证，反正我一个也看不懂。

郭杰：没关系。

主持人：所以我想把这个证，谢谢，帮我传给文颐，让文颐看一下他的三个证书，谢谢。

Frank：说实话有很多你也应该知道，有很多中国留学生有时候真的拿不到学位的，因为比较困难，但很少有一个人上来说我拿了三个，还不止拿到而且三个，所以说为什么我会产生（疑问）。

主持人：而且关键是反差都特别大，一个是国际贸易是硕士，一个是社会学的本科，还有一个叫导演，导演也是本科。这个速度颇快，导演是怎么拿到的？

郭杰：导演是申请，一个学校通过面试。

主持人：你申请进去了？

郭杰：他通过一个面试，一个考试，然后对电影本身有一些了解。

主持人：给我介绍一下，法国的一个著名的导演叫戈达尔。

郭杰：他拍过什么片子，你能告诉我吗？

Frank：他是法国新浪潮最有名的一个导演啊！

郭杰：你能告诉我一下他拍过什么片子吗？

主持人：这样，给我们介绍一下法国有一个很著名的电影叫《四百下》，有的就翻译成叫《四百击》。

郭杰：我没有看到，没有看。

主持人：你在法国学电影不看《四百击》？

Frank：《断了气》。

主持人：《断了气》太难了，如果连《四百击》都没看的话，《断了气》就太难了。你在法国学电影看什么？来，文颐说一下。

文颐：没有，我觉得他这个不算毕业证了，因为在法国有很多短期的培训，对，然后我可能看到你唯独有一个你在旅游专业，就是他学旅游的这个，是在2007年的6月份毕业，它算一个Bac5（短学制职业教育）的这么一个级别。

主持人：能到本科吗？

文颐：属于这样算技术学校专科吧，就大专的这样，因为如果你是的话，法语会是master，他给你的证书里边会有master，而且你那上面写得很清楚，你自己读法语的，你自己应该看得很清楚的。

老板：另外小伙子，你刚才说的那个专业里有没有……

（郭杰晕倒）

主持人：你是在表演吗？

郭杰：没有……不好意思、不好意思、我真的是晕倒了……

主持人：来，各位，现在请我们12位做一下选择，来决定这位求职者是去是留。

郭杰：稍等一下，我再说一句话可以吗？

主持人：12位选择完了之后你再说话。

郭杰：好。

主持人：12位，来，选择。

（12位老板全灭灯。）

郭杰：谢谢大家。

主持人：不是，你不是要说一句话吗？

郭杰：可能是一个文化的差异吧，得，不说了。

主持人：好，谢谢，再见。我们选择的求职者来现场，导演是要很认真地和每一个人进行面试，说明，在面试过程当中他是正常交流的，今天的表现是完全不一样的，所以我更相信他演的成分可能会更大，但是为什么要用这种方法演，如果说想红，想出位，难道一个人用无知出了位之后，会从此得到大家的喜爱吗？难道我们赌得上为了出名，给自己脸上贴"无知，因此我特别无畏"的标签吗？不管他畏不畏，我是真畏了，好害怕。你知道刚才拉他的那一瞬间，我就想我和文颐完蛋了。文颐，你知道我当时特别害怕的是什么吗？你看握手哆嗦的，你知道如果他要是当一下，就最后网络上就该流传，说，文颐和张绍刚联手又逼死人了，你知道吗？

老板：你跟他是排练过的，我还以为。

主持人：你不要开这种玩笑，你知道在这个舞台上，我是非常非常讨厌和憎恨任何拿这个舞台的根本性的问题开玩笑的人。我再强调一遍：第一，我不会演；第二，我不会配合；第三，我不欢迎演；第四，请为想认真找工作的人节省名额。

（本章的综艺节目文字实录整理自爱奇艺网站的综艺节目视频）

第六章
综艺访谈类节目主持实训

【本章导读】 访谈类的节目很多,偏重于新闻事件深度报道的《面对面》,专门采访各国政要的《高端访问》等。综艺访谈类的节目比如非常有代表性的《超级访问》《康熙来了》,等等,无论从嘉宾的选择、话题的设置、演播室的形式以及现场的氛围来说,都显示出欢乐的氛围,因为形式和内容都很贴近大众生活,也让各种年龄、职业、喜好的观众都坐在一起来看这些节目。这正是综艺访谈类节目的成功之处。

第一节　综艺访谈类节目的特点

综艺访谈类节目的特点非常鲜明，尤其表现在以下三点：

1. 形式轻松愉快

在综艺节目的设计观念下，访谈节目的形式非常轻松和愉快，这突出地表现在整体演播空间的设置上。综艺访谈节目的演播室设置都是明亮温馨，色彩绚丽，主持人和嘉宾的座位也都安排得很舒适，各种舒适的沙发都来到了演播室，像《鲁豫有约》，主持人和嘉宾直接坐在同一个沙发上，拉近了心灵的距离，也放松了谈话的状态。

2. 话题丰富多样

综艺访谈节目的话题显然非常宽泛，嘉宾的来源又多种多样，所以简直可以说呈现出的内容是千变万化的万花筒。话题通常包括热点话题、嘉宾自身的经历、业内的背景故事，等等。

3. 全景认识人物

访谈中的嘉宾有我们熟知的明星，但是明星的经历受众未必了解，在综艺访谈中就能够看到明星一些不为人知的故事；还有一些被采访的嘉宾是很普通的老百姓，大众甚至不知道他们是谁，但是在这样的节目中受众就能够全面地了解他们的故事、经历，并从中得到共鸣和感动。

第二节　综艺访谈类节目的主持技能要求

综艺访谈节目与大多数的访谈节目一样，看似只是聊天，但实际上在节目之前需要做的准备工作是非常多的，想有较好的访谈效果，就需要真正下功夫。

1. 充分了解嘉宾

对访谈嘉宾的充分了解是做好节目的基础和前提。前期的案头工作能够使主持人对嘉宾有整体的认识,并且能够结合节目中要重点关注的嘉宾的故事做好相关的思路构建和提问设计。

2. 营造轻松氛围

谈话的氛围对谈话的效果起着尤为重要的作用。主持人营造出轻松舒适的谈话氛围可以让嘉宾更好地进入状态,聊出真实心声。尤其对于一些并非公众人物的嘉宾,他们在平时的生活中也许没有这样在公众面前进行谈话的机会,轻松的氛围有助于他们更好地配合。

3. 挖掘受众期待

访谈节目尤其要注重挖掘观众的收视期待,在遵循节目主旨的前提下,挖掘受众的兴趣点,并且跟着观众的思路去追问,能够让节目内容更好地满足受众收看节目的期待,这样才能留住观众。

4. 把握提问分寸

访谈节目就是有访有谈,有问就要有答,问得好才能答得好,受众才能看得好。提问的确是学问,如何用问题构建起节目要采访的主题、要实现的采访目的,同时又把握好提问的分寸,才能让受访的嘉宾心情舒适地聊出自己的心声。

第三节 综艺访谈类节目典型栏目分析与实践

1. 《超级访问》

《超级访问》2000年开播,是综艺访谈节目的先行者,也一直是此类型节目的典范,开创了综艺访谈节目的新风格。《超级访问》大胆地将娱乐与谈话巧妙融合,节目一贯以最独特的视角、第一手的明星资料、最刁钻的问题、最新鲜的爆料、最轻松搞笑的气氛而广受大众欢迎。节目中大胆挖掘明星背后的故事,展现明星鲜活真实的一面。

节目的成功与两位主持人李静、戴军的出色表现和默契配合密不可分。他们在节目中"穿针引线、画龙点睛",一捧一逗,让观众全方位地感受明星们的无限魅力,同时还可以近距离、深层次地了解明星们的内心情感世界和成长历程。二人不但拥有广泛明星资源;而且善于用"最家长里短的主持风格"结合"最意想不到的妙语连珠"组成"最有品牌效应的黄金组合"。李静个性鲜明,语言幽默鲜活,气质亲切随和,与灵敏机智、善于插科打诨的戴军珠联璧合,可以说深受广大群众的喜爱,也让节目积累了深厚的群众基础。

下面是《超级访问》采访欧汉声也就是欧弟的时候的一段开场,真的是妙语连珠笑声不断,欢乐的氛围营造了一个特别好的节目氛围:

李静:好,欢迎收看由娃哈哈营养快线营养早餐冠名播出的——

大家:《超级访问》!

李静:大家好!

戴军:为什么有这么一个阿伯在台上?

晓峰:对呀,你为什么这么白白净净的?

黄:我每一期都跟嘉宾有关系。

kiki:你今天是中毒了吗?

黄:这是一个性感的嘴唇好吗?我今天模仿的是我们今天要来的大嘉宾,刚出道的时候一身装扮。

晓峰:刚出道的时候鞋子连商标都不剪的?

黄:这个是租的。

李静:我们今天要出场的嘉宾,出道以来这么久,但是这是他第一张真实意义上的唱片。

晓峰:而且很多的大牌明星因为他出了这张专辑都送了无限的祝福给他。

戴、李:我们一起来看一下——

李静:好有面子啊!

戴军:对,我跟你讲就不应该请这么多大牌明星来给他助阵!

李静:为什么?

戴军:因为大家都在看大牌明星穿什么,造型好棒,最近有瘦。介绍的嘉宾是谁大家都没听见!

李静：我听见了！
戴军：谁啊？
李静：有请欧弟，欧汉声！
戴军：欢迎欧汉声！

2.《锵锵三人行》

《锵锵三人行》是凤凰卫视出品的著名综艺谈话类节目，由主持人窦文涛与大陆及港澳台传媒界、文化界之精英名嘴，一起针对每日热门新闻事件或社会热点话题进行研究，节目中众人各抒己见，但却又不属于追求问题答案的正论，一派"多少天下事，尽付笑谈中"的豪情，达到融汇信息传播，制造乐趣与辨析事理三大元素于一身的目的。主持人与两位嘉宾似三友闲聚，在谈笑风生的气氛中，以个性化的表达，关注时事资讯，传递民间话语，交流自由观点，诉说生活体验，不掩真实性情，分享聊天趣味。

这档节目真正做到了在笑谈中体味人间百态，既关注了时事热点，又不是那么的严肃正统，让观众轻轻松松就收获了观点和信息。

我们从下面这期节目中就能深刻体会这种风格，也能真正感到享受节目的乐趣。

主持人：锵锵三人行。咱们今天可以从一组图片开始。这是哪呢？他们在网上找的，就是湖南长沙的湘雅医院。这是等着挂号的。你看一个夜晚的等待只为了张通行证，等在医院门口排队挂号的。下着雨啊，这个孩子打着吊瓶还在这里排队。

嘉宾：这个医院特别好啊！

主持人：反正都是大医院，湖南大学湘雅医院。这是凌晨医院一开门就拥进去。他们说像庙里上香的。

嘉宾：对，我觉得很像啊。

主持人：你看这个哭泣的女孩子本来是为她的家人排队挂号。结果自己被挤成了骨折，自己先成了病号。这是排队看病的。

主持人：这是票贩子，倒挂号证的。这是"两会"的钟南山，钟南山提出了一个问题。你看钟南山他说啊。他是个特殊的专家。他说我3个半小时

· 263 ·

一上午我看10个病人,他意思是看病很重要的是在于沟通。所以他说你这个医患矛盾。你知道前一阵押着医生上街游行的事吗?(嘉宾:知道)就是喝醉了酒,结果这个病人死了。然后这个家属啊到医院押着这个医生游街啊,还有打伤护士的。钟南山就是说你现在医生一上午看50个病人,排了3个小时的队跟医生见面3分钟。他说这样怎么算看病。已经到了一个守不住底线的程度。所以很多医患冲突啊沟通不够是主要原因。

嘉宾梁文道:这个表面看其实是很难理解对不对?因为如果我们中国有这么多庞大的医疗的需要的话,其实你要是相信市场经济的话,那应该理论上市场会自动慢慢平衡这个问题。比如说我们应该有越来越多人学医,越来越多人从事医护行业,应该医院也越来越多,然后解决了这个问题。所以现在问题就在于为什么我们这种医患矛盾很久了。中国人说看病难已经很久了,十几年了。但是到现在一直没有减缓的迹象,甚至还加重了。所以这一定是刚才我们说的这种应该发生的现象没发生,是什么让它没发生?

主持人:没错。

嘉宾许子东:钟南山列了一些数据嘛。他就是说医生的工资大概在几千块钱一个月,然后他们实际收入几万块一个月。就说中间有非常大的差别,实际的收入远远高于他们的工资。

主持人:他说呢这个比一般市民的收入高3至4倍。但是你要单讲工资呢又只有几千块钱。所以呢他说现在这个问题,比如说大医院里真正政府承担的医生的工资,可能只占医生总收入的20%左右。那么你想他80%的收入……

嘉宾许子东:靠卖药啊,收红包啊,医院的整体多看病啊,各种各样的。这其实就回到我们再三讲过的一句话,其实中国医生的问题,也是中国各行各业的问题。就是灰色收入大于法定收入的问题。

嘉宾梁文道:而且还有一个专业转入的问题。就是说为什么说这几年我们没办法培养出更多的医生,而且为什么不能够有更多的医院,而为什么现在大部分的比如说农村、乡镇,2至3级县市的人都要跑到大城市的医院去挤。比如说像刚才那种状况。就像你刚才说的我们这个医院,这个状况看起来。中国现在有三个地方会挤成这样:一个是医院,一个是庙会,还有一个是春运。就这三个地方。这三个地方,这个庙我们就不管了,火车票不好搞,跟这个挂号挂不上，其实都是一个供需问题。但是供需问题里面春运还比较好理解，因为那是周期性的，那不是一个正常现象。我们平常能够运这么多人，但是到过年几倍人来了。但是医患不一样啊，看病不一样，看病是常年如此。但是怎么可能这十几年没变过，所以这一定是这十几年里面我们为什么医院没办法增加，为什么医疗资源没办法增加。所以说我觉得在"两会"上面，比如说钟南山或者其他相关行业的一些代表提这个问题相当重要。其实讲了那么多年了嘛，就是有东西卡在那儿了嘛。

主持人：你要说真的到这个市场，假如说存在一个市场的话。就是说一个愿买一个愿卖。做到人有尊严看病。甚至说你享受到非常好的专业的服务，那该是个什么价钱呢？你知道把我都吓退了。按说我也不是挣钱很少的人，对吧。那么我在北京感冒去看病，因为你要急着看，没有时间去医院排队。然后有人说附近有私家的、高级的医院啊！我不好说名字，北京人人都知道。结果我一到那儿去，就说你要挂我们这耳鼻喉科啊，挂个号呢在2500至3000元。当时连医生给你开什么药，做什么检查，都不知道。但是要不要挂这个号2500元到3000元？

嘉宾许子东：有这样的事情？没有监管的？

主持人：怎么监管啊！你这个为什么不行呢？你愿意给，人家就看啊。我有一个朋友就这样，3000块钱看一个感冒啊，是外国医生。他说他花3000块钱进去了之后，中国人去就要退烧，外国人去就说你就什么都不要做，多喝水，我不会给你吃消炎药的。朋友说你给我打个吊瓶什么的都不行？外国医生说你这个观念都是错误的，绝对不能。回家吧回家吧。

嘉宾梁文道：我跟你说，你这个价钱啊恰恰不是一个该有的正常的市场价格。就像你刚才说的假如真的是按市场的话会把人人都吓怕。我想说为什么它不是正常的市场价格？比如说你刚才报的这个价钱，是比香港最贵的私家医院还要贵。比如说香港最好的，就是李嘉诚他们都要去看的，叫养和嘛，对不对。养和专科挂个号也就几百块港币。所以我说你为什么这么贵呢？其实理由在哪儿？中国有很多东西的虚贵是来自于因为没有正常市场。你比如说你不去他那儿，你去的地方只能是刚才咱们在图片上看的那种排队医院。你窦文涛愿意打着伞被人家挤断肋骨那么排队一天吗？你不愿意。这社会多得是有钱人嘛。那你们上哪儿呢？那我就开一家医院。我有办法我搞到证件，

搞到许可。我开一家医院出来我挂号费就3000元；那一定能赚。中国有很多东西都是这样。因为我们没有一个好的市场环境。我讲的市场环境是包括公共医疗的市场环境，都没有。就比如汽车吧，我们这么讲，中国进口的汽车价格你们说贵不贵，比全世界很多地方都贵吧。那你说这叫做一个世界标准的正常价格吗？它不是啊。

嘉宾许子东：假如说像钟南山医生说的这样，现在的医生他们的工资都可以到1.5万至2万元。就是像市场所要求的这样。那医患矛盾会不会缓和呢？你们觉得呢？

嘉宾梁文道：就比如说病人要多再花点钱。但是问题是我现在觉得最有趣的是什么？今天的病人没少花钱，今天我们的病人问题在哪儿呢？你说我们是公费医疗，所以说我们会变成这样。但实际上这些我们看到的排着队的百姓，他说是公费医疗吧，可到了最后花的钱，跟他去看私家医院，完全市场化，说不定到最后都是差不多的。因为最后他给的红包、药钱到最后全部算起来。他能报销的额度，报完之后剩下那笔钱还是很大。

3.《天下女人》

《天下女人》是一档关注中国都市女性精神世界的综艺谈话栏目，栏目由著名节目主持人杨澜主持。关于制作《天下女人》的初衷，杨澜说，是因为随着年龄与阅历的增长，就越能感觉到许多事情是不能自己掌控的，人作为一个主体，相对这个世界而言，实在是太微小而卑微，所以就特别想做一档有关女性朋友的节目。"用熟悉的生活与事例来微言大义，给女性朋友的精神家园不断地供给优质原料，从中找到理想与现实的平衡，自己的快乐和幸福。"

杨澜作为非常出色的主持人，不但能够很好地驾驭节目，同时作为女人，她能更深入地理解女性的精神世界，而且杨澜有着丰富的访谈节目主持经验，这些因素集合起来，使杨澜的《天下女人》做得游刃有余而又深入人心。

我们来看杨澜的一期节目，从节目的进程、节奏以及杨澜对节目细节的控制上，学习杨澜的主持艺术。

杨澜：更好的自己，更好的未来。欢迎大家收看由蓝月亮洗衣液独家冠名赞助播映的《天下女人》。今天我们要来的这一位嘉宾，我觉得她就特别能够体现现代都市女性那种生活的态度。她特别的率性，又特别的真实，就像她的角色一样，每一次都能够深深地打动我们。掌声有请我们今天的嘉宾——马伊琍。

杨澜：你好伊琍，欢迎来到我们的节目。来，刘硕、秋微，来，请坐。你晨跑就跑到我们这儿来了吧？好棒啊，特别的轻松。

马伊琍：一看穿这个衣服干什么都行，也可以出来做节目，也可以在家里带孩子。

秋微：我特别想说一个我对马伊琍的观感。因为我十几年以前，没有十几年，将近十年以前，跟她一起做节目，真的将近十年。

马伊琍：真的将近十年。

秋微：那个时候她说话特别的冷静，有条理，然后我当时的感觉就是，短头发的女人不好惹。但是因为事隔那么久，没有看到本人。今天她整个进场的时候我的感觉是，你真的是比那个时候放松太多了，你现在终于有点母爱的光辉散发出来了，就是松弛。

马伊琍：我也回想起来那个时候，好像就是说话会很犀利，不给人留后路，很容易得罪别人。当然现在自己有时候也是做事，有时候也会太秉承原则，但是相对来说真的会慢很多，就懂得去为对方考虑一下，容易站在对方的角度了。

杨澜：你知道吗？为了获得这种气质，早点当妈妈就行了。

秋微：工程太大了，我们俩都低下了头。

杨澜：因为最近《风和日丽》这部片子特别受欢迎，而且在这个剧当中，你演的这个杨小翼，其实挑战了一个大时代的变迁，让我们重新来回顾一下。

秋微：通常好像我们认为的电视剧，它都是插着拍的，它不是顺着的。

马伊琍：其实应该是，一般来说都是插着拍的，有时候上来就会拍大结局都有可能，到是这个戏很特别，确实是从头开始拍的，因为我们进组的时候，剧本只有六集，然后我从来没有冒过这样的险。我一直很犹豫，当然小说我看过很喜欢，但是要把这么大容量的东西改成一个电视剧。我不知道会怎么样，所以当时因为导演是我很多年的哥们儿。

杨澜：你很信任他。

马伊琍：对，然后这个制片人又是文章以前合作过的一个老师，他人非常好。我觉得我冲着这帮人的人品然后再加上当时文章他推了我一把，他说签吧签吧，你就签吧，你就别犹豫了。

杨澜：这部戏你会觉得自己更放松吗？其实虽然它很有挑战性。

马伊琍：站在一个创作者的角度，我觉得我以这个年龄来演这部戏，我更有底气。就是说如果我在二十多岁演这部戏，我敢保证我演不好。因为我想二十多岁我没有做妈妈的时候，我很难去理解这个亲情的东西，就是她跟自己的父亲不能相认的感受，我想真的只有为人父母以后才能理解自己父母对自己的爱，和自己对孩子的那种感情。所以片子的后面十集，又是在演三十多岁到四十多岁，这个必须有过那个生活经验。演那些戏的时候，像你一样说的是很放松的，因为我体会过，我知道当妈妈是什么样，我知道我跟孩子的感情。

杨澜：就反而不用特别使劲儿演。

马伊琍：对，就不用去模仿那些妈妈演戏了。

刘硕：作为一个演员，因为这是会看过很多很多的各种花边的，应该是一双历经沧桑的眼睛，我很好奇你怎么来保持这双眼睛的干净。

马伊琍：我觉得就是简简单单地生活吧！我干什么大家都知道，我就拍戏，也不会做生意，然后我的生活也很简单，除了很偶尔地参加访谈节目以外。

杨澜：是，我把它作为一种对我的表扬。

马伊琍：然后真的就没什么事干了，就是每天接送小孩，然后看看电影，上上网，买买东西。

杨澜：你是不是也有意跟这种特别热闹的圈子有一定的距离。

马伊琍：我在二十岁的时候也很有危机感，就是很没有安全感，也会容易被一些比如说我们今天大家一起去参加一个宣传，宣传人员会告诉你说以后你要争取，那个位置你要站在那里。其实对我来说特别累，这样。因为我是一个特别拉不下脸，就是特别不好意思的一个人，我常常就是最后宁愿站在一个角落边上，希望大家不要看见我，所以我刻意让自己的生活跟这个圈子保持一定的距离。我想这样会让我比较客观，我更客观地看到这个圈子里发生的一切，我就知道什么是我想要的什么是我不想要的。

秋微：那这个过程你挣扎过吗？就比方说你的经纪人或什么他跟你说要做这样的事情，去争取媒体也好，或者是增加曝光率也好，那你试过吗？

马伊琍：我试过，我试过。

杨澜：成功了吗？

马伊琍：因为我确实努力过，我以前比如说我曾经有过做综艺节目的时候，我不喜欢那个主持人，我就一直板着脸坐在那里，我就觉得这个人说话就是太故意哗众取宠，我就是笑不出来，我宁愿不上这个节目我也不要跟他一起同流合污，我就会这样。然后他们就一直跟我说，你知不知道你在圈子里很出名，你很难搞，采访你也很难，你老是动不动就话说得很少。好吧我说我改变一下，但是后来发现我改变不了，因为我就是这样一个人，我就是心里怎么想的我就会怎么说。

秋微：你会改成什么程度？

马伊琍：有一次碰到那样的情况，我去一个地方录节目，然后那个记者他大概是临时顶替来的，什么都不知道，比如说把我说成中戏的了，就一看一点点功课都没有做，如果按我从前的脾气我肯定就不说话了，但那天我特别认真地跟他说你知道吗，你今天来采访我你一定要把功课做好，我们是一种互相尊重。

杨澜：你还说这么多道理？

马伊琍：对，我跟他说很多道理。那次后来我就觉得自己的话真的有点多，但是那个小孩他很小，大概是实习生，我估计那种大三大四的实习生，他说我知道了姐姐。

杨澜：我有一次也遇到这么一个小朋友，一看就是报社刚去，然后挺紧张，但是也没做功课，问的问题东一个西一个。后来我比你还要体贴呢，我说你看你的领导一定期望你写这样的一篇报道，对吧，你要写成这么一篇你必须问多少个问题，比如说你第一个问题可以这样问，你如果这样问我就这样回答，你第二个问题可以那样问，然后我再这么回答，他就说杨老师你真好，你帮我把这篇报道都写完了。

反正我觉得马伊琍那种感觉挺好，其实不必对立，其实你要想他也挺不容易的，他也刚开始，然后我看到你写的一个微博，你说年轻的时候小翼自私孤傲，宁愿万劫不复，也要一意孤行，慢慢地才懂得，人不光为自己而活，

现在年轻人难以理解那个时代的一切，但可以听父母聊聊他们的过去，聊聊他们当初的理想，体会他们真挚的热情。我自小听妈妈讲那过去的事情，对小翼和世军他们熟悉又好奇。这个是你对小翼的评价还是对自己的评价，其实年轻的时候我们是不是都自私和孤傲过？

马伊琍：对，因为其实看这个戏的时候会有很多观众，会讨厌这个杨小翼，我觉得这就对了。如果一个人物是真实的，他必须有可爱的地方也必须有非常可恨的地方。我觉得杨小翼就是这样一个人，在她年轻的时候她不知道很多东西是要为对方考虑，她只想的是我就想找到我的父亲。但是在这个当中她利用别人了，她会伤害别人，所以当她真正地受了打击以后她才知道有的时候你要必须接受这样的很惨痛的一种生活。然后到了四十多岁一切都看淡了以后，都失去了才知道原来我活在这个世界上，应该给大家带来一些帮助，应该去帮助更多的人，找一些自我的价值。我想其实我们每一个人，尤其女孩子，可能都会这样成长过来，但是我写这个微博是因为我看见了很多网友告诉我说，他们在看这个戏的时候他们突然理解了自己爸爸妈妈年轻的时候，原来我的爸爸妈妈不是像我现在看见的一样整天是家庭妇女，在家里天天看看报纸，遛遛狗，他们也有他们年轻时候的冲动。在他们年轻的时候其实跟我们一样热血沸腾，他们也有他们很美好的爱情。我是希望大家可以去理解自己父辈的那些情感，不要到时候你想要了解都来不及了。

杨澜：其实我挺想说，你刚才说的那话挺触动我的，我们真的了解我们父母他们那辈的爱情吗？就是我们觉得打我们出生，打我们记事，他们不就应该一直那样了吗？

马伊琍：对，好像他们就是配好的，就是那样。

杨澜：对，他们一直就是那样了。我在中学的时候我父母老跟我说不能早恋什么的，后来我才知道他们俩16岁就恋爱了。一个到外地去上学另外一个追随他到那儿去上学，特别甜蜜的是吧。然后我看到马伊琍曾经写过就是你了解自己父母的年轻的经历，我觉得就跟小说似的。你跟我们说说。

马伊琍：因为他们是知青，十六七岁还是十五六岁的时候下乡去江西，那时候上海好多去江西的，对，到了那个地方插队，因为互相都有朋友，他们叫什么"插兄插妹"，结果我爸爸看见我妈妈就一见钟情了。我爸爸当时就是长得也很帅，白白净净的，然后我妈妈年轻时候很丰满，比我胖，我妈跟我完全是两种身材，很丰满，然后特别爱唱唱跳跳，就认识了。所以他们等于是很早就恋爱了，恋爱了以后结果就有了我，有了我以后就回到上海。

秋微：那个时候是说回去就能回去的吗？

马伊琍：可以回去。

杨澜：当时你回去，户口还在江西。

马伊琍：所以他们不知道将来要怎么办，他们只是想把我先生下来再说。

王硕：而且后来知青返城的时候，就是那些没有结婚的才可以返城。

马伊琍：所以我爸爸妈妈就是经历了那个阶段，就是他们不能返城了，发现我的户口也不能落在上海，后来他们就想了半天，结果想了一个办法，就是说两个人就先离婚。

杨澜：假离婚是吧？

马伊琍：就是说他们俩结婚是闹着玩的，我妈妈就回到外婆家，我爸爸就带着我住在爷爷奶奶家，爷爷奶奶家只有8平方米的一个石库门的一个后楼，只有一扇朝北的窗，夏天很热，然后我在那儿。爸爸妈妈分居了一年，这一年当中居委会要来调查的，因为他们要取证说你们是不是真的离婚了；有一个居委阿姨特别好，领导来调查的时候这个阿姨就说了：这个孩子的妈妈特别没有良心，你看把孩子生下来就扔在这儿就不管了。

秋微：这是演的是吗？

马伊琍：对。

王硕：那个时候你跟你妈分开一年那么久，你会不会想妈妈。

马伊琍：那时候才不到两岁，就说爸爸妈妈约好每个星期天的晚上8点钟在外滩见面。

杨澜：接头是吧？

马伊琍：接头，晚上8点外滩没什么人了，上海人睡觉很早的，七几年的时候。结果我发现我的记忆当中有这样的印象：有一次我妈妈戴了一条黑色的纱巾，我看见她就很害怕，我怕那个黑色我就哭。后来我爸爸一直跟我解释说这是妈妈，我一会儿就知道是妈妈了。但是过了一会儿就到了结束见面的时间，比如说两个人说好就见半个小时，时间太长也不行，被人看见怎么办，因为会有人举报的。

杨澜：天呐，真恐怖。

马伊琍：所以就要分开走，然后我就一直拼命地哭，然后我爸爸就抱着我回家，我妈就一路跟着跟着跟到那个弄堂口，就一直看着我爸把我抱进了家她才走。我妈妈很喜欢跟我讲那些故事，她老跟我说他们去插队的时候怎么认识我爸爸的，还有她第一天到江西他们是怎么做饭的，在那边吃什么。

杨澜：这是一辈子都忘不了的。

马伊琍：就是很细节的东西。所以我就说我对杨小翼，对那个年代的故事非常熟悉，我知道他们这些人是什么样，然后热火朝天地、就一股脑儿地，我要去建设祖国，我要扎根农村，表决心。

秋微：马伊琍在我的心里头一直是一个文艺女青年，我现在有点了解就是说为什么，真的70年代特别容易出文艺女青年，因为我觉得文艺真的需要有一点点怀旧。对，就是受过一点苦，否则的话很难去扎文艺的根，你刚才在讲这些的时候，我觉得自己特别喜欢看别人去笑谈一个苦难，就是能把一个苦难讲得有趣味，我觉得这个是特别了不起的。

马伊琍：我觉得热爱生活特别重要，还有就是非常满足，他们是特别容易满足的人，然后我们家其实属于条件不太好的，我们家里其实大部分的钱是花在吃上面的，就是保证营养。

杨澜：其实大多数上海人是信奉吃得可以不好穿得要好。

马伊琍：对，但是因为我妈妈手很巧，就是她总是把去年的衣服拆掉，洗一遍，然后重新织起来，再换一个新的花样，所以我从小在穿着上面就没有落下过别的小孩。

王硕：所有同学都以为这个人家庭条件肯定很好。

马伊琍：他们都以为我们家特有钱。有一次老师跟我妈妈说：马伊琍妈妈，现在他们五年级学英语了，你们家有录音机的啊，你就用那个录音机把什么录下来，买那个磁带给她。我妈妈就没说话，因为这个我妈妈可真织不出来，我后来就觉得真的是非常不容易，就是一个女人是用自己的双手去创造美好的幸福。

杨澜：是，在这么有限的条件下，真了不起。而且那个时候家里也很节俭，对吧。

马伊琍：非常节俭，到现在我爸爸妈妈都很节俭。

王硕：所以她有没有给你灌输的一些观念，到今天你都特别受用？

马伊琍：我妈妈特别逗，在我很小的时候她每个月给我存钱，我现在记不清是二十块钱还是多少钱了。

王硕：真的？

马伊琍：对，因为一个月工资好像就一百多。她说你是姑娘，你将来要嫁人的，上海人很讲究这个嫁人的嫁妆，如果你将来嫁人的时候你的嫁妆不丰厚，是会被婆家看不起的，将来就没有好日子过。

杨澜：会被一个叫文章的老公欺负的。

马伊琍：那二十块钱就一直在存，存不出什么名堂来的，然后我就记住我妈妈说的，我妈妈说你不要以为嫁到男人家里去，你就是全部靠男人养活你的，你是女孩子，你一定自己要带东西过去的，你不能让人家看不起，要不然你就没有说话的权利。

杨澜：没有地位了。

马伊琍：对，这是一个。第二个，我大学以后不是谈恋爱了吗，如果我出去约会的时候我爸爸说你带钱了吗？我说带了带了，别老让人家花钱，请人家吃饭，不能花人家男人的钱，你也要经常请人家吃饭，这样人家才瞧得上你。

杨澜：所以其实你的独立的个性跟这挺有关系的。

马伊琍：对，我觉得这种方式真的非常好，而且挺自尊的。

杨澜：反正我就跟你说，当妈这事真的很不容易，就是你好像都明白吧，但做的时候都挺难的。但是你现在还会很节俭吗？

马伊琍：我也会。

杨澜：是吧，你现在也给你女儿一个月存两万，等她长大的时候。

马伊琍：没有，我现在把她的什么红包的钱我都花掉，我本来想像人家一样给孩子开个什么账户，她百天人家送的红包钱都留着，我干吗给她留着，这个钱人家其实就是给我们的又不是给你的。

王硕：但是女儿现在很小，会很可爱，你小心等她长到十八岁的时候就会像你当年十八岁的时候一样，无论父母再怎么有办法，无论这孩子再怎么懂事，肯定会发生矛盾。你十八岁的时候有没有特混的时候？

马伊琍：我记得我跟父母其实没有什么矛盾，因为我爸爸妈妈很放手，他们如果知道我有一些问题他们从来都不说，比如说他们看出来我在情感上面

有一些问题，他们能看出来我很难过，他们从来都不问，他们说我们总是相信时间会慢慢地解决问题，比如说你总是回家，我们在家里就很开心，跟你说别的事，让你觉得在家里是一个很温暖的感觉。

秋微：你那个时候你希望他们问吗？

马伊琍：我不希望，因为我一直觉得有很多事情，比如说我觉得我很伤心的事，或者比较难的事情，我不想让父母知道，因为我觉得这样会让他们很难过，我总是希望我靠自己的力量去解决，不想给他们增添任何负担。

杨澜：但是父母的那种爱情观也会影响到你吗？

马伊琍：会，因为我爸爸妈妈就是那种没有钱的，结婚就是裸婚，他们就是裸婚。因为他们的爱情就是很纯粹的，所以他们一直在给我这样的影响，是不是有钱人并不重要，那个人是不是对你好这个最重要，然后两个人是不是有感情，这个特别重要。

杨澜：就是要找有情人不是有钱人，是吧？

马伊琍：对，因为想当初我爸爸妈妈他们在恋爱结婚的时候也受到我外婆的很大的反对。因为我外婆说，两个插队的知青男女，连工作都没有，将来怎么办啊，还生个孩子，谁养啊。就是说过非常现实的话，撂给他们，然后我爸爸妈妈就发奋图强。

秋微：所以你爸爸妈妈对文章，会一开始就支持还是说也表示过他们的疑问呢，有过吗？

马伊琍：一开始就支持，因为他们是……

王硕：他们也是"外貌协会"的是吗？

马伊琍：也不是，他们在知道我们恋爱之前已经看过《奋斗》了，他们就对他的印象特别深刻，觉得这个小孩演戏特别好，其实我爸爸是那种特别爱才的人，他就是喜欢很有才华的人。所以他一直并不觉得外表有多么的重要，但是恰巧文章长得还行。

杨澜：但是就是年龄的差距会不会让父母在乎别人的议论，其实对于我们年轻人来说这个是我们自己的事。

马伊琍：很奇怪，他们就是当时没有。

杨澜：没有吗？也没提醒你说这个事情会不会……

马伊琍：提醒过，就是你想清楚了，跟我讲你想清楚了，你们差了8岁，这是很现实的一个问题，所以我爸爸跟文章有过一次谈话。

杨澜：这种谈话好让人紧张，后来文章那次是不是特别胆战心惊的。

马伊琍：没有，他非常勇敢地跟我爸爸进行这样的一次长谈以后，我爸就很开心，然后就……

杨澜：就把女儿嫁给他了！

马伊琍：对，所以现在我女儿出生以后，文章就跟我说我特别理解你爸爸跟我那番谈话，他说如果我有个女儿将来她找来的那个女婿，我也要跟他这样谈一次。

秋微：但当时是文章的哪些表达感动了你爸爸？

马伊琍：文章的表达就是"我一无所有，但是我很爱你女儿，我们两个要在一起，而且不管将来怎么样，我一定会赚钱养我老婆"，然后事实证明也是这样。

王硕：当经过了一些爱情的风波之后再遇到一个人，你觉得首先你可以非常了解他，而且可以看到他未来会做些什么，这种安全感对你是很重要的。

马伊琍：我觉得我当时没有想那么多，因为当时他也不出名，我只是看到他身上有不同于常人的才华，我觉得可能是到了那个年龄就应该做那样的事吧，就是我觉得我那个时候好像就是应该要结婚生孩子了，然后对文章来说他是一个特别想要快一点结婚生孩子的人，所以正好两个人就碰对了，如果那个时候我没有我父母的支持，没有他的勇敢，我觉得我有可能至今没有结婚，如果那样的话那真的我就惨了，因为那么多人在竞争。

秋微：我特别相信其实情侣、夫妻在一起是互相促动的，就是可能这个人他遇见你之后他有这样的变化，往好或往坏真的他自己决定一半，然后你决定另外一半。

杨澜：但是我挺想问问你，就是所有当太太的心里都有这么一点点小纠结，就是当我们的老公还没有特别出名或所谓特别成功的时候，我们发现了这块金子，赶紧据为己有，特别高兴，然后当这个金子真的开始闪闪发光，然后周围所有的人都聚集过来，特别是还有一些各种各样的进攻，那种进攻心态的人都来看这是块金子，那时候心里会不会有一点点小恐慌。

马伊琍：目前还没有这样的恐慌，就是觉得很高兴，终于行了，大家以前在那风言风语地说，说他的那些话终于得到了证明，就是你们看错了，你们

都看错了，你们都误会了，就是我觉得挺好的，现在大家不太会再信以前刚刚被曝出恋爱关系的时候的那些流言蜚语了。

杨澜：然后看到他现在越来越忙了，怎么办？越来越忙可能就不着家了。

马伊琍：越来越忙啊，我也会说越来越忙了什么的，这个是每个太太都会抱怨的吧。

杨澜：会的。

马伊琍：那就说一说嘛，反正说一说就管他忙不忙，说一说心里就舒服了。

杨澜：比如说吵架了。

马伊琍：都吵过架吧。

杨澜：都吵过架，但是通常你会服个软吗？

马伊琍：服个软，不会。

杨澜：不会，真的，那我怎么听说文章把你拉到洗手间里把你训了一小时，他怎么那么大胆。

马伊琍：那件事情其实是我不对。

杨澜：他太猖狂了。

马伊琍：他说我太八卦了，这是这个圈子里的通病，女演员都很八卦，不仅女演员，男演员都很八卦。因为这样才可以打发无聊的时间，尤其在片场很无聊等待的时候怎么办？就说你知道吗最近谁跟谁好，然后那个人说怎么可能，我昨天看到他跟谁，啊？那难道他和……

杨澜：太有画面感了，生动。

马伊琍：对，我以前特别排斥这种八卦的东西，我一直很文艺女青年，我觉得看八卦杂志的人都很俗，那街上的八卦杂志我看都不看一眼，我还曾经接受采访的时候表达过我从来不看八卦杂志，但是自从我生完了孩子以后……

杨澜：就放松了要求？

马伊琍：对，很有意思，因为我跟这个圈子离得远，我就要通过这种方式来了解一下现在大家在干什么，有一些许久不见的人看看他们如何被造谣的。然后最关键是我发现现在自己爱看八卦杂志以后心态就会变得越来越好，你就不会因为如果自己被造谣觉得有什么。

王硕：因为谁也不会真的当真。

马伊琍：对，前两天我还看了一本八卦杂志就是曝出文章跟另外一个女演员曾经有多少多少的私情，我就拍了一张封面，用手机拍下封面发给文章。

王硕：你真够抠儿的，你都不说花几块钱把它买了。

马伊琍：买了，我爸爸买下来了，买下来了我就赶快用手机拍个照片发给文章看看。

杨澜：然后他呢？会做何反应，会急赤白脸的那种？

马伊琍：没有，不会，他说真无聊，怎么都这样。

杨澜：所以他把你训了一顿，干吗呢？

马伊琍：他就跟我说，马伊琍，"祸从口出"这四个字你还记不住吗？然后说了我一个小时。

杨澜：他有那么多话呀？

马伊琍：一直就批评我，就说你看看你们这群女人扎在一块没事就说东说西，你看我从来不跟你们在一块儿说话，人家跟我说的八卦我就当没听见，即使听见了，我也不再跟别人出去传。我说其实我特别冤枉，为什么？因为我是一个健忘症，我刚刚跟人聊得特别开心，走出那个地方我就会把刚聊的事全部都忘记。

杨澜：那更可怕。

马伊琍：对，我就全部都忘了，对，我有时候二乎乎的时候他就会及时地提醒我，把我狠狠地批评一顿，这个时候我确实知道我是错的。

杨澜：心服口服。

马伊琍：嗯。

秋微：但是我觉得比较不容易的部分，文章是西安人嘛，我觉得还是那种比较大男人的，我觉得女孩子本来就成熟得早，就是从思想上面，怎么能够平衡这种关系。

马伊琍：我就觉得其实这跟年龄没有多大的关系，我觉得我们生活当中会碰到很多人，比如说比我们大很多，你还会觉得这个人很幼稚，没有责任感，没有责任心，这样的人你嫁给他多少年他都长不大，他都不会给你安全感。然后有的人从小就是很有责任感，有责任心，这样的人就会让你有安全感，所以我一直觉得年龄不太重要，有的时候如果不是你们提醒我又会忘了姐弟

恋这件事，我会忘了。

杨澜：好多年了，是吧？

马伊琍：对，从恋爱到现在结婚已经将近七年了，就是你会觉得两个人已经完全忘记了年龄的这个差距，只有在刚开始要决定谈恋爱的时候我会去考虑这个问题，一旦确定了恋爱关系以后，你就不再讨论这个问题。

杨澜：其实很坦然了，是不是。

马伊琍：非常坦然，只有你自己坦然，别人才会很坦然。

王硕：生活当中会有一些什么样的场景会让你常常感受到这个男人其实是很有责任感。

马伊琍：我说一些特别细小的例子，比如说我觉得他跟我很像，因为我们俩都是巨蟹座的人，他跟我很多方面相同，有时候我会觉得他就是我，但是后来又发现比如说我其实是个挺小气的人，因为我是独生女，小时候被家里人宠惯了，我爱吃的东西我会很不舍得给别人吃，真的，比如说今天这个西瓜我很喜欢吃，我很不希望人家吃第一口，我一定要我来吃第一口。

杨澜：而且要吃中间那块。

马伊琍：然后文章同学他完全不是，那个东西他再爱吃只要你说你喜欢吃，他立刻推到你面前，你吃你吃你吃。

杨澜：关键是结婚以后还这样吗？

马伊琍：仍然是这样，就是说他没有喜欢的东西。

王硕：他真惨，竟然因为自己的大度让你误认为没有他喜欢的东西。

马伊琍：他当然有，但是他表现得就像他会让你感觉没有我喜欢的，你喜欢的一切全部都拿走。

秋微：但他天性就是这样，还是因为他很爱你所以变成这样。

马伊琍：我觉得他天性是这样，因为我问过他我说你是独生子，对不对，我说你怎么会这么大方呢？我就是很多方面会挺小气。他说他早就发现我有些地方挺独的，然后他特别不在乎在这方面，所以有时候我特别惊讶地看着他，把他碗里喜欢的东西让到了我这边，我盯着他的脸看，我说你真的一点都不在乎吗？他说，没事啊老婆，你拿去啊拿去啊。然后比如说人家送给他的……

杨澜：人家心里在想，连你都是我的。其实男人的气概就在于心胸和气量上，真不在什么个头、年龄上。

马伊琍：所以就是从这些小细节上面你就会很有安全感，因为他不跟你争、不跟你抢，然后什么事都会让着你，你会觉得心里很舒服。

秋微：你对你自己当妈妈和太太的这个角色的自我评价是怎么样的？

马伊琍：我觉得我算是很合格的，因为真的我觉得当妈妈太不容易了，我看周围的很多妈妈都很合格，我跟这些妈妈聊天的时候我都能从她们身上找到每个妈妈的闪光点，我觉得每个妈妈都真的有自己的一套。

秋微：所以其实我觉得对于任何一个年纪的孩子来说真的是身教大过言传，就是有的时候你做什么比你告诉他什么更重要。那天我看她微博上面发了一张她女儿的照片，就是"粒粒皆辛苦"，正在那儿吃饭，快吃完了那个碗底，我注意到一个细节特别逗，小小的小手上还涂着指甲油。

杨澜：那肯定是妈妈剩下怕浪费了。

秋微：你觉得胖乎乎的正在吃碗底的，还有指甲油特别可爱。

马伊琍：对，因为我小时候就特别爱涂指甲油，我怀孕的时候一直心里想的是绝对不能给我孩子涂指甲油，那个是对身体有害的。我想了很多，但当她出生以后我第一次给她涂指甲油。

杨澜：是在她满月的时候。

马伊琍：没有，是在她九个月时。

杨澜：那也够早的呀。

马伊琍：好胖的你知道吗？我给她涂那个脚上面，还涂的是黑的，那个胖脚上面涂的黑的指甲油，趁她睡觉的时候涂，她睡觉醒了，她一直这样盯着自己的脚，就一直在看，因为她可能不明白怎么了，然后我觉得很滑稽，我就拿手机拍下来。她爸爸在外地拍戏，我就发给她爸爸，她爸爸说你太过分了，你怎么这么折磨我的女儿，但是你会觉得这个很有意思。后来等她懂事了以后，我就刻意地不让她去接触这个东西，但是女孩子的天性是根本阻挡不住的，因为她只要看见你涂过一次以后她就说妈妈这是什么。然后她也要尝试涂，后来我就说服自己说：我小时候不是也涂指甲油吗？我们那时候的指甲油的成分还没现在的好呢，就给她涂一下吧。然后结果这次是我女儿已经放假了，我给她涂的时候是放假的那天晚上，因为我自己在涂指甲油，她就跑到我旁边说："妈妈给我看一看！"然后说："妈妈我放假了，你给我涂指

甲油吧！"就这样。然后我就说，我很凶地说："我给你涂，那你手不能动。""好！"然后我给她涂完，她手一直这样。

杨澜：小女孩，太逗了。

马伊琍：然后不知道什么掉在地上，她要去捡，我说不要动，不要捡，我说捡了就坏了，坏了我再不给你涂了，她就一直这样。

杨澜：听说你为了让她以后不要进演艺圈，特意不让她去看到那个拍摄特别脏乱差的地方。

马伊琍：对，结果人家特别喜欢那个地方，特别喜欢那闹哄哄的地方，灯光、道具各种乱七八糟的东西她就觉得特别好。

秋微：但是这个我不明白，其实你跟文章都是在这个行业里的，其实你们挺舒服的，就没有拧巴。

马伊琍：当然拧巴了。

秋微：拧巴吗？

马伊琍：我现在，其实你看看女演员大部分都很晚结婚，生孩子的也不是很多，其实我们的正常生活就是被这个工作给耽误了，因为你的工作让你没法接触到更多圈外的人。

秋微：但是你也很好啊！

马伊琍：那倒是，所以我就说我有时候替自己捏把汗，我要没碰到这个人可怎么办？

杨澜：这话可别告诉他，容易骄傲。

马伊琍：因为你比较难以碰到志同道合的人，这样比较难。然后这个圈子又比较复杂，尤其是现在，现在入行的孩子你说有多少是奔着我想做个好演员去的，其实有很多已经被名利冲得都不知道自己想要什么了，最后反而可能会跌得很惨。所以我就不知道等我女儿二十多岁演艺圈会变成什么样，那真的不知道。

杨澜：变好了。

（本章的综艺节目文字实录整理自爱奇艺网站的综艺节目视频）

后 记

经过一年多的编写,这本教程终于要付梓了。这本小书是对逐渐积累、进行写作的这几年的一个总结。作为高校教师,在完成教学、科研和其他任务的同时,再把教学中的经验和思考系统整理出来集结成书,的确需要时间和精力,也是对信念和意志的考验。但是当这本教程最终成稿时,我们感到深深的欣慰。在这本29万字的教材中,刘畅老师完成第一章、第二章共约11万字,邹加倪老师完成第三至六章共约18万字。

本教材由"北京联合大学本科规划教材建设项目"支持。在这里,也要深深感谢在我们写作和出版过程中给予帮助和关怀的各位领导和同仁,以及认真负责的中国广播影视出版社编辑。

编者
2016年6月于北京